WESTEND

KLAUS-DIETER STORK
JONAS WOLLENHAUPT

Links kickt besser

Der Mythos
vom unpolitischen Fußball

WESTEND

Mehr über unsere Autor:innen und Bücher:
www.westendverlag.de

Die Deutsche Nationalbibliothek verzeichnet diese Publikation in der Deutschen Nationalbibliografie; detaillierte bibliografische Daten sind im Internet über http://dnb.d-nb.de abrufbar.

FSC
www.fsc.org
MIX
Papier | Fördert gute Waldnutzung
FSC® C083411

ISBN: 978-3-86489-382-7

Umschlaggestaltung: Buchgut, Berlin
Satz: Publikations Atelier, Dreieich
Druck und Bindung: CPI – Clausen & Bosse, Leck
Printed in Germany

»The socialism I believe in is everyone working for each other,
everyone having a share of the rewards.
It's the way I see football, the way I see life.«

Bill Shankly

Inhalt

Aufstellung

»Alles, was ich über Moral und
Verpflichtungen weiß,
verdanke ich dem Fußball.«
Albert Camus

Matchplan

Der wahre, schöne und gute Fußball ist links. Auf und neben dem Platz. Und wir haben einen Matchplan, mit dem wir diese These belegen, und schießen am Ende das »Golden Goal« gegen den rechten und kommerzialisierten Fußball. Um es gleich vorwegzunehmen: Wer in diesem Buch neue Taktiken, Abwehrketten und Strategien für seine Mannschaft in welcher Liga auch immer finden möchte, liegt hier falsch. Ebenso wie jene Leser:innen, die nach Helden, Stars, Glamour und Triumphen suchen. Uns geht es vielmehr um das Verdrängte, Verborgene und Vergessene des politischen Fußballs. Wir wollen Archäologen des linken und rechten Fußballs sein, Artefakte finden und zusammensetzen. Dabei versuchen wir gar nicht erst neutral zu sein. Wir operieren mit steilen Thesen bzw. theoretischen Steilpässen: Wir machen deutlich, dass es eine linke Geschichte und eine linke Ästhetik des Fußballs gibt, die der gegenwärtigen Fußballwelt widersteht. Wir wollen keine wissenschaftliche Abhandlung liefern, das überlassen wir gerne anderen. Wir versuchen zu zeigen, dass es einen anderen Fußballsport gibt als den heutigen, den Ernst Bloch vor über 60 Jahren beschrieb: »In Kauf wird genommen, daß Sport in gebliebenen bürgerlichen Zuständen oft verdummt, also schon deshalb von oben gefördert wird. Nicht bloß der freie Wettbewerb, zu dem kein Platz mehr ist, wird im Verbessern der Rekorde ersetzt, auch der wirkliche Kampf um Besserung.«[1]

Gegen diese Dummheit treten wir an. Mit diagonal-globalen (Quer)Pässen, Steilvorlagen und Schüssen aus allen Lagen; frei nach dem alten Herberger-Motto: »Wenn du nicht weißt, wohin mit dem Ball, schieß auf das Tor.«

Der Fußball war ursprünglich ein »people's game«, ein Sport, der suspekt, subversiv und wild war, dann aber wurde er von den Eliten für religiöse, aristokratische, militärische oder biopolitische Zwecke instrumentalisiert. Diese Dialektik rechter und linker Entwicklungen aus der Anfangszeit skizzieren wir im ersten Kapitel.

Nach dem Ende des Ersten Weltkriegs hat sich mehr und mehr der standardisierte fordistische Fußball durchgesetzt. Vom Kapital in Manndeckung genommen, wurde das populäre Ballspiel immer mehr zur Ware. In den 70ern hält dann der Neoliberalismus Einzug in die Bundesliga und die europäischen Ligen. Er veränderte den Fußball. Aber auch hier gab und gibt es Widerstand und gegenläufige Ideen und Praktiken. Die gesellschaftlichen Kräfte wirken auf das Spiel ein und die Sehnsucht nach dem ganz anderen Fußball wächst. Davon schreiben wir im zweiten Kapitel.

Die Halbzeitpause im dritten Kapitel gehört den Fans. Für sie ist das Stadion eine »materielle Verdichtung der Kräfteverhältnisse«, um eine Formulierung des marxistischen Theoretikers Nicos Poulantzas zu bemühen. Aber auch das Stadion presst links und rechts, oben und unten an einem Ort zusammen. So nah wie hier kommen sich VIP-Lounge-Besucher:innen und Ultras, linke und rechte Fans sonst nie. Den Fans wird der Fußball enteignet und entfremdet, aber es gibt auch Gegenwehr und Aneignung, die häufig sogar weit über den Fußball hinausgeht und das Spiel und schlussendlich die Gesellschaft verändern kann. Diese Hoffnung hat den Fußball immer begleitet und wird ihn auch in Zukunft begleiten. Denn es braucht nur einen Ball und ein paar Rucksäcke, um Fußball zu spielen. Solange sich das nicht verändert, wird der Fußball die Kraft haben, emanzipatorische, sinnliche und ästhetische Funken zu schlagen.

In der Halbzeit wechseln wir unseren spannendsten Joker ein, den Frauenfußball. Selten war der Sport politischer, selten wurde so sehr darum gekämpft. Eine von Männern verdrängte und bekämpfte Geschichte des Fußballs wartet darauf, erzählt zu werden.

Nach dem Seitenwechsel kommt das Gegenpressing des linken internationalen Fußballs. Von den wissenschaftlichen Fußballexperimenten der Sowjetunion bis hin zu vergesellschafteten Vereinen in Brasilien finden wir historische und globale Beispiele, die zeigen, wie sich der emanzipative Fußball immer wieder neu erfunden hat.

In der Schlussphase schauen wir wieder auf den Platz und am Ende stehen wir vorm Tor, bereit, das »Golden Goal« zu erzielen. Ob die 11 Schüsse, die wir dafür brauchen, ausreichen, mögen die Leser:innen entscheiden. Wir schlagen Wege für einen Fußball vor, der gerechter und emanzipatorischer sein könnte. Nicht ohne zu vergessen, dass auch der linke Fußball nie davor gefeit ist, in sein Gegenteil umzuschlagen.

Danach bleibt uns nur noch eine persönliche Nachspielzeit, in der wir unsere emotionale Verstrickung und ihre Auswirkung offen bekennen. Wenn wir dazu beitragen können, den kritischen Blick zu erweitern und die Liebhaber des runden Leders zu animieren, für ihren Sport zu kämpfen, sind wir dankbar.

Auf dem Weg ins Stadion

»Es gibt Leute, die denken, Fußball sei eine Frage von Leben und Tod. Ich mag diese Einstellung nicht. Ich kann ihnen versichern, dass es noch sehr viel ernster ist.« Dieses legendäre Zitat des an der Anfield Road in Bronze gegossenen Trainers Bill Shankly, der den Liverpooler FC zur internationalen Spitze führte, weist die richtige Spur. Es geht eben nicht nur darum, dass das Runde ins Eckige muss. Es geht um mehr. Unter dem grünen Rasen ist eine spannende Geschichte vergraben. Sie beinhaltet unzählige politische Kämpfe und andere gesellschaftliche Auseinandersetzungen, mehr als das, was der »moderne«, der voll kommerzialisierte Fußball durch die unzähligen Pay-TV-Sender, Streamings, privaten und öffentlich-rechtlichen Kanäle vermitteln und erzählen will. Der Fußball ist weder so glatt, steril und clean, wie er in den neuerdings Arenen genannten Stadien präsentiert wird. Er ist nicht so unpolitisch, wie ihn seine Funktionäre (die nicht selten aus der Politik kommen) gerne darstellen. Er ist weder ein Sport ohne gesellschaftliche Einflüsse noch ein Abziehbild der gesellschaftlichen Verhältnisse.

Die Anhänger und Freizeitkicker, Fans, Ultras, bisweilen sogar die Hooligans wissen oder fühlen: Eigentlich weist der Fußball über das Bestehende hinaus und erfüllt damit ein nicht unerhebliches Kriterium von Kunst.[2] Und wie jede künstlerische Stilrichtung, jedes Genre, zeigt er uns das Unmögliche genauso wie das Berechenbare. Auch die Fußballkunst zeigt zugleich das Andere, Bessere, Freundliche und natürlich auch das Ungerechte, Böse und Gemeine. Dargestellt von Protagonist:innen des wunderbaren Spiels. Und wie in jedem Theater gibt es Rollen, gute und schlechte Schauspieler:innen. Ein Vor und ein Nach der Aufführung. Wer denkt, nur die 90 Minuten seien das Ereignis, irrt. Jeder, der einmal in einem Stadion war, weiß mehr. Die vielzitierten Bratwurst- und Bierstände, Kurven, Gegengeraden usw. sind nicht nur Stationen der Nahrungsaufnahme oder des Zuschauens. Sie sind Orte emotionaler, intellektueller und kultureller Begegnungen. Wer als Fan der Auswärtsmannschaft mitreist auf den Betzenberg, auf Schalke, in die Oper von Dortmund, ins Grünwalder Stadion, egal in welcher Liga, der spürt am Stadion die Geschichte, die Erzählungen, jene Aura, die man atmet, ob man will oder nicht. Eine Aura, die nicht reproduzierbar ist, egal wie man die Stadien nennt. Selbst wenn man sie nicht mag. Der »Ernst«, von dem Shankly sprach, projiziert sich hier in die Mannschaft, den Verein, die Tradition. Was im eigenen Leben misslingt (oder auch im schönen Moment gelingt), wird im Fußballstadion oder beim eigenen Kicken noch einmal psychisch verstärkt. Du suchst dir nicht den Verein, der Verein sucht dich. So fühlt es sich an. Aber ganz so ist es nicht. »Nach dem Spiel gegen Swindon war mir klar geworden, dass Loyalität – jedenfalls beim Fußball – keine moralische Entscheidung ist wie Tapferkeit oder Barmherzigkeit, sondern eher so etwas, was man nicht wieder loswird, wie eine Warze oder einen Buckel.«[3] Am Ende bleibt man an der eigenen Geschichte hängen, an den eigenen Erfahrungen, Enttäuschungen und Hoffnungen. Sonst wäre niemand mehr Fan von Schalke, Kaiserslautern, 1860 München, Dynamo Dresden oder Rot-Weiß Essen. Denn es geht in jedem Spiel auch um einen selbst, um den Blick in die eigene Seele. Der Fußball schenkt uns einen warmen Zufluchtsort inmitten gesellschaftlicher Kälte. Dieses Refugium ist möglich, weil wir das Spiel verstehen, es Teil unseres Lebens ist.

Der kommunistische Filmregisseur und Dichter Pier Paolo Pasolini bringt es auf den Punkt: »Der Geburtsort hat keine Bedeutung, er ist nicht maßgeblich dafür, ob man ein Fußballbegeisterter, ein Fan wird. Ausschlaggebend ist, wann und wo man selbst die ersten Bolzversuche unternommen hat. Die Fußballbegeisterung ist ein Jugendleiden, das einen ein Leben lang begleitet.«[4] Der Fußball gibt uns viel von dem zurück, was man uns genommen hat. Er gibt uns ein Stück Heimat, oder wie Ernst Bloch es formuliert hat »so entsteht in der Welt etwas, das allen in der Kindheit scheint und worin noch niemand war: Heimat«[5]. Fußball ersetzt nicht die Voraussetzung einer »realen Demokratie«. Aber er gibt uns eine Ahnung davon, wie sie aussehen könnte: solidarisch, fair, ehrlich und emotional. Das macht den Fußball so befreiend, wobei er gleichzeitig auch anfällig für Nationalismus, Antisemitismus, Militarismus oder Rassismus ist. Diesen Widerspruch gilt es zu verstehen und, manchmal auch, ihn auszuhalten. In diesem Buch wollen wir hinter die Kulissen schauen. Die Geschichte bewusst als eine gesellschaftspolitische begreifen, die den Fußball prägt und umgekehrt, wie der Fußball die Gesellschaft geprägt und beeinflusst hat. Wer einmal weinende oder enthusiastisch jubelnde Männer, Frauen und Kinder nach einer Niederlage oder Sieg »hautnah« erlebt hat, weiß, da spiegelt sich mehr als Niederlage oder Sieg des Vereins. In diesen Momenten ist die kollektive Emotion immer auch Ausdruck der besonderen individuellen Geschichte der Anhänger. Es sind die Momente, in denen Freundschaften entstehen oder sich entscheiden. Die »Helden« auf dem Platz markieren die Treffer, die einem (gefühlt oder tatsächlich) im wirklichen Leben versagt geblieben sind. Der kämpferische Verteidiger, der flinke Stürmer, der filigrane Mittelfeldspieler; sie sind die »guten« Brüder, Schwestern und Väter oder, je nach Ausgang des Spiels, Verräter, Söldner oder Versager. Im Stadion hofft man, etwas vom richtigen Leben zu erheischen, was einem das falsche verwehrt.

Die Vereine und das Spiel spiegeln gesellschaftliche Widersprüche, Einstellungen oder Überzeugungen. Sehr wohl kann man genau zwischen »rechten und linken« Mentalitäten und Spielweisen auf dem Feld unterscheiden. Diese Widersprüche findet man auch im intellektuellen Milieu, im französischen Existenzialismus. Hier stritten die Kontrahenten Jean-Paul Sartre und Albert Camus miteinander. Während Sartre heimlich(!) die Spiele von Paris St. Germain schaute (und die intellektuelle Welt dachte, dass er ein neues Buch schreiben würde), erklärte Camus, dass er alles, was er weiß, vom Fußball gelernt habe. Die linksintellektuelle Welt hat sich häufig verschämt weggedreht, wenn es um Fußball ging, ein Grund mehr, sich die linke Geschichte eines faszinierenden Sports genauer anzuschauen, sowohl in den Vereinen als auch auf dem Platz. Dahinter standen und stehen Überzeugungen, Ideen, gelungene und gescheiterte Konzepte. Die Linke und der Fußball kann nicht anders als widersprüchlich sein, aber nur wer das Spiel selber erlebt, ob auf dem Platz oder der Tribüne, kann diese Widersprüchlichkeit aushalten, das Schlechte kritisieren und das Gute als Ausgangspunkt für etwas Neues verstehen. Geben wir dazu Bill Shankly das letzte Wort: »Im Sozialismus, an den ich glaube, arbeitet jeder für den anderen und alle bekommen einen Teil des Gewinns. So sehe ich Fußball, so sehe ich das Leben.« Dann wollen wir mal schauen, wo wir in der Geschichte und Gegenwart diese Sicht wiederfinden.

Schienbeinschoner richten

Dem linken Fußball hat man immer gerne ein Bein gestellt. Wir richten unsere Schienbeinschoner daher mit einem kurzen soziologischen Blick auf den Fußball. Ob Fan, Spieler:in oder Funktionär:in, der Fußball ist ein eigenes soziales Feld, auf dem sich die Akteure treffen. Auf diesem Feld gibt es feste Regeln, Strukturen und Werte, die sich von anderen sozialen Feldern wie der Schule oder dem Arbeitsplatz mal mehr und mal weniger unterscheiden. Auch die »soziale Währung« ist hier eine andere. Da zählen nicht die Schulbildung, der Universitätsabschluss oder das Wissen um Kunst und intellektuelle Ausdrucksweisen. Viel eher zählen die spielerische Eleganz, Schnelligkeit, Kondition oder Intuition genauso wie der geschickte Umgang mit den Medien. Das soziale Fußballfeld mit seinen eigentümlichen Regeln und Ritualen ermöglicht, und das ist das Besondere, dem Einzelnen eine ganz bestimmte Identität. Der Fan kann sich zum Beispiel mit seiner Stadt und ihrer Tradition identifizieren, wie er es vielleicht ohne Fußball nicht getan hätte. Indem ich mich als Fan mit meinem Verein identifiziere, verknüpfe ich mein inneres Seelenleben mit der Geschichte der Stadt, den Werten des Vereins und der eigenen Gruppe. Kein Schalke-Fan, kein Eintracht-Ultra und kein Clubberer würden je bezweifeln, dass der Verein (und damit die Stadt) ein Teil der eigenen Identität ist.

Ein gutes Leben setzt voraus, dass unsere Identifikation mit der Welt da draußen mit unseren inneren Bedürfnissen und Fähigkeiten sinnvoll in Einklang kommt, sodass wir sie erkennen und entfalten können. Und vor allem: dass wir sie in den demokratischen Prozess einbringen können. Und da spielt der Fußball eine herausragende gesellschaftliche Rolle. Denn es gibt wenige Orte, an denen Wut, Trauer, Glück, Furcht und Angst und vieles mehr so zuhause sind wie auf dem Platz, im Stadion (oder auch vor dem Fernseher). In vielen anderen sozialen Feldern unseres Lebens sind sie verpönt oder diese Gefühle werden verdrängt. Beim Fußball können wir sie erfahren und erleben. Gelingt uns in keinem sozialen Feld eine Berührung mit unseren Gefühlen und Emotionen, verkümmern wir und mit uns unsere Fähigkeit, uns auszudrücken, wir entfremden uns – von uns, unseren Mitmenschen und der Welt, wir werden zu kalten Funktionsträgern einer verwalteten Welt.[6]

Der Fußball bzw. das soziale Fußballfeld nimmt durch seine Größe, es ist mit das größte Freizeitfeld in Deutschland, eine ganz besondere Stellung ein. Auf und neben dem Platz, ob als Fan oder Spieler:in, gibt es immer wieder Bruchstellen, in denen sich das gute Leben, das selbstbestimmte, glückliche und freie Leben, eben das nicht-entfremdete, andeutet. Diese Bruchstellen gilt es aufzuspüren.

Der erste Ballkontakt

»Der Sport ist eine Religion,
ist vielleicht heute das einzig
wahre Verbindungsmittel
der Völker und Klassen.«
Walther Bensemann

Die Geburtsstunden

Das Spiel mit dem Ball ist uralt. Berichte von ballspielenden Azteken, kickenden Griechen und Römern, balljonglierenden Chinesen oder von ganzen um den Ball raufenden schottischen Dörfern sind überliefert.

Als die frühen Menschen das erste Feuer entfachten, Werkzeuge entwickelten oder Höhlen bemalten, haben sie vielleicht direkt danach, nur zum Spaß und voller Freude, gegen einen runden Gegenstand getreten. Ob es wirklich so war, werden wir nie wissen. Aber belegt ist, dass sich an verschiedenen Orten der Welt Ballspiele entwickelt haben, die nach und nach in den religiösen und politischen Kontext gerückt sind.

Die ältesten Zeugnisse menschlicher Fußballaktivität findet man in China, 2000 v. Chr. Fußball wurde überwiegend in der Kaiserlichen Armee gespielt und war damals schon Teil der militärischen Ausbildung. Vom Militär ausgehend, wurde er ca. 250

v. Chr. zum Sport der Massen. Die populären Fußballspiele waren vor allem zu den Frühlingsfeiern sehr beliebt. Es gab feste Regeln, Handbücher, Spielfelder, Bälle und den üblichen Spott der Intellektuellen. Gekickt wurde aber nicht nur von Männern, angeblich waren auch Frauen rege beteiligt. Diese Verknüpfungen von Fußball, Militär, Religion und Festlichkeiten tauchten dann, über den Globus verteilt, in ähnlicher Weise immer wieder auf.

So ist auf der anderen Seite der Welt die politisch-religiöse Verflechtung der Azteken mit den Ballspielen belegt. Sie spielten zu Ehren des Kriegs- und Sonnengottes Huitzilopochtli ein Fußballspiel auf Körbe. Diese Spiele (datiert zwischen 1600 und 1200 v. Chr.) waren stets in den religiösen Herrschaftskontext eingebunden und meist mit Menschenopfern verbunden (wobei nicht überliefert ist, ob Sieger, Verlierer oder Außenstehende geopfert wurden). Vermutlich mischte sich das Spektakel mit religiösen Zeremonien und Opferkulten. Im Mittelpunkt stand bei den Azteken und anderen Indigenen der Kautschukball.

Den Kolonialherren war das Spiel suspekt, so schrieb der spanische Missionar Toribio de Benavente 1540: »Sie riefen nach jemandem, der eine besondere Kunst des Teufels beherrschte, damit er den Ball durch eine der Öffnungen der Steine stoße, und zwar mit dem Hüftknochen und einer Gesäßhälfte. Und indem er den Teufel anrief, schoss er den Ball durch die Öffnung, wodurch alle vor Schreck erstarrten.«[1] Die Kolonisatoren haben das Spiel dann auch umgehend verboten.

Schwenken wir nach Europa. Auch im antiken Griechenland wurde eifrig Fußball gespielt. Platon hat den Fußball der Spartaner gar als »sphairomachia« (»Ballschlacht«) bezeichnet. Die Spartaner waren ein auf Krieg und Militär ausgerichteter Stadtstaat und die großen Konkurrenten der Athener. Die Ballschlacht diente der militärischen Ausbildung. Vor jedem Spiel wurde dementsprechend dem Halbgott Herakles, dem Schutzheiligen des Spiels, ein Opfer gebracht. Jeder männliche Spartaner musste dieses raue Spiel vor seinem dreißigjährigen Geburtstag einmal gewinnen, um sich als Mann zu beweisen und ein »sphaireis« zu werden, ein echter männlicher Spartaner. Das Spiel war ein Initiationsritus, es markierte den Übergang vom Kind zum Mann. Dabei traten, wie später beim »calcio storico«[2] in Italien, die Stadtteile gegeneinander an. Wer die strengen Regeln verletzte, wurde ausgepeitscht: was mehr eine moralische als eine körperliche Strafe war. Gespielt wurde in der Kriegsausrüstung, mit Helm und Schild. Der antike Fußball bereitete den Krieg vor, schaffte Prüfungen der Männlichkeit, verwebte Sport mit Religion und bestimmte nicht unwesentlich den sozialen Status.

Im römischen Reich wurde das Spiel vermutlich 100 v. Chr. aus Griechenland übernommen. Auch hier stand der militärische Nutzen im Vordergrund. Das sogenannte Harpastum war wohl eher dem Rugby oder American Football ähnlich. Der römische Arzt Galen hob dabei den Nutzen des Spiels für Körper und Geist hervor und auch den Vorteil, dass es die Ärmsten spielen könnten. Schnell wurde es zu einem Spiel für die Massen. Wie es damals ausgesehen haben könnte, lässt sich erahnen, wenn man sich den Florentiner »calcio storico« anschaut. Dort ist er heute eine gepflegte Tradition, die eher an Kampfsport erinnert als an Fußball. Äußerst brutal geht es zu, wenn die vier Stadtviertel in Florenz einmal im Jahr den Meister des Calcio ermitteln. Mitspielen darf nur, wer in den entsprechenden Stadtvierteln geboren ist. 1574 besuchte Heinrich III., König von Frankreich, die Städte Venedig und Florenz. Dabei bemerkte er zum Calcio, dass er zu klein für einen echten Krieg sei, aber zu grausam für ein Spiel. Dabei hat auch der Calcio als populärer Sport begonnen, ein Sport für die einfachen Leute. Allerdings verwandelte er sich, was vielen Fußballvarianten in ähnlicher Weise so ging, von einem people's game, dem Sport aller, in eine herrschaftliche Institution. Eindrücklich beschreibt das der Kunsthistoriker Horst Bredekamp: Der Calcio »wurde von einem populären Spiel in einen Träger symbolischer Herrschaft verwandelt, blieb aber konfliktreich genug, um nicht in bloßer Repräsentation aufzugehen.«[3] Der Fußball konnte nie ganz beherrscht werden, nie ganz in Repräsentation aufgehen. Genauso wie er auch heute nie vollständig in glatter, kalter und durchchoreographierter Verwertung aufgeht. Mit dem Übergang der Republik zum Prinzipat Anfang des 16. Jahrhunderts eignete sich der Adel den Florentiner Calcio an, fortan spielten in den ausgeschmückten Stadien nur noch »edle« Soldaten und Edelmänner, angeblich sogar Päpste. Das Spiel war fortan ein Spiel der Herrschenden, die während prächtiger barocker Feste ihre großen Schlachten symbolisch nachspielten.

Begründet wurde die Aneignung mit der antiken Aura der Kämpfer, mit der Ertüchtigung und Körperschulung junger Männer und der Ausbildung des Charakters. Der Fußball sollte der Ausbildung von Körper und Geist dienen. Der Calcio war ein passendes »scheinmilitärisches Spektakel«[4] in Konkurrenz zum Theater und den Künsten. Davon zeugte auch der sogenannte Calcio-Krieg 1689, bei dem, kurz nach der Niederlage der Türken in Wien, ein Calcio-Spiel veranstaltet wurde, bei dem symbolisch der »Kampf zwischen Asien und Europa« dargestellt wurde.

Aber das Spiel wurde den Massen nicht gänzlich vorenthalten, ihr Platz war auf der Zuschauertribüne. Das Spektakel mit seinen schönen Kleidern, dem ausschweifenden Essen und Trinken, dem zeremoniellen Ablauf, in dessen Zentrum der Herrscher saß, war so angelegt, dass die Ordnung stets aufrechterhalten werden konnte und der anarchische Trieb des Calcio dennoch zu beobachten war – kontrollierte Offensive würde man das im modernen Fußball nennen.

Das Spiel war allerdings nie gänzlich von der Jugend fernzuhalten; so bemerkte der Chronist Tommaso Rinuccini im 17. Jahrhundert: »Man bemühe sich, das Calciospiel von alters her zur Karnevalszeit abzuhalten; aber früher spielten es Personen mit gewissem Alter und mit Bart, während sich heute nichts als Jugendliche betätigen.«[5]

Der Calcio hatte seine Entlastungsfunktion, und nicht umsonst war er gerade zur Karnevalszeit so beliebt oder direkt im Anschluss an Stier- und andere Tierkämpfe. Nichts gab es, was die Herrschenden mehr fürchteten als den Aufstand des Pöbels oder gar dessen Machtübernahme. Beim Calcio, zum Karneval, war das alles möglich: zeitlich begrenzt und nur auf einer symbolischen Ebene und im ordnungspolitischen Rahmen. Zeitlich und räumlich waren klare Grenzen gesetzt. Wer heute 90 Minuten im Stadion verbringt, kennt diese Entlastungsfunktion, die ganz viel gesellschaftlichen Dampf aus dem Kochtopf lässt.

Geradezu prototypisch war die Sublimierung der Gewalt in neue kulturelle Formen, die noch ihre wilde Vergangenheit mitschleppten, die aber schon Formen fanden, die bis in die heutige Zeit akzeptiert werden. Der Calcio (wie andere Vorformen des Fußballs) trug erheblich bei zur Zivilisierung der Gewalt, die sich aber als Folklore bis heute erhalten hat. Auch wenn betont werden muss, dass jene Zivilisierung durch den Fußballsport, wie sie Norbert Elias beschrieb,[6] brüchig ist, und nicht selten entlädt sich gerade beim Fußball die größte Gewalt. Sie ist verbal und im kontrollierbaren Rahmen zugelassen, aber ab und an kocht sie über. Die Herrschenden hatten noch andere Pläne mit der Aggression – statt sie zu verbieten, lässt sie sich immer auch nutzen und in geordnete kontrollierbare Bahnen lenken. Gesunde Körper sollten fit für den Einsatz werden, ob in Fabriken oder auf dem Schlachtfeld.

Vermutlich ging der britische Fußball aus den Spielen hervor, welche die Römer im 9. Jahrhundert in ganz Europa verbreiteten. Aus der Zeit finden sich die ersten Berichte von spielenden Jugendlichen in Südengland. Bekannt sind die Spiele vor allem aus

Schriftquellen, die das brutale Treiben auf den Dörfern moralisch verurteilten. Der archaische Fußball glich mehr einer Schlägerei um einen Stoff- oder Lederball, es gab zwei Tore oder Körbe und unzählige Mitspieler:innen. Häufig waren es Stadtteile, Ober- und Unterstadt oder andere lokale Unterschiede, nach denen die Mannschaften gebildet wurden. Einzige Regel war das Tötungsverbot, aber auch die wurde nicht immer eingehalten. Nicht selten führten die Raufereien zu anhaltenden Blutfehden.

Im 12. Jahrhundert verbreitete sich der »folk football« dann im heutigen Großbritannien in zahlreichen Ausprägungen weiter. In England, während der Fastenzeit, spielten Halbstarke ein Ballspiel mit dem Namen »lusum pilae celebrem«. Bis zum 14. Jahrhundert wuchsen mit seiner Popularität auch die Verbotsbemühungen. Man sorgte sich nicht nur um Kirchenfenster, sondern auch um den öffentlichen Frieden. Der »folk football« war jedoch nicht mehr aufzuhalten, trotz seiner Brutalität verbreitete er sich über die ganze Insel.

Der Fußball blieb auch in den nachfolgenden Jahrhunderten politisch umkämpft. Während des englischen Bürgerkriegs beispielsweise versuchten die neuen puritanischen Machthaber im Jahr 1647 Weihnachten in Canterbury zu verbieten. Schließlich, so die Argumentation, kommt das Fest in der Bibel nicht vor und hatte demnach in den Augen der strengen religiösen Herrscher auch keine Berechtigung. Die katholischen Engländer antworteten auf ihre Art und Weise: ein Fußballspiel mit anschließendem »riot«. Fensterscheiben gingen zu Bruch, die Menschen tranken Ale und aßen die verbotene Weihnachtsspeise, den Plum Pudding. Die Aufstände weiteten sich zu Revolten aus und läuteten eine weitere Eskalationsstufe im Bürgerkrieg ein. Die Aufstände gingen als »Plum Pudding Riots« in die Geschichte ein.

Der Fußball wurde zum Mittel der Rebellion. An den verbotenen Weihnachtstagen (bis heute wird ja am »Boxing Day« Fußball gespielt) versammelten sich Menschen, brachten einen Ball mit und spielten ihren wilden harten Fußball. Der Fußball war zunächst eng verknüpft mit festlichen Anlässen. Aber der arbeitsfreie Sonntag lockte immer mehr Spieler an, was die Puritaner mehr und mehr erzürnte. Mitte des 17. Jahrhunderts kam es dann immer häufiger zu Fußballspielen, die sich zu Ausschreitungen gegen die Obrigkeiten entwickelten, ein Phänomen, das uns auch heute wieder begegnet.

Im Winter 1659/60 kam es dann zu einem besonders heftigen Ereignis. In der englischen Stadt York zerstörte ein Fußball das Kirchenfenster. 30 Kicker wurden vor Gericht gebracht und teilweise bestraft. Hunderte, heute würde man sie »Ultras« nennen, gingen auf die Straße, bewaffnet mit Schwertern und Pistolen. Sie kamen bis zum Bürgermeister. Nach vier Stunden waren die Ausschreitungen unter Kontrolle und die Aufrührer wurden bestraft. Der Fußball war in der frühen Neuzeit endgültig politisch geworden und die Autoritäten fürchteten die kickenden Massen – sie wurden sie auch nie wieder ganz los. Trotz aller Verbote und moralischer Herabwürdigung des wilden Spiels war der Fußball als Spiel der einfachen Leute nicht aufzuhalten.

Die Geschichte des Fußballs auf der Insel ist eine Geschichte der Verbote. Viele Quellen belegen Verbotsversuche und Repressalien gegen den Fußball. Daran lässt sich ablesen, wie gefährlich er den Königen schien. Edward II. von England verbot den Fußball mit der Begründung, er würde die Jugend vom Bogenschießen abhalten. Sein Nachfolger Edward III. von England verbot Fußball 1331, weil er nicht wollte, dass die Armee geschwächt würde, bevor sie in Schottland einfiele. 1410 gab es Geldstrafen und sechs Tage Gefängnis für jeden, der Fußball spielte. Henry V. erneuerte die Forderung, lieber den Bogen zu spannen, statt Fußball zu spielen. Und tatsächlich brachten ihm die Bogenschützen dann den entscheidenden Vorteil im Krieg gegen Frankreich. Die

Liste der Verbote ließe sich noch ausweiten. Die Repressionen wurden mit dem sozialen Frieden, der Schwächung des Militärs und dem Verderben der Moral begründet.

Im 18. Jahrhundert wurde es etwas ruhiger um den wilden Fußball. Er galt mehr und mehr als niedere Betätigung und geriet weiter in Misskredit, gespielt wurde nur vereinzelt. Ab den 1820er-Jahren findet er aber wieder Erwähnung. Auf Volksfesten wurde weiterhin um die aufgepumpte Schweinsblase gerungen, teilweise stundenlang prügelten sich im Dorf die einen gegen die anderen. Regelwerke des Spiels gab es nach wie vor nicht. Aber die Zeit des »folk football« lief langsam ab. Doch etwas anderes ereignete sich, etwas Ungeheuerliches: Schüler der sieben großen exklusiven »public schools« in England[7] begannen zu rebellieren, indem sie Fußball spielten, das Spiel der Leibeigenen und niederen Schichten. Wild, hart, romantisch, gegen die Lehrer und Eltern, gegen die Industrialisierung und gegen das System ging man kicken. Wer erwischt wurde, wurde bestraft. Dessen ungeachtet organisierten sich die Schüler, spielten auch noch mit den Händen oder nach ganz eigenen Regeln. Fußball war nur etwas für das »niedere Volk«, die Elite sollte Cricket spielen, mit dem Bogen schießen oder rudern. Aber die Schüler hatten andere Pläne. Ihre Rebellion weitete sich aus und die Lehrer hatten nur noch eine letzte Möglichkeit: Sie integrierten das Spiel. So wurde Fußball 1840 an der »public school« in Rugby Teil des Schulunterrichts, 1845 schrieb man dort die ersten Regeln. Fußball wurde plötzlich gezielt im Schulunterricht eingesetzt, um soziale Normen zu etablieren: Fair Play, Gentleman-Tugenden und Sportmannsgeist, aber auch Disziplin, Härte für die verweichlichte Jugend und militärische Früherziehung. Das passte ins Konzept. Die Rebellion wurde ins System zurückgeholt, bevor es kritisch würde. Gleichzeitig konnten bestimmte, von den Herrschenden gewünschte soziale Funktionen eingeübt werden. Aber das Pendel schlug zurück, denn die ersten Vereinsgründungen ab den 1850er-Jahren erreichten auch die Arbeitervereine, der Sport wurde wieder offen – offen für alle Schichten und Klassen.

1863 war es dann so weit: In der »Freemason's Tavern« in der Londoner Great Queen Street traf sich alles, was Rang und Namen hatte im neuen Sport, um einen Fußballverband (FA – Football Association) zu gründen. Eine Viertelstunde zu Fuß weiter wohnte zu dieser Zeit ein gewisser Karl Marx, der das eine oder andere politische Treffen dort gehabt haben dürfte. Ob er von diesem neuen Sport gehört hat, ist nicht überliefert. Aber der Fußball, wie wir ihn heute kennen, nahm Fahrt auf. Es dominierten die bürgerlichen Vereine. Jedoch zwanzig Jahre nach Gründung der FA passierte das Unglaubliche, die Diktatur des Proletariats obsiegte – zumindest im Fußball. Die Arbeitermannschaft Blackburn Olympic gewann 1883 den FA Cup. Vor 8 000 Zuschauern besiegten sie nach Verlängerung die Vorjahressieger, die Old Etonians, mit 2:1. Die Arbeiterkicker schlugen die Alumni der »Eton public school« – was für eine süße Genugtuung für die Arbeiterklasse und eine herbe Niederlage für die Bourgeoisie. Einer jedoch erlebte den triumphalen Sieg der Arbeiterklasse nicht mehr: Karl Marx. Er starb zwei Wochen vorher.

Aber nicht nur der Sieg war spektakulär, sondern auch die Art und Weise, wie er zustande kam. Die Mannschaften aus der Arbeiterklasse waren körperlich unterlegen. Mangelernährung und Krankheiten waren ihr stetiger Begleiter im Alltag, und sie waren in der Regel sogar körperlich kleiner. Um ihre physische Verfassung auszugleichen, begannen viele Arbeitervereine, statt Dribbling und »kick and rush«, wie es die Etonians spielten, mit dem Passspiel. Die Arbeiter machten so das Kombinationsspiel zum Standard. Bis dahin setzten die Public-School-Mannschaften noch weitgehend auf das klassische Spielmuster, das man heute noch vom American Football kennt: den Ball kicken und hinterherrennen. Aber der Kombinationsfußball der Arbeiter war der Gamechanger. Und es gab noch eine Besonderheit. Während die Gentlemen des bürgerlichen Fußballs ganz dem Amateurethos verbunden waren, wurden die Arbeiter bald fürs Fußballspielen bezahlt, denn neben der harten körperlichen Arbeit in den Fabriken hätten sie nie konkurrenzfähig am Spielbetrieb teilnehmen können. Blackburn Olympic, der Verein aus dem Arbeitermilieu im Norden Englands, war damit der erste *Profiverein* im Fußball. Im Jahr 1885 wurde der Amateurethos von der FA gänzlich aufgegeben. Blackburn Olympic ging 1889 schließlich pleite.

Die Geschichte des Fußballsports verläuft parallel zur Geschichte der Klassenkämpfe in den unterschiedlichen Gesellschaften. Es waren, soweit es sich nachvollziehen lässt, Menschen von unten, die kickten. Die oberen Klassen haben das Spiel entweder verboten oder enteignet und in den Herrschaftsdiskurs integriert.

Als die Herrschenden im 19. Jahrhundert in England und Schottland erkannten, dass der Fußball als protomilitärisches Züchtigungs- und Ausbildungsinstrument geeignet war, wurde er plötzlich in den Schulen wiederentdeckt, um die moralisch zweifelhafte Jugend zu disziplinieren. So war er mehr als willkommen. Wirkte er hingegen emanzipatorisch, stärkte er das Individuum oder das solidarische Moment, galt er als subversiv und wurde verboten – gerade bei nicht-bürgerlichen Schichten. Bis heute ist diese Doppelköpfigkeit des Fußballs allgegenwärtig.

Die historische Entwicklung des Fußballs spiegelt die gesellschaftliche Entwicklung. Gegen die subversive Macht des »people's game« gab es zwei Gegenstrategien: Repression oder Integration. Wenn sich tatsächlich das Besondere des Fußballs im Allgemeinen der Gesellschaft spiegelt, dann ist der Fußball die beste Werbung für die Marxsche Dialektik. So stehen Spielfreude, Zivilisierungsprozesse und Emanzipation der Instrumentalisierung für Herrschaft, Kapital und Diskriminierung gegenüber. Beide Bewegungen bedingen sich, widersprechen sich und entwickeln sich gegenseitig.

Der Fußball unterm Kaiser

Der Fußball in Deutschland war zunächst eine Freizeitbeschäftigung von Briten aus der Mittel- und Oberschicht, die es nach Deutschland verschlagen hatte. Häufig spielten Botschaftsangehörige, Akademiker oder Lehrer. Ab und an zog das Spiel auch Einheimische an.

In bestimmten Kreisen, besonders bei Schülern und Studenten, gewann der Fußball der englischen Gentlemen schnell an Popularität, was den Traditionalisten überhaupt nicht gefiel. Besonders die Turner, die sich 1848 in großen Teilen noch republikanisch-demokratisch zeigten, gerieten nach der gescheiterten Revolution immer mehr in patriotische und kaisertreue Fahrwasser, ihnen war der neue Sport von der Insel verdächtig. Der Fußball sei nichts anders als »Fußlümmelei«, er mache die Menschen »zu Affen«, so die Deutsche Turnzeitung 1898.

Wieder einmal brauchte es fußballbegeisterte Pioniere. Darunter taten sich besonders die hervor, die Kontakt nach England hatten. Wie der Braunschweiger Gymnasiallehrer Konrad Koch. Unter seiner Aufsicht kickten die Schüler im Herbst 1874 erst einmal, dann zweimal die Woche und schließlich in jeder freien Minute auf dem »Kleinen Exerzierplatz« in Braunschweig. Voller Enthusiasmus kickten sie das Leder über das Feld, wobei es noch mehr Rugby als Fußball war. Aber der neue Sport brachte einen Wert mit. In der Kaiserzeit betonten die Militärs, die Adeligen und Herrschenden daher den Nutzen, kriegstüchtige, fitte und disziplinierte Soldaten zu rekrutieren. Koch gab auch der »englischen Krankheit«, wie das Spiel von den Turnern auch verspottet wurde, einen nationalistischen Anstrich. Von der Antike bis zum Mittelalter suchte er Beispiele, um zu belegen, dass das Spiel seine Wurzeln nicht in England hätte. Die Engländer durften es nicht erfunden haben, man gestand ihnen lediglich die Modernisierung des Spiels zu. Der nationale Chauvinismus war von Anfang an Teil der deutschen Fußball-DNA.

Die ersten größeren Keimzellen des neuen Sports fanden sich in den Industriestädten und besonders dort, wo viel Briten lebten, wie in Berlin. Hier schipperten 1892 zwei minderjährige Schüler mit dem Dampfschiff Hertha über die Spree und kamen auf die Idee, einen Fußballverein zu gründen. Wohl keiner von ihnen ahnte, dass aus der »Alten Dame« mal der »Big City«-Club des windigen Investors Windhorst werden würde. Im Süden dauerte es etwas länger. Im Mai 1900 gründeten Schüler in Nürnberg einen Rugbyverein. Aber nach einem Jahr hatten sie noch immer nicht die erforderlichen 30 Spieler zusammen. So wurde daraus der 1. FC Nürnberg, ein Fußballverein, der in den 20er- und 30er-Jahren der Weimarer Republik so große Erfolge feierte, dass man ihn hochachtungsvoll nur noch den »Club« nannte. Im eher protestantisch geprägten Dortmund tummelten sich seit 1901 im Verein Solidarität katholische Stahl- und Bergarbeiter am Borsigplatz. Ihr Vorsitzender, der Kaplan Hubert Dewald, wollte das wilde Treiben durch sonntägliche Andachten unterbinden. Das gelang ihm nicht ganz. Denn die jungen Männer gründeten 1909 quasi als Abspaltung und gegen seinen Willen den Fußballverein Borussia. Der Name der Legende hatte nichts mit einer Reminiszenz an irgendeinen Nationalstolz zu tun. Er war dem chaotischen Verlauf der Gründungsversammlung geschuldet und wurde genommen, weil im Gästezimmer ein Schild der Borussia Brauerei hing.

Die frühen Anfänge waren in Kontinentaleuropa aber nicht von der Arbeiterschaft getragen. Es waren vor allem die Angestellten, die Akademiker und die, die nicht den ganzen Tag an Maschinen arbeiten mussten. Erst später kamen die Sportler aus der Arbeiterklasse. Für den Fußball brauchte man Zeit, man brauchte Muße und den Luxus, sich für etwas verausgaben zu können, was nichts mit der mühseligen Plackerei auf dem Feld oder an den Maschinen zu tun hatte. Es gab aber auch Widerstand. Besonders in der Oberschicht machte sich schnell eine breite Ablehnung gegen den Sport von der Insel bemerkbar. Zu laut, zu dreckig, zu ungesund und dann noch diese bunten Trikots. Das war dem Adel, den Industriebaronen und den Konservativen unheimlich.

Erst als die Obrigkeit im Deutschen Kaiserreich entdeckt hatte, dass das Spiel sich in biopolitische und militaristische Zwecke einspannen ließ, wurde es auch von oben akzeptiert. Der Fußball nahm eine ähnliche Wendung wie in England einige Jahrzehnte zuvor. In dem Moment, in dem man den Nutzen erkannte, die Aggression junger Männer in einer Ballschlacht zu kanalisieren, folgte die Anerkennung. Nur Bayern erließ ein Fußballverbot für die höheren Schulen, das bis 1927 anhalten sollte. Preußen ließ sich schneller überzeugen.

Wenn in den spätkapitalistischen Gesellschaften heute die Boulevard-Blätter vom »Kampf der Giganten«, von »Fußballschlachten«, »Schicksalsspielen« etc. in ihren Überschriften Emotionen schüren, so stehen sie durchaus in dieser konservativ-militaristischen Tradition.

Der Pädagoge Konrad Koch machte sich daran, die Fußballbegriffe einzudeutschen und die englischen Begriffe wie »Goal« etc. zu ersetzen. Er wählte dabei nicht ohne Hintergedanken deutsche Militärbegriffe: Stürmer, Flanke, Taktik oder Abwehr. Auch im modernen Fußball werden diese Begriffe noch benutzt. Wobei sich der Wandel der Zeit und des Kapitalismus sprachlich bemerkbar macht. Die neoliberale sprachliche Ästhetik setzt auf neue Möglichkeiten, die auch besser zum allzeit flexiblen Eigenbild passen: Ballbesitzfußball, Viererkette statt Abwehr, Pressing statt Angreifen, Szenen in der Box statt im Strafraum. Ein Drachenviereck, das die Angriffe abfängt oder den eigenen Spielaufbau beschleunigt, oder der asymmetrische Außenverteidiger – Flexibilität in Vollendung. Das sind nicht zu unterschätzende Nuancen, die gesellschaftliche Verhältnisse abbilden. Der Ballbesitzfußball atmet das neoliberale Paradigma. Es geht um Anhäufung (von Reichtümern), um Verfügbarkeit. Natürlich auch noch immer um den Gewinn. Das Umschaltspiel, ohne dass der moderne Fußball heute nicht mehr auszukommen scheint, verlängert die flexible Ideologie von Unternehmen auf den Fußballplatz. Man hat sich anzupassen, umzuschalten, nur wer schnell genug antizipiert und die Vorgabe umsetzt, hält mit in der flexiblen Welt, ganz gleich ob auf dem Rasen oder am Arbeitsplatz.

Zurück zum Kaiser. Im deutschen Kaiserreich vollzog sich eine sportpolitische Spaltung zwischen dem kosmopolitischen Fußball von jungen aufgeklärten welterfahrenen Menschen, die man heute vielleicht junge urbane Lifestyle-Linke nennen würde, die in den englischen Vereinen in Deutschland spielten, und den nationalistischen Kräften, die aus Fußball einen deutschen Sport machen wollten, wie George Leux, der 1890 den ersten Fußballverband in Deutschland gründete, den Bund Deutscher Fußballspieler (BDF). Der Verband zerbrach jedoch schnell an der Frage, ob ausländische Spieler Teil des BDF sein könnten. Nach nur einer Meisterschaft 1891 war im Jahr 1892 dann schon Schluss. Aber auch der Fußball sollte laut BDF anders werden. Eine Idee war, um aus dem Spiel ein deutsches Spiel zu machen, dass man nicht mehr Tore zählen sollte wie in England, sondern Punkte. So gab es für Einwürfe, Ecken und Tore jeweils Punkte, die am Ende addiert wurden. Hätte sich der deutsche Fußball in der Welt durchgesetzt, sähe er heute anders aus. Drei Ecken würden vielleicht ein Tor zählen und fünf Einwürfe gäben einen halben Punkt. 1891 gründeten Engländer dann eine Alternative: den »Deutschen Fußball- und Cricket Bund«, der einige Jahre aktiv war. Der deutsche Fußball war von nun an zweigeteilt: Ein weltoffener stand einem nationalen bis nationalistischen Fußball gegenüber.

In Frankreich war der linke Fußball schon etwas weiter, dort gründete u. a. Jules Rimet 1897 den Roten Stern Paris. Er war zudem der Erfinder der Fußballweltmeisterschaft, FIFA-Präsident und Namensträger des ersten WM-Pokals. Schon im Namen vom Roten Stern lässt sich die politische und internationalistische Ausrichtung von Jules Rimet und der FIFA erkennen. Roter Stern hießen später vor allem Vereine des Ostblocks oder linke Alternativvereine. Ende des 19. Jahrhunderts war der Rote Stern Paris sicherlich ein Statement und eine klare Ausrichtung für die Politisierung des Sports nach links.

Kurz vor der Jahrhundertwende entstanden die ersten großen reinen Fußballvereine in Deutschland und die Emanzipation von den Turnern war nicht mehr aufzuhalten. Kaiser Wilhelm II. und Altkanzler Bismarck hatten angeblich schon Karten für das erste Finale um die deutsche Meisterschaft 1894 zwischen dem FC Hanau 93 und Viktoria Berlin.[8] Allerdings konnte Hanau das Geld für die Zugfahrt nicht aufbringen und der Titel fiel ohne Endspiel Viktoria Berlin zu.

Auch ohne dieses Endspiel wurde dem Kaiser klar, dass der Fußball zu Preußen, zum Militär und zur soldatischen Erziehung gehören sollte. So wurde er Alltag in den Kasernen und immer mehr auch in den Schulen. Selbst hier folgten die Deutschen den verhassten Engländern. Wer auf der Straße spielte, galt als Tunichtgut oder als unerzogen. Wer in der Schule und in der Kaserne sich mit dem harten Training abhärtete, war Teil eines militärischen Plans.

Schon 1905 wurde Fußball offizieller Bestandteil der Offiziersausbildung und prägte immer tiefgehender die militärische Ausbildung. Da kam die Gründung des DFB 1900 genau recht: »Der Zweck des Bundes ist die Einwirkung auf die öffentliche Meinung, um das Verständnis für den Wert körperlicher Übungen, besonders bei Schulbehörden und Militärkreisen zu wecken und zu heben.«[9] Der institutionelle Fußball in Deutschland geriet so schnell ins Fahrwasser von Militarismus und Nationalismus.

Der Fußball wird erwachsen

In den zwanziger Jahren des 20. Jahrhunderts hatte der Fußball nicht nur die Städte erobert, sondern auch das Dorfleben. Bei den Stammtischen wurde Bier getrunken, geschwätzt und über Fußball diskutiert. Von 1919 bis 1922 erlebte die Fußball-Vereinskultur einen regelrechten Boom. Im Jahr 1920 wurde der Fußball zum »Volkssport« Nummer eins und beerbte endgültig den Turnsport.

Der neue Massensport wurde vornehmlich von Rückkehrern des Ersten Weltkriegs »importiert«, die das Spiel in den Kasernen kennengelernt und an der Front liebengelernt hatten. Dementsprechend ging es auch auf dem Platz zu. Prügeleien, üble Fouls und wüste Beschimpfungen waren an der Tagesordnung. Der Krieg lebte gewissermaßen mit anderen Mitteln weiter, wenn man es psychoanalytisch sehen möchte. Dem Zusammensein konnte das aber nichts anhaben. Für Spieler wie für Zuschauer entwickelten sich die Fußballspiele rasch zum Zentrum der Freizeit- und Amüsiertätigkeiten.

Dass der Fußball zum Massensport werden konnte, verdankt er aber auch noch einer anderen Besonderheit: dem jahrzehntelang geführten Kampf um die Arbeitszeitverkürzung bzw. die Einführung des Achtstundentags. Dadurch wurde es erst möglich, dass der Fußball endgültig aus bürgerlichen Strukturen gelöst wurde und die Arbeiter ihn entdecken und lieben lernen konnten. Das Reich der Freiheit, wie Marx es Ende des 19. Jahrhunderts noch mit der Verkürzung des Arbeitstages kommen sah, nutzten die Arbeiter einige Jahre später lieber für den Fußball als für die Revolution.

Bald avancierte der Fußball zu dem gesellschaftlichen Ort, an dem es die größten Berührungspunkte zwischen Arbeitern und Bürgerlichen gab. Klassengrenzen wurden für ein paar Stunden aufgehoben. Während des Krieges spielten Rekruten, Soldaten und Offiziere gemeinsam in den Schützengräben. Nach dem Krieg standen sie gemeinsam auf den Tribunen und auf dem Platz. Der DFB rief sogar zu Ballspenden für die Front auf. Nach dem Krieg sollten sich die Klassengegensätze im Fußball weiter auflösen. War der Fußball vor dem Krieg vor allem eine akademisch-bürgerliche Angelegenheit, gelangte er über den Umweg der Soldaten in das Proletariat und verbreitete sich von dort rasant. In allen Ecken der jungen Weimarer Republik gründeten sich Fußballvereine. Die Aufbruchstimmung in die neue Zeit wurde vom Fußball begleitet. Zu dieser Zeit entstanden »konkurrierende« Verbände. Während der DFB eher einen übergreifenden (bürgerlichen) Anspruch hatte, gab es auch die großen Fußball-Arbeiterverbände, die sich explizit mit ihrem Klassenbewusstsein absetzen wollten.

Ihre Mitglieder und Vereine erhielten großen Zuspruch. Die Zuschauerzahlen explodierten. Am 13. Juni 1920 war Fußball endgültig in den Köpfen und Herzen der Deutschen angekommen. An dem Tag wurde der 1. FC Nürnberg mit einem 2:0 über die Lokalrivalen der SpVgg Fürth Deutscher Meister des DFB. Das Spiel fand in Frankfurt am Main auf den Sandhöfer Wiesen statt – wo heute die Kreisligisten SC Weiss-Blau Frankfurt und SV Sandhof Niederrad ihre Heimspiele austragen.

Kommen hier heute an guten Tagen 100 Zuschauer, so sah das 1920 anders aus. 35 000 Zuschauer waren nach Frankfurt gekommen, Sonderzüge wurden eingesetzt, Schwarzmarktpreise bis 200 Reichsmark bezahlt. Einige Geschäftemacher brachten Trittleitern mit und vermieteten die einzelnen Sprossen. Es war ein Riesenspektakel. Hatte der DFB vor dem Ersten Weltkrieg 190 000 Mitglieder, so waren es zum Zeitpunkt des Finales bereits 400 000.

Aber Ende der zwanziger Jahre deuteten sich tiefgreifende ideologische Konflikte an. Der sozialdemokratischen Arbeiterbewegung war der neue Sport zum Teil suspekt. Linksradikale Kräfte verdächtigen ihn gar der Subversion gegen die Revolution. Gleichzeitig rekrutierten paramilitärische rechte Gruppen wie die Freikorps auf den Fußballfeldern.

Arbeiterklasse am Ball

Aber nicht nur der nationalistisch-kaisertreue und der kosmopolitische Fußball rangen um die Vorherrschaft im deutschen Fußball. Auch die linken Intellektuellen und Arbeiter hatten eine eigene Vorstellung vom Spiel auf dem Rasen. So gründeten Jugendliche 1890 in Berlin den Turnverein Fichte. Der Fußball war seinerzeit schon in der Stadt. Aber es dauerte noch ein wenig, bis er bei dem Verein ankam, der sich nach dem Philosophen Johann Gottlieb Fichte benannt hatte. Einige Jahre später war der TV Fichte der größte Arbeitersportverein Deutschlands. Das Arbeiterturnen war damals durchaus noch als Beitrag zum Kampf der Arbeiterklasse gegen das Kapital zu verstehen. Stark, athletisch, fit für den Klassenkampf – eine Biopolitik von links. Drei Jahre nach Gründung schlossen sich 1893 51 Vereine mit über 3 500 Mitgliedern dem Arbeiter-Turn-Bund (ATB) an. Zu Beginn des neuen Jahrhunderts mehrten sich Berichte über Arbeitersportler:innen, die in diesem Bund den neuen Sport aus England spielten. 1908 gab es erste Berichte über kickende Arbeiter in Hanau und Offenbach. 1910 war es dann so weit. Im ATB fanden offizielle Fußball-Turnierspiele statt, unter den Vereinen war auch der TV Fichte.

Die erste Arbeiterfußballmeisterschaft gewann allerdings die Turnerschaft aus Charlottenburg, gespielt wurde jedoch nur in Berlin und Umgebung. Aber der Magie des Fußballs konnte endgültig niemand mehr entkommen. Während die Zahl der aktiven Arbeiterturner rapide sank, schossen im gesamten Land die Arbeiterfußballvereine aus dem Boden.

1911 trat der DFB dann dem Jungdeutschland-Bund bei. Zusammen mit anderen Organisationen wie dem Deutschen Pfadfinderbund, den Wander-, Turn- und Sportvereinen wollte man die Kinder und die Jugendlichen zum Krieg erziehen. Die Kriegsbegeisterung durchzog den bürgerlichen Fußball. Der Arbeiterfußball widersetzte sich dem und zog eine klare politische Trennlinie zwischen dem völkisch-nationalistischen DFB und sich. Dazu kam auch die innerdemokratische Struktur im organisierten Arbeitersport, die für viele Genossen elementar wichtig war. Außerdem waren die Mitgliedsbeiträge im ATB wesentlich niedriger. Viele Sportler:innen haben selber Tore gezimmert, Vereinshäuser aufgebaut oder Plätze gepflegt, wodurch die Mitgliedsbeiträge niedrig gehalten werden konnten. In diesen frühen Jahren traten viele Proletarier aus den DFB-Vereinen und dem Jungdeutschland-Bund aus und schlossen sich bewusst den Arbeitervereinen an.

Der real existierende Arbeiterfußball war anders als der DFB-Fußball, nicht nur in seinem öffentlichen Auftreten. Die Arbeiter spielten weniger körperbetont, der Gegner ist schließlich auch der Genosse, der seine Familie ernähren muss. Tacklings waren verpönt. Der Angriff des Torwarts im Fünfmeterraum war verboten, wie das Regelwerk verrät: »3. Besserer Schutz des Torwartes durch Verbot des Beinangriffes auf den Ball haltenden oder auf ihm liegenden oder sitzenden Torwart oder auch anderer Spieler.« Eine Regel, die der DFB später übernahm. Gespielt wurde schnell und offensiv. Solidarität und Völkerverständigung standen von Anfang an auf den Fahnen der roten Kicker. Eigentlich hätte es für den Arbeiterfußball so weiter gehen können, aber wenn der Fußball nicht integriert werden kann, wird er verboten.

Denn viele Arbeiter:innen, die sich in eigenen Sportvereinen organisieren, waren dem Kaiser nicht geheuer. Ab der Saison 1913/14 wurden Verbote für öffentliche Sportanlagen erlassen. Fußball war in Ordnung, aber bitte nur im bürgerlichen Rahmen oder mit Pickelhaube. So wurden die staatlichen Repressionen verstärkt, Jugendeinrichtungen geschlossen und Vereine verboten. Erst der Kriegsbeginn 1914 unter Zustimmung der SPD führte wieder zur Lockerung der Verbote. An einen ordentlichen Ligabetrieb war aber nicht zu denken. Der Erste Weltkrieg dezimierte die Arbeitersportler schließlich von 1 340 000 auf 840 000.

Nach dem Krieg profitierte der Arbeitersport von der Fußballbegeisterung im selben Maße wie der DFB. Folgerichtig öffnete sich der ATB dem Fußball immer weiter und benannte sich 1919 in Arbeiter-Turn-und-Sportbund (ATSB) um. Die Arbeitersportler wollten selbstbewusst einen anderen Fußball, ihren Fußball. Es ging dabei auch darum, den Klassenkampf in den Sport zu tragen. Auch hier sollte der Fußball instrumentalisiert werden. Ein heftiger Streitpunkt war von Beginn an der Widerspruch zwischen dem reinen Wettkampfgedanken und den ethischen linken Idealen, die der Sport vermitteln sollte. Ein Streit, der in jedem kleinen linken Fußballverein überall auf der Welt früher oder später auf der Tagesordnung steht. Hier aber waren das Ligasystem, der Pokal und grundsätzlich das Gegeneinander im Zentrum des Diskurses. Alternative Ideen gab es zuhauf wie die, Punkte für ethische Aktionen zu bekommen und nicht für Siege. Die Idee wurde zwar abgelehnt, aber dennoch wollte man sehr bewusst alles anders machen als der bürgerliche Fußball. So waren Elfmeter erlaubt, aber verpönt. Wer einen bekam, der schoss ihn in die Arme des Torwarts. Da allerdings mehr Aktionen als im DFB gepfiffen wurden, wurden auch erheblich mehr Elfmeter gegeben, die meist in den Händen des Torwarts endeten. Bei Begegnungen mit sowjetischen Teams sorgte das Arbeiteragreement aber dann regelmäßig für Verwirrung, da die Sowjets in der Regel den Ball eiskalt im Tor versenkten. Bis auf diese Ausnahme galt jedoch: Wer ehrlich spielt, der gewinnt nicht durch Schiedsrichterentscheidungen, egal ob sie richtig oder falsch sind. Was selbst die kühnsten Fans heute so nicht formulieren würden.

Die Arbeitersportler entwickelten ihr Regelwerk ständig weiter. Darunter auch die Möglichkeit eines Torlinienrichters: »11. Neben den zwei Linienrichtern ist es gestattet, auf jede Torlinie einen unparteiischen Torrichter zu stellen, dessen Aufgabe die Beobachtung der Torlinie und vor allem des Tores ist.« Eine Regelung, die knapp 100 Jahre später, vor der Einführung des Chips im Ball, von Tor-Schiedsrichtern erneut übernommen wurde. Ein außerordentlich sympathischer Fair-Play-Geist zeigte sich bei Verletzungen. Es ging immer auch ein Spieler der eigenen Mannschaft vom Platz, wenn ein Spieler der anderen sich verletzte. Außerdem war der Starkult verpönt. Alles, was in die Richtung ging, wurde unterbunden. Torschützen wurden grundsätzlich nicht genannt, der Star war das Spiel.

Die politischen Spannungen in der jungen Weimarer Republik zwischen den alten Kräften, den Sozialdemokraten und Kommunisten, machte auch vor dem Sport nicht halt. So war der ATSB klar sozialdemokratisch ausgerichtet. Einzelne Regionalverbände standen allerdings den Kommunisten näher, besonders die revolutionären Arbeiter:innen in Berlin, die sich zu Liebknecht und Luxemburg bekannten, nicht zu Scheidemann. Aber der Geschwister-Frieden im Fußball hielt vorerst. Noch überwogen die gemeinsamen Ideale.

Sie standen im Zentrum der Arbeitersportler: Den idealisierten Unterschied zwischen Arbeiterfußball und bürgerlichem Fußball brachte ein Schiedsrichter in der Zeitschrift »Arbeiter-Fußball« 1925 auf den Punkt: »Am Sonntag, den 1. November, war mir die Leitung des Spiels Borussia I – Fichte Gesundbrunnen I in Reinickendorf übertragen. [...] Von drüben her lautes Gekreische, anfeuernde Rufe der Vereinsfanatiker, und zwischendurch setzt jedesmal ein Indianergeheul bei Erzielung eines Tores ein. So will es die bürgerliche Meute, die aus dem Fußballspiel einen Nervenkitzel macht. Hier rasen Proletarier gegen Proletarier und bedenken nicht, dass sie damit ihr eigen Fleisch und Blut bekämpfen. So in Gedanken versunken treffe ich eine Fehlentscheidung. Ruhig nehmen beide Vereine dies auf. Jetzt wende ich meinen Sportsgenossen wieder erhöhte Aufmerksamkeit zu. Ruhig und doch flott kämpfen beide Mannschaften um den Ball. Bei Fichte wird kaum ein Wort gesprochen, desgleichen ist Borussia sympathisch, die sehr fair spielen. Das ist Arbeiterfußball, wie er sein soll. Daran sollten sich alle Vereine ein Beispiel nehmen. Zu solchen Spielen werden auch die Genossen Schiedsrichter mit Freuden kommen. Das war Propaganda für unsere Sache, denn Arbeiterfußballspiel heißt Körperkultur treiben. Darum vergesst nicht, 6 lange Tage in der Woche werdet Ihr vom Kapitalismus ausgebeutet und missachtet, der 7. aber gehört uns und soll eine Erholung für uns sein.«[10]

1919 sahen 18 000 Arbeiter das Spiel einer Berlin-Auswahl gegen Cottbus/Forst. Cottbus gewann vor der Rekordkulisse mit 1:0. 1920 gab es das erste internationale Spiel: SV Weser 08 Bremen gewann gegen Upricht Holland 3:0. Ein Monat später wird der TSV 1895 Fürth In Leipzig erster deutscher Meister im Arbeiterfußball. Fürth war schon allein deshalb der klassische Arbeiterverein, weil zu seinen Gründungsmitgliedern der Gewerkschaftsführer Hans Böckler und der spätere SPD-Vorsitzende Hans Vogel gehörten. Schon ein Jahr nach der Meisterschaft fehlten dem TSV allerdings sieben Leistungsträger, die zu zahlungskräftigen DFB-Vereinen gewechselt waren. Dort wurden sie unter der Hand ordentlich bezahlt, ein Problem, das den Arbeiterfußball bis zum Ende begleitete.

Im September 1920 gründete sich dann die Arbeitersport-Internationale, ein Jahr später folgte Moskau und rief die kommunistische Version der Roten Sport-Internationalen ins Leben. Erste Risse machten sich an der Einheitsfront bemerkbar. Am Ende des Jahres spielten knapp 60 000 Arbeiter im ATSB Fußball. Über 300 Vereine wechselten vom DFB in den ATSB. In den nächsten Jahren entstanden eine Nationalmannschaft und feste Liga-Strukturen. 1925 fand die erste Arbeiterolympiade im neuen Frankfurter Waldstadion statt, unter Ausschluss der Kommunisten, die ihrerseits eine Spartakiade veranstalteten. Die internationalen Sportverbände waren nicht mehr zu einigen. Deutschland gewann das Fußballturnier der sozialdemokratischen Variante von Olympia gegen Finnland vor 40 000 Zuschauer:innen. Ein Fest für die Arbeiter:innen, und wie die Veranstalter unmissverständlich klarmachten: »Unsere Olympiade ist von einem anderen Gedanken getragen, dem Gedanken der Völkerverständigung und -versöhnung. Bei uns ringen nicht Nationen gegeneinander, sondern Sportgenossen aller Länder miteinander. Wir sind alle eines Geistes, eines Wollens und eines Blutes. Wir haben alle denselben Feind: den Kapitalismus, der den Nationalismus erzeugt hat und an seinen Brüsten nährt.«[11]

Ganz anders sah es noch weiter links aus. Am radikalsten waren sicher die Anarchist:innen, die in den 20er-Jahren eine ernst zu nehmende politische Kraft waren. Sie sahen den Fußball mehr als kritisch. Die große anarcho-syndikalistische Gewerkschaft FAU

(Freie Arbeiter Union) forderte 1921 gar, »England zu bestrafen«, aber »nicht aus nationalen Gründen, sondern weil sie den Fußball erfunden haben« und dieses Spiel die Arbeiter und ihre Familien vom revolutionären Kampf ablenke. Aber auch sie konnten den neuen Lieblingssport der Arbeiterklasse nicht verhindern.

Die Arbeiter gingen Mitte der zwanziger Jahre zahlreich zum Fußball wie nie. Der erste sportliche Austausch nach dem Krieg war dann auch den Arbeitersportlern vorbehalten. 1924 reiste eine ATSB-Auswahl für ein Freundschaftsspiel nach Paris. Der DFB konnte sich erst 1930 dazu durchringen. Während des Aufschwungs des Arbeitersports Mitte der zwanziger Jahre kamen auch immer mehr jüdische Vereine in den ATSB, die auf den Antisemitismus im bürgerlichen Fußball des DFB gerne verzichteten.

Der Arbeiterfußball konkurrierte sehr erfolgreich mit dem DFB bis zum Schicksalsjahr 1928. Auch hier folgte der Fußball den gesellschaftlichen Entwicklungen. Beim Bundestag des ATSB in Leipzig kam es zum Eklat. Der ATSB hatte erst 1926 den Bremer SV Weser 08 für eine Russlandreise sechs Wochen gesperrt, 1927 dann selber »Russenspiele« organisiert und anschließend wieder verboten. Die kommunistischen Delegierten des TSV Fichte Berlin und der sozialdemokratische Vorstand gerieten aneinander. Es folgte der Rauswurf des TSV Fichte und die Spaltung. In Berlin wurden danach zwei Arbeitermeister in allen Sportarten ermittelt, und von Berlin aus trieb die Spaltung ihr Unwesen in der gesamten jungen Republik. Entweder war man Sozialdemokrat oder Kommunist. Teilweise spalteten sich ganze Vereine, was dazu führte, dass in einigen Städten zwei namensgleiche Vereine spielten. 1928 gab es dann schließlich zwei Arbeitersportverbände: den ATSB und die KPD-nahe Interessensgemeinschaft zur Wiederherstellung der Einheit im Arbeitersport (IG). Bereits 1929 sprach Ernst Thälmann zu den *röteren*

Arbeitersportlern, die schnell 150 000 Mitglieder hatten und sich später in Kampfgemeinschaft für rote Sporteinheit (Kg) umbenannten.

1930 hatte die Kg 210 000 Mitglieder, der ATSB 543 000 und der DFB 1 600 000. Während sich der Kg international nach Moskau orientierte, war der ATSB eher im Westen unterwegs. Die Einheitsfront war endgültig zerbrochen. Aber auch innerhalb der Verbände Kg und ATSB gab es Skandale.

1932 wechselte der Hafenarbeiter Erwin Seeler vom proletarischen SC Lorbeer 06 in den bürgerlichen DFB-Verein Victoria Hamburg. Nachbarn, Mitspieler, Fans und die proletarische Presse waren entsetzt: Wie konnte er nur die Arbeiterbewegung so verraten? Und es war nicht der erste Skandal um Erwin Seeler. Obwohl Starkult im Arbeiterfußball als verdächtig galt, nahm Seeler trotzdem einmal einen Pokal an und wurde prompt vom Verein verwarnt – Arbeitersportler nehmen keine Pokale an. Der Torschützenkönig der Arbeiterolympiade 1931 war tief gefallen. 1938 wechselte Erwin Seeler dann zum HSV und wurde 1947/48 noch Meister der britischen Besatzungszone. Den späteren DFB-Meistertitel holten dann seine berühmten Söhne Uwe und Dieter Seeler.

Der Arbeiterfußball war männlich dominiert, es gab nur wenig registrierte Frauen und nur sehr vereinzelt Berichte über spielende Mädchen- und Frauenteams. Im Oktober 1932 organisierte der ATSB aber doch das erste offizielle Arbeiterinnenfußballspiel zwischen dem FT 1920 Speyer und dem ASV Hochfeld. Das Spiel im Kreis Baden-Pfalz ging 0:0 aus. Bevor die Frauen im ATSB sich jedoch weiter zum Fußball treffen konnten, kamen die Nationalsozialisten an die Macht.

In der Spätphase der Weimarer Republik verschärfte sich die politische Lage. Auch im Fußball wurde es gewalttätig. 1932 verhafteten 30 Polizisten auf dem Platz die komplette Mannschaft von Fichte Johannisthal wegen eines Fichte-Emblems auf dem

Trikot. Der Name eines deutschen Philosophen der Aufklärung war unerwünscht. Die damalige Brüning-Regierung hatte das Tragen einer Reihe linker Symbole verboten. Allerdings stürmten 1 000 linke *Ultras* den Platz und *befreiten* die Kicker. Erwischt wurden sie trotzdem, blieben jedoch dank eines Erlasses von Reichspräsident Hindenburg straffrei.

Am 27. Februar 1933 wurden die kommunistischen Vereine und ihr Verband von den Nazis verboten und ihre Mitglieder verhaftet. Am 25. März waren dann die Mitglieder des ATSB dran. Die NSDAP verbot alle Arbeitersportvereine, einige konnten sich in den DFB retten oder gründeten sich unter neuen Namen neu. Einige Spieler gingen gemeinsam in den Widerstand, andere flohen. Aber der eigenständige Arbeitersport war tot. Im DFB sind heute noch 660 ehemalige Arbeitervereine vertreten.

Führerbefehl(e) im Fußball

Hitler war nie ein großer Fußballfan. Viel lieber wollte er mit den olympischen Spielen 1936 Deutschland zur großen, allen überlegenen Sportnation Europas deklarieren. Obwohl das Riefenstahl-Spektakel und die Live-Übertragungen bis ins kleinste Detail geplant waren, ließ sich eine Überlegenheit der deutschen Arier nicht abbilden. Das Kontra-Bild dieser Propagandaspiele wurde im Nachhinein der dunkelhäutige Jesse Owens, der ausgerechnet in Schuhen von Adolf Dassler, dem Gründer des heutigen DAX-Konzerns Adidas und ökonomisch wie ideologisch eng mit dem Regime verbunden, antrat und der erfolgreichste Athlet dieser Spiele wurde.

Die Athleten des Dritten Reichs holten insgesamt zwar die meisten Medaillen, aber neben den Triumphen von Jesse Owens gab es ein weiteres ungeplantes Ereignis, dass das nationalsozialistische Spektakel trübte: Es lief die 83. Minute, als Adolf Hitler wutentbrannt das Berliner Olympiastadion verließ: Es war das erste Fußballspiel, bei dem er im Stadion war, und gleichzeitig auch sein letztes.

Das olympische Fußballturnier sollte eigentlich ein Highlight werden. 55 000 Zuschauer und die NS-Führungsetage sahen zu, »der Führer ist ganz erregt«, schrieb Goebbels in sein Tagebuch, obwohl Hitler angeblich lieber zum Rudern gegangen wäre. Doch seine Berater konnten ihn am Nachmittag überzeugen, dem sicher geglaubten Sieg der Nationalelf beizuwohnen.

Die Nationalmannschaft des Deutschen Reichs wollte seine Stars um den sogenannten und heute legendären »Schalker Kreisel« schonen und trat mit einer B-Elf gegen den Fußballzwerg Norwegen an, eine lösbare Aufgabe. Das Spiel ging allerdings verdient mit 2:0 verloren. In der Presse wurde diese empfindliche Niederlage nicht weiter erwähnt.

Noch am selben Abend wurde dafür aber Reichstrainer Otto Nerz gefeuert, dessen Nachfolger Sepp Herberger wurde. Der war weder ein fanatischer Nationalsozialist noch im Widerstand, eher einer, der sich arrangierte. Im deutschen Fußball allerdings ein Reformer, heute würde man von einem Visionär sprechen.

»Es ist mein unabänderlicher Wille, mit dem starren, exerziermäßig eingedrillten Spiel unserer Mannschaft zu brechen«, schrieb der Nationaltrainer im Januar 1937 in sein Tagebuch. Statt bloß mit Rennen und Kämpfen sollte seine Elf künftig mit fußballerischer Eleganz und spielerischer Feinkost glänzen.[12] Schon dies deutet darauf hin, dass Herberger die deutsche (militärische) Tradition des Fußballs zuwider war; wohingegen Hitler und seine Schergen eine Jugend wollten, die »zäh wie Leder, schnell wie ein Windhund und hart wie Kruppstahl« sein sollte. Obwohl das neue System einen grandiosen Erfolg hatte und die hochgeschätzten Dänen mit 8:0 besiegt wurden, konnte Herberger seine Vision nicht umsetzen. Zu stark war die ideologische Besessenheit der Nazis. Nach dem »Anschluss« Österreichs forderten sie eine großdeutsche Elf, die jedoch weder fußballerisch noch kulturell harmonierte. Bei der WM 1938 in Frankreich trat Deutschland als großdeutsches Team an und schied kläglich in der Vorrunde aus.

Die Nazi-Führung, die selber lieber beim Boxen, Turnen oder Motorsport zusah oder wie Himmler Yoga praktizierte, hatte kein Gefühl für den Fußball. Aber sie wusste um seine enorme Anziehungskraft. Gleichwohl waren die Nazi-Nationalmannschaften im Fußball nie so erfolgreich, dass es für eine nachhaltige Propaganda gereicht hätte.

Anders In Italien. Benito Mussolini hatte zwar ähnlich wenig für den Fußball übrig wie Hitler, aber die Nationalmannschaft war erfolgreicher. Das faschistische Italien führte zunächst ein neues Ballspiel namens Volata ein, das den englischen Fußball ersetzen sollte. Eine Mischung aus Rugby und Handball. Das konnte sich als neuer italienischer Volkssport allerdings nicht durchsetzen. Vor allem, nachdem die Italiener, unter anderem mit Hilfe ausländischer Spieler in den eigenen Reihen und Schiedsrichter-Übervorteilung, die WM 1934 im eigenen Land gewinnen konnten.

Von der Linken wurde damals heftig gegen die WM protestiert. Kommunisten, Sozialdemokraten und Demokraten organisierten gemeinsam in Paris eine alternative »Arbeiterfußball-Weltmeisterschaft«. Im Endspiel gewann die Sowjetunion gegen Norwegen.

Die faschistischen Gewaltherrscher in Deutschland hatten im Fußball lediglich ein Mittel der Propaganda gesehen. Nach dem Scheitern der Nationalmannschaft stand vor allem der Vereinsfußball auf der Tagesordnung. Zunächst wurden nach der Machtergreifung die Mannschaften und Vorstände von jüdischen Mitgliedern radikal »gesäubert«. Obwohl Vereine wie der FC Bayern, der 1. FC Nürnberg und Eintracht Frankfurt von Juden mitgegründet worden waren, agierten fast alle Vereine dabei in vorauseilendem Gehorsam. Der deutsche Fußballbund (der von den Nazis abgeschafft wurde) hatte seinen Namen Walther Bensemann verdankt, dem jüdischen Pionier des deutschen Fußballs, der 1920 die Sportzeitung »Kicker« gegründet hatte. An die Stelle jüdischer Funktionäre oder Mitglieder traten meist Nazi-Schergen, die ihre Funktion als politisch verlängerter Arm der Partei begriffen.

Fast alle Vereine unterwarfen sich den neuen Machthabern. »Bereits wenige Monate nach Hitlers Machtantritt wurden Juden aus den Fußballvereinen ausgeschlossen. Dabei wirkten »freudig und entschieden« unter anderem die Clubs in Kaiserslautern, Frankfurt, Nürnberg, Fürth und die Münchner Bayern mit.[13] Widerstand gab es kaum. Rühmliche Ausnahmen waren die Spieler des FC Bayern München, die bei einem Freundschaftsspiel in der Schweiz demonstrativ ihren ehemaligen jüdischen Vorsitzenden Kurt Landauer auf der Tribüne grüßten.

Bereits 1933 führten die Nationalsozialisten den Adolf-Hitler-Pokal ein, bei dem die verschiedenen Gau-Regionen gegeneinander antraten. Parallel zur Deutschen Gauliga, die 1933 bis 1945 existierte und den DFB ersetzte. 1935 etablierten die Nazis dann den sogenannten Tschammer-Pokal, benannt nach dem Reichssportführer, einen eigenen Wettbewerb, dessen Vorbild der populäre FA Cup in England war. Nach dem Krieg wurde daraus der heutige DFB-Pokal. Dieses Beispiel verdeutlicht, dass die Nationalsozialisten sehr wohl erkannten, welches gesellschaftspolitische Potential im organisierten Fußball schlummerte. Nationalsozialistische Ideologie und Fußball wurden miteinander verschmolzen. Noch heute gibt es die besonders zynische Polemik der Fans von Borussia Dortmund, dass Schalke seine Meisterschaften auf Führerbefehl errang, was allerdings unsinnig ist.

Die Gleichschaltung der Fußballkultur war nach dem Krieg im DFB und in den Vereinschroniken lange Zeit kein Thema. Die 12 Jahre Gewaltherrschaft wurden in den Giftschrank verbannt, man sprach von dunklen Jahren und hütete sich, das Licht anzuschalten. Der Intellektuelle Walter Jens wurde zur »persona non grata« erklärt, als er beim 75-jährigen Jubiläum des DFB von den Honoratioren mehr Geschichtsaufarbeitung einforderte.[14] Es dauerte bis Anfang der 2000er Jahre, bis die Vereine und der DFB sehr zögerlich, aber auf den zunehmenden gesellschaftlichen Druck reagierend, mit der Aufarbeitung der nationalsozialistischen Fußballgeschichte begannen. Das Verdienst, endlich diese dunkle Seite zu beleuchten, hatten dabei die sonst so oft kritisierten Ultras. Insbesondere in München, Nürnberg, Schalke und Frankfurt begannen sie mit eigenen Recherchen. In großen Choreografien erinnerten sie in ihren Stadien an jüdische Funktionäre oder Spieler. Die mediale Kommunikation dieser Bilder zwang sowohl den Verband als auch die Vereine, die eigene Geschichte aufzuarbeiten. Das geschieht bis heute noch immer mit angezogener Handbremse. Im anderen, sowjetisch dominierten Deutschland war die Entnazifizierung zwar etwas konsequenter als in den Zonen der westlichen Alliierten. Eine Aufarbeitung der nationalsozialistischen Gewaltherrschaft im Fußball fand jedoch genauso wenig statt. Im Rahmen des »verordneten Antifaschismus« wurde die kritische Auseinandersetzung elegant umschifft. Man gründete, ganz im Sinne der ideologischen Vorgaben des Stalinismus, Betriebsvereine. Diese bekamen so »sinnliche« Namen wie Dynamo, Stahl, Energie usw. Auch beim Fußball wollte die DDR im Stile der kommunistischen Tonnenideologie ihre Kraft, Überlegenheit und ihren Zukunftsoptimismus unter Beweis stellen. Doch nach der Wende schlüpfte man schnell unter das Dach des DFB, ließ, wie in der Wirtschaft, die Übernahme und den Ausverkauf der besten Spieler (gerne) zu. Entsprechend vernachlässigt wurde und wird die Aufarbeitung der NS-Zeit. Immerhin bewegt sich inzwischen etwas. Beim SV Babelsberg, der sich immer noch ein Karl-Liebknecht-Stadion gönnt, sich politisch offensiv für Flüchtlinge einsetzt und links positioniert, begannen Studierende mit Unterstützung des Vereins dessen NS-Geschichte in der NS-Zeit aufzuarbeiten. »Beim Fanprojekt des SV Babelsberg 03 etwa eine Recherchegruppe Babelsberg 03 im Nationalsozialismus: Sieben Interessierte im Alter von 15 bis Ende 20 Jahren suchen nach Leerstellen in der Vereinschronik.«[15] Und der SV Babelsberg steht nicht alleine da. Immer mehr Verbände, Vereine und Faninitiativen versuchen sich an der Aufarbeitung.

Jüdische Kicker im deutschen Fußball

Die Geschichte jüdischer Kicker im deutschen Fußball wird im Zuge der Aufarbeitung langsam, aber stetig neu erforscht. Von Anfang an nahmen Juden an der Entwicklung des Fußballs in Deutschland teil. Sie stellten auf und neben den Plätzen herausragende Akteure. Dazu gehörten nicht nur Pioniere wie Walther Bensemann oder Kurt Landauer, der Präsident des FC Bayern München, sondern auch unzählige jüdische Kicker:innen und Fußballbegeisterte. Viele von ihnen wurden von den Nazis ermordet – wie Julius Hirsch.

Die Biografie des Starspielers vom Karlsruher FV und Nationalmannschaftskapitäns wurde in den 1990er Jahren wiederentdeckt und aufgearbeitet. Als Frontsoldat im Ersten Weltkrieg unterschätzte Hirsch die Gefahr, die durch die Nazis ausging, zunächst, bis er nicht mehr fliehen konnte. Anderen gelang die

Flucht ins Exil, wie Gottfried Fuchs, der seine erfolgreichste Zeit ebenfalls beim Karlsruher FV hatte. Die jüdischen Vereine wurden in Deutschland spätestens 1938 allesamt von den Nazis verboten und geplündert. In den nichtjüdischen Vereinen durften Juden schon ab 1933 ebenfalls keine Mitglieder mehr sein. Die Nationalsozialisten »arisierten« sehr schnell den Fußball.

Aber es gab auch Momente, in denen der Fußball einigen Jüdinnen und Juden Hoffnung gegeben hat. Genau da, wo man es am wenigsten vermuten würde. Wie in der Fußballliga im Konzentrationslager Theresienstadt. Mitten in der dunkelsten Stunde der Menschheit wurde eine Fußballliga etabliert. Aber die Liga war kein Selbstzweck, die Nazis hatten eine genaue Vorstellung, denn Theresienstadt war auch das besondere Propaganda-Lager. Wenn das Rote Kreuz erschien, wurde eine andere Welt, eine *heile* Welt, vorgespielt. Sie sollte zeigen, dass es den Menschen im Lager nicht schlecht ging, dass sie gar fröhlich waren und Fußball spielten. So »dokumentierten« das ein paar Szenen aus dem NS-Propagandafilm »Theresienstadt. Bericht aus dem jüdischen Siedlungsgebiet«, der auch unter dem Titel »Der Führer schenkt den Juden eine Stadt« bekannt wurde. Für die Nazis war das alles eine Propagandaveranstaltung. Außerdem hatte die Liga die zynische Funktion, die Arbeitsmoral zu steigern. Aktive Spieler wurden daher auch privilegiert behandelt und bekamen größere Essensrationen.

Am Ende gab der Fußball den Menschen aber auch Hoffnung, diese Hölle vielleicht doch irgendwie überstehen zu können. In dieser Liga spielten sogar einige Topspieler aus der Tschechoslowakei und aus Österreich. Die Liga hatte einen regulären Spielbetrieb in den Jahren 1943 und 1944.

Die Teams waren meist nach den Abteilungen im Lager gebildet. Die Elektriker, die Jugendfürsorge und andere Abteilungen spielten um den Titel. Es gab zwei Ligen, eine Jugendliga, einen Pokalwettbewerb und am Ende wurde sogar ein Supercup nach britischem Vorbild ausgespielt. An jedem Montag gab es ein Transferfenster, es gab Wimpel und Abzeichen.

Viele Insassen klammerten sich an den Fußball in Theresienstadt und einige sahen darin sogar ein Stück Freiheit, wie der Schriftsteller und Torwart in der Liga Arnošt Lustig: Der Fußball »kann den Menschen ähnlich [wie Sexualität und Kunst] befreien. Er stellte einen Ausweg aus dem grauenvollen Alltag im Lager dar«[16].

So konnte der Fußball selbst im Angesicht des Todes einigen wenigen Kickern noch Hoffnung bringen. Lesenswert ist dazu das Buch vom Sportjournalisten und Shoa-überlebenden František Steiner: »Fußball unterm gelben Stern.«[17] Die meisten Spieler aus der Liga in Theresienstadt wurden später ermordet, viele in Auschwitz.

Aber auch nach der Befreiung durch die Alliierten spielten Juden wieder Fußball. Die Überlebenden der Shoa, die es im Land der Täter noch gab, haben sogar den Fußball wieder zum Leben erweckt. Ein besonderes Datum war da der 29. November 1947, ein sonniger und kalter Tag, an dem 5 000 Menschen im Stadion an der Grünwalder Straße das Finale der deutschen Meisterschaft sahen. Auf dem Platz in München standen Ichud Landsberg und Hasmonea Zeilsheim. Ichud konnte seinen Titel verteidigen und gewann souverän 3:0. Die Fußballer spielten in der Liga für Mannschaften aus den sogenannten Displaced Persons Camps (DP). Eine Liga, die unter schwierigen Vorzeichen zustande gekommen war. Aber auch eine Liga, die Normalität und Hoffnung schenkte.

In Deutschland warteten ab 1945 ca. 180 000 Jüdinnen und Juden auf ihre Emigration. Gerade in der amerikanischen Besatzungszone entwickelte sich schnell eine politische und kulturelle Selbstverwaltung in den DP-Camps. Sportbegeisterte Jüdinnen und Juden gründeten bereits 1946 den jüdischen Fußballverband, der 80 Fußballvereine beheimatete. Die erste Saison im selben Jahr wurde mit 10 Mannschaften in der ersten Liga ausgetragen, 1947 waren es bereits 22. Geteilt in eine Nord- und eine Südliga, mit anschließendem Finalspiel. Mitten im zerstörten Deutschland und kurz nach der Shoa begannen die Überlebenden wieder mit dem organisierten Fußball.

Öffentlicher Sport war in den Besatzungszonen umstritten. Während die Amerikaner und Franzosen relativ schnell wieder Fußballmannschaften und Ligen erlaubten, waren die Briten und Sowjets zurückhaltender. In Berlin wurde hingegen schon im Dezember 1945 wieder die erste Fußballmeisterschaft ausgetragen. Der jüdische Fußball in Deutschland hatte mit ersten Begegnungen bereits im Oktober 1945 begonnen.

Der organisierte jüdische Fußball im Nachkriegsdeutschland zeigte, dass man weitermachen wollte, weiterspielen wollte, auch im Land der Mörder. Man ließ sich nicht unterkriegen.

Aber nicht nur die Anhänger von Ichud Landsberg konnten am 29. November 1947 jubeln. Denn am selben Tag beschloss die UN-Vollversammlung die Gründung eines jüdischen und eines arabischen Staates im britisch besetzten Mandatsgebiet Palästina. 1948 war es dann so weit und die Emigration sorgte für die rasche Auflösung der Fußballliga. In Erinnerung bleiben die zahlreichen und teils frenetischen Fans, die in den Camps den Spielen beiwohnten. Es war das beste Mittel, um dem langweiligen Lagerleben zu entkommen.

Heute gibt es wieder ein lebhaftes jüdisches Sportleben in Deutschland. Vorreiter ist dabei die Makkabi-Bewegung mit einem dezidiert politischen Anspruch. Vor allem deutsche Juden hatten 1921 auf die Gründung des Makkabi-Weltverbands hingewirkt. Gerade um sich dem Antisemitismus entgegenzustellen und einen sicheren Raum für jüdische Sportler:innen zu schaffen. Aber auch über 100 Jahre später sind die Sportler:innen von Makkabi in Deutschland noch immer antisemitischen Anfeindungen ausgesetzt. Nichtsdestotrotz machen sie weiter und sorgen dafür, dass Ressentiments abgebaut werden. Für die politische Linke muss es selbstverständlich sein, sowohl die Erinnerungs- und Erkenntniskultur zu bewahren wie auch offensiv den antisemitischen Anfeindungen auf allen gesellschaftlichen Feldern entgegenzutreten, nicht zuletzt im Fußball.

Der friedliche Kicker: Walther Bensemann

Fußball gibt es immer und überall, selbst auf Kriegsschauplätzen. Auch einen sogenannten Fußballkrieg gab es schon: zwischen Honduras und El Salvador.[18] Gleichzeitig war der Fußball immer auch ein Friedensprojekt. In Deutschland ist der Kampf zwischen Militarisierung des runden Leders und seiner friedensstiftenden Kraft untrennbar mit dem Namen Walther Bensemann verbunden.

Bensemann kam aus einer jüdischen Familie in Berlin. Mit 10 wurde er auf eine Schweizer Privatschule in Montreux geschickt. Die dort lebenden Engländer brachten ihm das Fußballspiel nah, das Bensemann sein Leben lang nicht mehr loslassen sollte. Mit 14 gründete er voller Tatendrang den FC Montreux und wurde auch sein erster *Clubsekretär*. Dies aber war nur der erste Verein von vielen, die Bensemann noch gründete. Dabei war Deutschland noch Fußballentwicklungsland. Nur in Berlin und vereinzelt im Norden kickten ein paar Engländer dieses exotische Spiel. Bis Bensemann kam. Nach seinem Abitur zog er mit den Eltern 1889 nach Karlsruhe, wo er, wie könnte es anders sein, sofort wieder einen Fußballverein gründete. Später erinnerte er sich: »Im September 1889 ließ ich aus der Schweiz einen Fußball kommen;

der Ball wurde morgens vor der Schule aufgeblasen und in der 10-Uhr-Pause musste bereits ein Fenster des Gymnasiums daran glauben. [...] Direktor Wendt schickte uns auf den kleinen Exerzierplatz, Engländerplatz genannt. Hier hatten zwei Jahre zuvor einige Engländer sowie Gymnasiasten Rugby gespielt. Wenige Tage nach der Übersiedlung gründeten wir den ›Karlsruher Footballclub‹, der zuerst nur aus Pennälern bestand, dem aber in Kürze etwa 15 bis 20 Engländer beitraten.«[19] Es war der erste süddeutsche Fußballverein, der vollständig »International Football-Club Karlsruhe« hieß. Bensemann war ein Fußballgetriebener, ein Fußballverrückter. Und folgerichtig machte er weiter. In den nächsten Jahren gründete er überall neue Fußballvereine, organisierte die Infrastruktur und erste Freundschaftsspiele. Das brachte ihm aber in der Turnernation Deutschland auch viel Gegenwind ein. Der »Engländer in Narrentracht«[20], wie er in Karlsruhe genannt wurde, musste gegen die Übermacht des Turnsports antreten. Aber auch im jungen Fußballsport gab es Widerstand.

Sehr schnell positionierte sich Bensemann politisch. Der Fußball biete die Möglichkeit »Stände zu überwinden« und er sei »das Bemühen, die Begriffe der Freiheit, der Toleranz, der Gerechtigkeit im inneren Sportsleben, des Nationalgefühls ohne chauvinistischen Beigeschmack dem Auslande gegenüber zu wahren.«[21] Nicht jedem gefiel das. Längst hatten sich nationalistische Fußballideen in Deutschland festgesetzt.

Bensemann wollte den weltoffenen Fußball und bald folgte der Theorie die Praxis: schon 1893 organisierte er die ersten internationalen Auswahlspiele. Das erste Spiel auf deutschem Boden fand am 7.10.1893 statt: Villa Longchamp aus der Schweiz gegen eine süddeutsche Auswahl. Weitere folgten. Stark beeindruckt vom englischen Fairplay, dem Toleranz-Gedanken und dem Sportmannsgeist trieb Bensemann den Fußball als politisches Projekt immer weiter voran.

Aber auch den Vereinsfußball prägte Bensemann. Als Kosmopolit gründete er überall, wo er auftauchte, Vereine. Darunter die Vorläufervereine des FC Bayern München, Eintracht Frankfurt oder den 1. FC Nürnberg.

Mit dem Ausbruch des Ersten Weltkriegs hatte sich der deutsche Fußball endgültig gespalten. Auf der einen Seite der süddeutsche liberale Fußball mit Pionieren wie Bensemann und auf der anderen Seite der nationalistisch-militaristische Fußball. So schrieb der Norddeutsche Fußball-Verband 1914: »Durch den Sport wurdet ihr für den Krieg erzogen, darum ran an den Feind, auf ihn und nicht gezittert.«[22] Der Krieg versetzte Bensemann in tiefe Melancholie.

Ironischerweise brachten der Krieg und die Soldaten den Fußball erst wirklich nach Deutschland. Im Krieg war Fußball Abwechslung und Zerstreuung auf und neben den Schlachtfeldern. Hier kickten alle zusammen, unabhängig ihrer sozialen Stellung. 1914 kam es an der Westfront sogar zum legendären Weihnachtsfrieden. Die Geschichte gibt es in unzähligen Varianten. Als gesichert gilt, dass deutsche und britische Truppen an Heiligabend und den darauffolgenden Tagen an verschiedenen Stellen miteinander Fußball spielten. Angeblich gewann Deutschland in einem Match sogar 3:2.

Der Erste Weltkrieg veränderte den Fußball. In Großbritannien übernahmen die Frauen den Sport, während die Männer an der Front waren. Es gab sogar zwei britische Fußball-Bataillone. Das 17. und das 23. – hier wurden Spieler, Schiedsrichter oder andere Menschen mit Fußballhintergrund rekrutiert. Geworben wurde unter anderem mit Plakaten: »Play the greater Game on the Field of Honour.« Ein besonderer Kicker war der Offizier Walter Tull, der wohl erste schwarze Infanterie-Offizier in der britischen Armee. Er war erfolgreicher Mittelfeldspieler bei Clapton, Tottenham Hotspur und Northampton Town. Im März

1918 starb er mit 29 Jahren in Nordfrankreich in einer Schlacht gegen die deutschen Truppen.

Bensemann arbeitete bis zum Beginn des Ersten Weltkriegs in England und wurde beim Heimatbesuch 1914 vom Ausbruch überrascht, sodass er in Deutschland bleiben musste. Der Krieg stärkte seine skeptische Haltung zu allem Nationalen: »Auf den Geburtsort eines Menschen kommt es so wenig an, wie auf den Punkt, von wo er in den Hades fährt.«[23]

Nach und nach sublimierte Bensemann seine Melancholie, er schrieb und machte sich einen weiteren Namen als Sportjournalist. 1920 gründete er im Alleingang den Kicker, der weit mehr war als ein Fußball-Fachmagazin. Sein Anliegen war für ihn nicht weniger als »ein Symbol der Völker-Versöhnung durch den Sport«. Und dieser Haltung blieb der Kicker treu. So schrieb Bensemann dort noch 1930: »Der Sport ist eine Religion, ist vielleicht heute das einzige wahre Verbindungsmittel der Völker und Klassen [...] Am besten haben das die begriffen, die nicht mehr aus dem Krieg zurückkehrten.«[24] Der Kicker war bis zur Machtübernahme der Nazis die antimilitaristische sportpolitische Zeitschrift schlechthin.

Auch im DFB war die politische Zerrissenheit des deutschen Fußballs augenfällig. Bensemann stieß häufig auf Ablehnung und Widerspruch. Der DFB war mehrheitlich nationalistisch eingestellt und der internationale Fußball war ihm anfangs sehr suspekt. Die FIFA hingegen war für Bensemann Ausdruck der internationalistischen Haltung, zumal der DFB immer mehr von der Idee vereinnahmt wurde, dass der Sport die Wehrfähigkeit der jungen Männer steigern solle und daher besonders der Breiten- und Amateursport gefördert werden müsse. In den 30er-Jahren spitzte sich der Konflikt im deutschen Fußball politisch zu. Die Deutschnationalen übernahmen immer mehr Funktionen und Bensemann wurde immer heftiger mit dem stärker werdenden

Antisemitismus konfrontiert. 1933 floh er in die Schweiz, wo er 1934 in Montreux starb.

Die FIFA würdigte Bensemann, in Deutschland hingegen verblasste die Erinnerung an den politischen Fußballpionier. Der DFB arbeitete erst Anfang der 2000er-Jahre seine Geschichte auf und rehabilitierte Bensemann.

Bis heute sind Krieg und Frieden im Fußball die zwei Seiten einer Medaille. Den Zwiespalt symbolisiert nichts so gut wie die FIFA mit ihrem Anspruch, »den Fussball fortlaufend zu verbessern und weltweit zu verbreiten, wobei der völkerverbindende, erzieherische, kulturelle und humanitäre Stellenwert des Fussballs berücksichtigt werden soll«, und ihrer Praxis des Wegschauens, wie beispielsweise bei Weltmeisterschaften, ob 1934 in Italien, 1978 in Argentinien oder aktuell 2022 in Katar. Bensemann hatte in der FIFA noch »das herrlichste Geschöpf der Welt«[25] gesehen.

Vom Wasserträger zum Fußball-Millionär

»Dass der Sport … als ›Opium fürs Volk‹ gilt, ist allgemein bekannt. Warum sollte das ständig wiederholt werden, wenn es doch keine Alternative gibt? Andererseits – dieses Opium hat auch eine therapeutische Wirkung … Die zwei Stunden Mitfiebern (Aggressivität und Verbrüderung) im Stadion sind befreiend.«

Pier Paolo Pasolini

Der Boss, der Schuss, der Mythos

Es gibt Geschichten, die nur der Fußball schreibt. Diese Binsenweisheit hören die Zuschauer:innen an jedem Bundesligawochenende oder bei jedem Turnier von Reporter:innen und Moderator:innen.

Es gibt allerdings auch Geschichten, die möglicherweise ein Fußballspiel verändern, bevor es begonnen hat. Vielleicht sogar die Haltung und Selbstwahrnehmung einer ganzen Nation. Dazu gehören sportpolitische Ereignisse, deren Einfluss erst im Nachhinein feststellbar ist oder gar nicht ins kollektive Bewusstsein eingeht.

Wahrscheinlich wäre die legendäre und favorisierte ungarische Nationalelf 1954 tatsächlich Weltmeister geworden, wenn nicht ausgerechnet ein sowjetischer Hauptmann 1945 menschliches und sportliches Mitgefühl gezeigt hätte. »1945 geriet der spätere Weltmeister Fritz Walter in russische Gefangenschaft. In Máramarossziget, einer rumänischen Stadt, war er kurz vor der Überstellung in Kriegsgefangenschaft nach Sibirien. Bei einem Spiel gegen die Wärter spielte Fritz Walter ebenso wie die »Todeself« um sein Leben – doch er gewann. Slowakische und – jetzt kommt's – *ungarische Wachsoldaten* erkannten ihn und sagten es ihrem Major Schukow. Selbst ein großer Fußballfan, bewahrte er Fritz und seinen Bruder Ludwig vor der Deportation. Sie waren frei und kamen noch vor dem Jahr 1946 in ihre Heimat zurück. Acht Jahre später sollte Fritz Walter dem ungarischen Wachsoldaten wohl noch einmal beweisen, wie gut er wirklich war.«[1] Statt ihn, wie die anderen Gefangenen, in ein Kriegsgefangenenlager der Sowjetunion zu schicken, schickte er ihn in einer Offiziersuniform der ungarischen Armee nach Hause in die Pfalz. Ohne Walter hätte die Nationalmannschaft bei der WM 1954 wohl kaum oder zumindest geringere Chancen gehabt.[2]

»Das Wunder von Bern« hätte es so nicht gegeben. Der Mythos der Auferstehung, des »unbesiegbaren« deutschen Kampfgeistes, der später zu Linekers Bonmot »und am Ende gewinnt immer Deutschland« führte, wäre nie entstanden. Welche gesellschaftspolitischen Gefühle so ein nationales Ereignis bedient, kritisierte Adorno in seinen soziologischen Schriften:

»Wird eine Fußballweltmeisterschaft vom Radio übertragen, deren jeweiligen Stand die gesamte Bevölkerung aus allen Fenstern und durch die dünnen Wände der Neubauten hindurch zur Kenntnis zu nehmen gezwungen ist, so mögen selbst spektakulär verschlampte Gammler und wohlsituierte Bürger in ihren Sakkos einträchtig um Kofferradios auf dem Bürgersteig sich scharen. Für zwei Stunden schweißt der große Anlaß die gesteuerte und kommerzialisierte Solidarität der Fußballinteressierten zur Volksgemeinschaft zusammen.«[3]

Die philosophische Vogelperspektive des großen Denkers ist sicher zutreffend. Zugleich übersieht er in der gesellschaftlichen Praxis, um in seinem Jargon zu bleiben, vielleicht das »Nichtidentische«. Natürlich fallen sich beim entscheidenden Tor oder beim Schlusspfiff der Vorstandsvorsitzende der AG und der Lohnarbeiter (dies gilt auch für ihre weiblichen Pendants) in die Arme. Diese falsche Versöhnung hat aber zugleich einen humanen Moment. In diesen wenigen Sekunden, Augenblicken der (falschen) Verbrüderung steckt ein tiefes Bedürfnis. Die religiöse Sehnsucht nach Erlösung, die auch der Atheist kennt. Und die ist tatsächlich klassenübergreifend. Trotzdem weiß der Lohnarbeiter spätestens nach dem Abpfiff, dass »Boss« Rahn aus der Essener und die Walter-Buben aus der Kaiserslauterner Arbeiterklasse stammen. Im Unterschied zum heutigen »modernen« Fußball, wo der Vorstandsvorsitzende, die Manager und Celebrities in der warmen VIP-Lounge jubeln. Und die Klassengegensätze noch viel klarer in Sektionen unterteilt sind.

Der große Adorno übersieht möglicherweise das »Kleingedruckte«. Unter der »gesteuerten Solidarität« verschwindet das Klassenbewusstsein nicht automatisch. Es gönnt sich beim Tor oder Schlusspfiff eine Auszeit. Vielleicht ist es genau die vielgerühmte Dialektik, die dafür sorgt, dass wir in der ganzen falschen Versöhnung der Klassen im Fußballtaumel immer auch ein Stück der befreiten Gesellschaft aufblitzen sehen.

Ein anderes Beispiel der unterschiedlichen politischen Wahrnehmung solcher Ereignisse wie das WM-Endspiel 1954 ist die Rezeption des heute legendären Moderators Heribert Zimmermann. Im kollektiven Gedächtnis haben sich die enthusiastischen Kommentare eingebrannt. Neben »Aus dem Hintergrund Rahn könnte schießen – Rahn schießt – Tooooor! Tooooor! Tooooor! Tooooor!«, waren es vor allem die Ansage zu den spektakulären Paraden von Toni Turek: »Turek, du bist ein Teufelskerl! Turek, du bist ein Fußballgott! Entschuldigen Sie die Begeisterung, die Fußballlaien werden uns für verrückt erklären …« Dieser Kommentar löste eine Welle der Empörung im konservativen Deutschland aus. Besonders die Kirche demonstrierte heftig gegen den Begriff »Fußballgott«. Konservative und Kleriker forderten Zimmermanns Kündigung. Am Ende musste er sich entschuldigen und blieb. Heute segnen Pfarrer den Rasen, lesen Messen und halten Fürbitten oder sind, wie der ehemalige Papst, Mitglied beim FC Schalke 04. Die synkretistische Flexibilität des Christentums macht beim Fußball keine Ausnahme.

Fußballgott Toni Turek übernahm 1954 sogleich auch den Olymp, nachdem er die Titanen aus Ungarn besiegt und zugleich den Gründungsmythos der jungen Bundesrepublik schuf. Das Wirtschaftswunderland war wieder auf der Weltbühne und hatte zudem den »sozialistischen Fußball« als David gegen den übermächtigen Goliath mit List und Kampf besiegt.

Die Ungarn spielten bis 1954 den erfolgreichsten Fußball der Welt, den sie stolz »sozialistischen Fußball« nannten. Der legendäre Trainer Gusztáv Sebes entwickelte eine hochmoderne Spielweise, die man erst wieder in den 70er-Jahren bei den Niederländern sah. Eine frühe Form des »Football total«. Jeder Spieler konnte alles spielen, die Mannschaft wurde nach der besten Gesamtkonstellation ausgewählt und nicht nach einzelnen Spielern. Der Star war die Mannschaft – und natürlich Ferenc Puskás, der das Spiel seiner Ungarn zusammenfasste: »Wenn wir angreifen, greift jeder an und in der Verteidigung ist es dasselbe.« Für die Ungarn war die Niederlage daher auch eine Niederlage des sozialistischen Systems, gerade gegen Deutschland, wo der Kapitalismus in der Adenauer-Ära gerade restauriert wurde. Sepp Herbergers Mannschaft spielte, was sie konnte. Das genügte. Der unerwartete Titel führte in (West-)Deutschland zu einer Euphorie, die erstmals seit Ende des Krieges wieder ekstatisch sein durfte. Deutschland war wieder Teil der Völkergemeinschaft, die Niederlage des Kriegs ausgelöscht. So wurde es kommuniziert. Die Rezeption des unerwarteten Siegs strickt bis heute an diesem Mythos.

Man kann es aber auch nüchterner sehen. »Die Kriegsgeneration, jedenfalls wie ich sie um mich herum werkeln sah, feierte diesen Sieg nicht in solcher Weise. Sie war viel zu sehr mit ihren zwei Haupttätigkeiten beschäftigt. Die erste bestand in der absoluten Nichtbefassung mit der eigenen Verstricktheit ins Hitlertum; das fraß schon mal eine große Menge Tagesenergie. Die zweite war die Befassung mit dem, was sie euphorisch Wiederaufbau nannten. Sie fügten diesen Sieg dem Schatz hinzu, den sie sich sowieso schon erworben hatten.«[4] Diese Erkenntnis kommt der sozialen Wirklichkeit schon etwas näher. Die Überhöhung des Titels, des Spiels und seiner Helden war wie so häufig in der Geschichte des Fußballs (auch) Ideologie. Nützlich für eine Nation, die nichts wissen, sondern wieder siegen wollte.

Der lange Pass nach Europa

Der deutsche Fußball war, trotz seiner internationalen Erfolge, Ende der 50er- und zu Beginn der 60er-Jahre in Fragen der Vermarktung alles andere als Avantgarde. Man hatte sich in der fordistischen Gesellschaft[5] mit ihren Aufstiegs- und Sicherheitsversprechen ganz gut eingerichtet. In den Oberligen spielte man ordentlich und hin und wieder reizvoll. Durch die regionale Einteilung gab es jede Menge Derbys. Die Endrunde der Meisterschaft mit den jeweils beiden Erstplatzierten der Ligen sorgte für zusätzliche Spannung. Undenkbar, dass selbst ein absoluter Spitzenverein wie heute die Bayern neun- oder zehnmal hintereinander Meister werden konnte. Dafür gab es zu viele schöne Zufälle und zu viel Ausgeglichenheit.

Aber so wie die ersten »Gastarbeiter« aus Italien und später dann den anderen südeuropäischen Ländern in das Wirtschaftswunderland Deutschland kamen, gingen die Spitzenspieler umgekehrt nach Italien oder Spanien. Die Einführung einer Bundesliga mit den Spitzenteams aus den Bundesländern wurde zu einer Notwendigkeit. Am 24. August 1963 war es dann so weit. Die erste Bundesliga-Saison, zunächst nur mit 16 Vereinen und noch ohne Bayern München und Borussia Mönchengladbach, ging an den Start. Vorausgegangen war ein zähes Ringen um die Qualifizierungen und Lizenzen, die nicht nur nach sportlichen Kriterien entschieden wurden. Regionalproporz, Politik und Funktionäre hatten ein gewichtiges Wort nicht nur mitzureden, sondern auch zu entscheiden. Vereine wie die Bayern, immerhin 1932 Deutscher Meister, blieben ebenso auf der Strecke wie Rot-Weiß Essen, Fortuna Düsseldorf oder Kickers Offenbach. Dafür durften der 1. FC Saarbrücken und Preußen Münster mit von der Partie sein. Alemannia Aachen und die Kickers aus Offenbach klagten sogar vor Gerichten, wurden aber abgeschmettert. Aachen vertraute auf die Zusage einiger Funktionäre, dass die Bundesliga auf 18 Vereine aufgestockt werden würde. Doch in der entscheidenden Abstimmung votierten sie dann doch für den ursprünglichen Vorschlag. Für die Offenbacher Kickers war die Entscheidung doppelt bitter, da sie nach sportlichem Ermessen qualifiziert waren. »Es gibt überhaupt keinen Schlüssel, der Offenbach die Bundesliga versperrt, ob nun nach zwölf, zehn oder fünf Jahren gerechnet wird«, schrieb der Kicker.[6] Auch der vom DFB später bekanntgemachte amtliche Schlüssel eines komplizierten Verfahrens sprach für Offenbach, hatte aber keinen Einfluss auf die Entscheidung.

Sogar Obergrenzen für Gehälter und Prämien legte der DFB fest. Das Fixgehalt eines Profis betrug 1250 DM. Dazu kamen noch Prämien. Diese Summe war ca. dreimal so hoch wie ein damaliges Durchschnittsgehalt. Geht doch, könnte man in Anbetracht der astronomischen Summen, die heute im Spiel sind, dazu anmerken. Zumal den Vereinen Sanktionen drohten, die sich daran nicht hielten.

Durch die Bundesliga wurde der Profifußball zum nationalen Samstagsereignis, vergleichbar mit den Shows von Peter Frankenfeld oder Hans-Joachim Kulenkampff. Um 15.30 Uhr (zunächst wurde die Bundesliga erst um 19 Uhr gespielt) versammelte sich der »harte Kern« vor den Radios, um mitzufiebern, wenn ab 17 Uhr in der ARD-Konferenz von einem Platz auf den anderen geschaltet wurde. Der klassische Slogan der IG Metall, »Samstags gehört Papi mir«, mit dem die Wochenendarbeit abgelehnt wurde, galt auch für die Bundesliga, die sich bald zum Premium-Produkt des deutschen Sports entwickelte. Die Spiele ihrer Meister oder Pokalsieger auf internationalem Parkett waren in diesen ersten Jahren bis zur Gründung der Champions und Europa League Straßenfeger. Nicht nur, weil sie noch im öffentlich-rechtlichen Fernsehen zu empfangen waren. Sondern weil sie als Sternstunden des europäischen Fußballs im Alltagsleben der Fußballanhänger und ihrer Vereine galten. Wenn man heute, spätestens im Viertelfinale der CL oder EL, die Gruppenspiele schon vergessen hat, sind auch nach Jahrzehnten die großen Spiele der »Straßenfeger«-Zeit noch im Gedächtnis. Das wegen eines Büchsenwurfs aberkannte legendäre 7:1 der Fohlenelf aus Gladbach gegen Inter Mailand. Der Stolperschuss von »Katsche« Schwarzenbeck im Finale des Europapokals der Landesmeister 1974 beim Stand von 0:1 gegen Atlético Madrid, als er in der letzten Sekunde der Verlängerung traf. Man braucht kein Fußballromantiker zu sein, um sich an solche epochalen Spiele zu erinnern. Sicher gibt und gab es auch in der CL oder EL historische Spiele, wahrscheinlich sogar besseren Fußball. Ihre »mythische« und gesellschaftspolitische Wirkung ist jedoch Geschichte, Frucht einer Übersättigung. Rund um den Globus rollt täglich der Ball. Das Einmalige oder, anders ausgedrückt, das Seltene wurde in den vergangenen 30 Jahren zum Alltäglichen. Die unendliche Reproduzierbarkeit der Fußball-Kultur-Industrie hat dem Spiel den Zauber genommen.

Der Blick in die Gegenwart dokumentiert die fundamentalen Veränderungen. Im CL-Finale 2021 schlägt der vom russischen Oligarchen Abramowitsch finanzierte FC Chelsea, Vierter der englischen Premier League, die von den Emiraten finanzierten Citizens aus Manchester. Ein Spiel, das am Tag danach vergessen ist. 30 Jahre zuvor gewann der Rote Stern Belgrad den Europapokal der Landesmeister – heute undenkbar.

Zurück zur Bundesliga: Sie wuchs schnell aus ihren Kinderschuhen heraus und wurde in Europa eine der stärksten Wettbewerbe. Die Meister wechselten, die Absteiger ebenso. So gehörte die Liga zum Inventar der bundesrepublikanischen Gesellschaft. Das Aufstiegsversprechen war auch im Fußball allgegenwärtig.

In der ehemaligen DDR gab es bereits ab 1951 eine Oberliga, in der die Spitzenmannschaften zum Teil nach politischen Vorgaben um den Titel spielten. Der tiefgreifendste Reformschritt wurde allerdings erst 1965/66 vollzogen. Durch Ausgliederung aus den Sportclubs gab es ab dieser Saison neue, »reine Fußballclubs«, deren Namen uns heute noch vertraut sind (SG Dynamo Dresden, Lokomotive Leipzig, 1. FC Magdeburg, Union Berlin etc.). Bis 1978 dominierten Dresden und Magdeburg. Dann übernahmen Erich Mielke und das Ministerium für Staatssicherheit der DDR mit Dynamo Berlin das Geschehen. Wie viele Titel verschoben wurden, konnte man nie genau feststellen. Im Westen wäre das nicht möglich – dachte man!

Aber schon 1969, als der 1.FC Nürnberg ein Jahr nach der Meisterschaft abstieg, roch es nach Bestechung und Manipulation.[7] Bewiesen wurde nie etwas. Doch zwei Jahre danach, am 6. Juni 1971, explodierte auf der 50. Geburtstagsfeier des Präsidenten der Offenbacher Kickers die gewaltigste Bombe, die der deutsche Fußball bis dahin erlebte. Im Beisein der Fußballprominenz, darunter auch der Bundestrainer Helmut Schön (der das Haus verließ), schaltete der Präsident der Offenbacher, Horst-Gregorio Canellas, ein Tonband ein. Auf diesem waren Mitschnitte zu mehreren verschobenen Spielen zu hören. Das Entsetzen war groß. Aber es gab keinen Zweifel. Tatsächlich waren Spiele im Abstiegskampf verschoben worden. Insgesamt ging es um eine Summe von 1,1 Millionen DM. Unvorstellbar wenig in der heutigen Zeit, aber damals schon eine gewaltige Summe, die Rot-Weiss Essen und Kickers Offenbach den Klassenerhalt kosteten. Ersterer, völlig unbeteiligt im Unterschied zum OFC, erhielt keine Wiedergutmachung. Bielefeld wurde mit Zwangsabstieg bestraft. Mehr als 40 Spieler, darunter solche Stars wie Libuda, Fichtel (Schalke 04), Manglitz (1.FC Köln) etc. wurden zunächst lebenslang gesperrt, aber nach zwei Jahren wieder begnadigt. Das »weiße Hemd« der 11-Freunde-Fußball-Ideologie des DFB war beschmutzt. Auch im heute so oft romantisierten »rheinischen Kapitalismus« gab es also keine Inseln und Idyllen. Mehrere Jahre gingen die Zuschauerzahlen dramatisch zurück.

Der Bundesligaskandal verdeutlichte aber auch, dass die Kluft zwischen der Bundesliga mit ihren 18 Vereinen und den fünf Regionalligen wirtschaftlich zu groß geworden war. Noch immer hatten manche Vereine im Unterbau eher die Strukturen von Amateuren. Deshalb war es nur logisch, einen neuen Unterbau zu schaffen, der einen Abstieg aus der Bundesliga zumindest abfedern konnte. Ab der Saison 1974/75 wurde deshalb die Zweite Bundesliga mit zunächst zwei Staffeln eingeführt. Auch hier kam es wieder zu Entscheidungen, die weniger sportlich als vielmehr sportpolitisch und wirtschaftlich motiviert waren. Sportlich hatte sich der Dorfverein SV Alsenborn, der von Fritz Walter gefördert wurde, klar für die Süd-Staffel qualifiziert. Aber da gab es ja noch den 1. FC Saarbrücken. Quasi im Nachgang wurde entschieden, dass das Stadion des Dorfclubs nicht zweitligatauglich sei. Was stimmte. Aber Alsenborn hätte sehr wohl z. B. in Kaiserslautern antreten können. Doch der DFB entschied zu Gunsten Saarbrückens. DFB-Präsident zu dieser Zeit wurde der Saarländer Hermann Neuberger, der sich später durchaus noch politisch positionieren sollte. Bei der WM 1978 in Argentinien war Neuberger nicht so kleinlich wie im Falle Alsenborn. Im Gegenteil: Er fand es vollkommen in Ordnung, dass im deutschen Trainingsquartier ein Nazipropagandist, der ehemalige Fliegeroffizier Rudel, als Gast begrüßt wurde.[8]

Die frühen 70er-Jahre waren in jeder Hinsicht turbulent. Der Fußball kämpfte um neue Reputation nach dem Bundesliga-Bestechungsskandal. Die Gesellschaft stritt über die neue Ostpolitik, Bildungsreformen, Zugang der Arbeiterkinder an die Universitäten. Die Musik und die Theater erlebten einen soziokulturellen Aufbruch.

Aus der Tiefe des Raums[9]

Die Bundesrepublik atmete nach dem Ende der Restaurationsepoche den Geist der Freiheit. Selbst in der DDR kam es unter dem neuen SED-Parteiführer Honecker, der mit dem Segen Moskaus Walter Ulbricht entmachtet hatte, zu kleinen demokratischen Reformen in der Kultur und zu sozialen Aufstiegsversprechen, quasi einem Konsum-Sozialismus, der jedoch kein ökonomisches Fundament hatte, wie sich in den 80er-Jahren erwies.

Nicht nur an den westdeutschen Universitäten wurde der Muff von 1 000 Jahren abgeschüttelt. Die 68er-Bewegung und die neue sozialliberale Koalition setzten schlummernde Potentiale frei. Man kann sich das heute kaum mehr vorstellen. Aber 1971 forderte die FDP (!) die Vergesellschaftung von Schlüsselindustrien, wenn sie nicht dem Gemeinwohl dienten. Die Arbeiter:innen sollten am Produktivvermögen teilhaben. Der Zeitgeist wehte von links: emanzipatorisch, transparent, sozial gerecht. Kunst und Kultur wurden zu Motoren der gesellschaftlichen Veränderung. »Jeder ist ein Künstler«, das Bonmot des Künstlers Joseph Beuys öffnete Horizonte, ja auch im Fußball und seinem Umfeld. Selbst die Architektur öffnete sich nach Jahrzehnten des Brutalismus der neuen Sachlichkeit, es entstanden transparente und freie Räume. Bestes Beispiel dafür ist das Münchner Olympiastadion mit angeschlossenem Olympiapark. Die für damalige Verhältnisse innovative Zeltdachstruktur überspannt nicht nur das Stadion, sondern auch die Olympiahalle und die Schwimmhalle. Erklärtes Ziel war es, Leichtigkeit und Offenheit zu demonstrieren. Am 26. Mai 1972 fand hier ein erstes Fußballländerspiel statt. Deutschland besiegte die Sowjetunion 3:0.

Ungewöhnlich war, dass auf Druck des FC Bayern auch das entscheidende Spiel der Deutschen Meisterschaft gegen Schalke 04 am 28. Juni 1972 bereits im neuen, aber noch nicht fertigen Stadion angepfiffen wurde. Die Bayern gewannen 5:1 und wurden zum dritten Mal Deutscher Meister. Ohne die Zuschauereinnahmen dieses ausverkauften Spiels wären sie in arge finanzielle Nöte geraten. Schon zu dieser Zeit waren die Kontakte zum DFB und seinen Entscheidern bestens.

Doch die Sternstunde des deutschen Fußballs schlug an einem anderen Ort – im Wembley Stadion in London. »Aus der Tiefe des Raums« trieben Günter Netzer und Franz Beckenbauer die mit jungen Spielern wie Hoeneß und Breitner ergänzte Mannschaft, einige Stammspieler waren verletzt, am 29. April 1972 im ausverkauften Stadion zu einem historischen 3:1 im Viertelfinale der Europameisterschaft. Deutschland hatte bis dahin noch nie in Wembley gewinnen können. Es begann die Ära eines deutschen Offensivfußballs, die bis zur Weltmeisterschaft 1974 anhielt. Helmut Schön, der »Mann mit der Mütze«, vom Assistenten Sepp Herbergers zum Cheftrainer der Nationalmannschaft aufgestiegen, formte ein Team, das noch heute die Augen glänzen lässt. Deutschland spielte einen Fußball, der wie eine Droge wirkte: elegant, schnell und schön.

Und es gab politische Haltungen der jungen Spieler, die heute wie aus der Zeit gefallen anmuten. Der Noch-Amateurfußballer Hoeneß wohnte mit Paul Breitner in einer WG. Der wiederum eifrig die Mao-Bibel las und die anarchistische Kultband »Ton, Steine, Scherben« besuchte, um mit dem Sänger Rio Reiser zu plaudern, und sich die Kult-LP »Keine Macht für Niemand« schenken ließ. Breitner versuchte sich zudem als Filmschauspieler, aber wie bei einigen anderen Kollegen waren die Qualität der Filme und seine schauspielerische Leistung eher dürftig.

In der Bundesliga entwickelte sich die große Epoche der Fohlenelf aus Mönchengladbach. Sie und die Bayern kämpften um die Meisterschaften der 70er-Jahre. Die gesellschaftlichen Widersprüche spiegelten sich in den Spielweisen und Taktiken der beiden Teams. Die wilden Fohlen verzauberten ihre Anhänger mit Offensivfußball. Sie gewannen unter Hennes Weisweiler lieber 4:2 als 1:0. Die »konservativen« Münchner waren trotz ihrer Hobby-Revolutionäre eine Ergebnismannschaft. Wobei sie in dieser Phase noch keine zusammengekaufte Truppe hatten, sondern viele Spieler aus der eigenen Jugend oder dem regionalen Umfeld kamen. Einen Gerd Müller hatte man in Nürnberg übrigens als zu klein, zu dick und nicht laufstark genug eingeschätzt. Die »verhassten Bayern« wurden erst in der Ära Hoeneß ab 1979 zu dem, was sie heute sind.

Zwar wirkte der Bundesligaskandal bei den Zuschauerzahlen noch nach, aber im Hinblick auf die Weltmeisterschaft 1974 wurden bereits Weichen gestellt, die strukturelle Wirkungen im Profifußball nach sich zogen. Für ein solches Großereignis bedurfte es großer und moderner Stadien. So wurde der nächste Graben zwischen finanzstarken und weniger potenten Vereinen (ungewollt) ausgehoben. Frankfurt, Düsseldorf, Hamburg usw. bauten oder sanierten Stadien mit einem Fassungsvermögen zwischen 50 und 60 000 Zuschauern. Entscheidend aber war, dass die Hälfte davon erstmals überdachte Sitzplätze, auch auf den Gegengeraden, wurden. Die Kluft zwischen den großen und kleinen Vereinen vertiefte sich. An einem einfachen Beispiel lässt sich das gut nachvollziehen. In den sechziger und siebziger Jahren war die Rhein-Main-Region fußballerisch in einem 50:50-Verhältnis austariert. Man war für die elegante Diva vom Main, die Eintracht, oder für die Kämpfertruppe der Offenbacher Kickers. 1959 stand man sich sogar im Endspiel um die Deutsche Meisterschaft gegenüber, das die Eintracht mit 5:3 nach Verlängerung gewann.

Mit dem Bau des Waldstadions verfügten die Frankfurter mit einem Mal über ca. 32 000 Sitzplätze. Diesen standen ca. 4 000 in Offenbach gegenüber. Da in dieser Zeit die Zuschauereinnahmen noch die Hauptrolle spielten, wurde der finanzielle Unterschied Jahr für Jahr größer. Heute gibt es in der Rhein-Main-Region wahrscheinlich ein Fan-Verhältnis von 95 Prozent Eintracht zu 5 Prozent Kickers-Anhänger. Das hat sicherlich auch sportliche Gründe. In anderen Regionen, wie dem Ruhrgebiet, gab es ähnliche Entwicklungen. Borussia Dortmund und Schalke haben die traditionsreichen Essener abgehängt.

Bis in die späten 70er-Jahre hinein war der Fußball dennoch eher ein Arbeiter- und Angestelltensport geblieben. Auch wenn sich das Großbürgertum den Stadionbesuch nicht nehmen ließ.

Zwar gründeten sich erste Vereine von Studierenden, doch diese hatten Hobby-Charakter. Es galt noch nicht als besonders schick, mit Kuttenträgern und grölenden Fans gesehen zu werden. Das änderte sich erst langsam, als der Fußball medial einen höheren Stellenwert gewann.

»Klassenkämpfe« fanden jetzt eher auf den Rängen zwischen rivalisierenden Fangruppen statt. Neben den neuen Fanclubs entstanden die Hooligan-Gruppen, für die das Spiel eher willkommener Anlass zu einer ordentlichen Keilerei und zu Männerritualen als Sport war.

Aber trotz der bereits bestehenden großen Unterschiede zwischen den großen und kleinen Vereinen gab es noch Chancen in der Bundesliga-Aufstiegsgesellschaft. Das Versprechen, jeder könne bei entsprechender Leistung nach oben kommen, galt auch im Fußball noch.

Mit dem Ende der fordistischen Gesellschaft in den späten 70er- und beginnenden 80er-Jahren veränderte sich der Profifußball. Zunächst schleichend, analog zu den Deregulierungen, Privatisierungen und Flexibilisierungen der europäischen Gesellschaften, die ein neues Akkumulationsregime[10] aufgedrückt erhielten. Diese neue Welt erkannte als einer der Ersten Bayern Münchens Manager Hoeneß. Nicht nur, weil er der Pionier dieser aus England übernommenen neuen Manager-Hierarchie-Ebene war, sondern weil er wesentlich schneller als andere große Bundesligavereine erkannte, wie wichtig zukünftig Umsatz, Rentabilität und Rendite in der schönen neuen Fußballwelt werden würden. Bayern wurde zum Konzern, der jedem Konkurrenten, der gefährlich werden konnte, ab Ende der 70er-Jahre die besten Spieler wegkaufte. Das gelang mal mehr oder weniger gut, aber in der Gesamtbilanz sicherten sich die Bayern-Funktionäre die Hegemonie, erweiterten ihren Einfluss im DFB, in Politik und Wirtschaft. Die Kritik und bisweilen der Hass, der dieser Vereinspolitik bis heute entgegenschlägt, bekümmerte weder den Chef der »Abteilung Attacke« (Hoeneß) noch die anderen Profiteure. Systematisch wurden Kölner, Gladbacher, Lauterer, Werderaner, später Dortmunder oder Leipziger Konkurrenten mit Geld und Abkauf ihrer besten Spieler auf die Ränge verwiesen. Trotzdem gab es bis zum Beginn des Jahrtausends noch nicht die totale Übermacht der »Roten« aus München. Immer mal wieder klopfte ein Verein um die Krone der Meisterschaft an – von Hamburg über Köln, Leverkusen oder Dortmund, selbst Schalke war 2001 nur Zentimeter an der Schale vorbeigerauscht. Dauerhaft aber konnte keiner der Dominanz standhalten. Hätte jemand zu Beginn des Jahrtausends erklärt, Bayern würde zehnmal hintereinander Deutscher Meister werden, wären er oder sie für verrückt erklärt worden. Heute ist es die Realität.

Die Gräben werden immer tiefer. Diese Entwicklung gleicht den Prozessen auf den Finanzmärkten. Während Konzerne und Superreiche durch ihre strategischen Anlagen auch während der Krisen weiteres Kapital anhäufen, wird es in der Mitte und unten immer weniger und enger. Der Fußball ist ein Spiegelbild davon. Wer in internationalen Wettbewerben spielt, Scheichs, Oligarchen oder Investoren als Finanzquelle »erschließt«, bekommt prozentual bei entsprechendem und zu erwartendem sportlichem Erfolg den Löwenanteil der Fernsehgelder. Längst spielen die Zuschauerzahlen nicht mehr die dominante Rolle, die sie einmal hatten. Gleichwohl hat das gekaufte deutsche »Sommermärchen« WM 2006 mit neuen oder hoch modernisierten Stadien auch hier noch einmal kräftig nachgeholfen.

Bemerkenswert war und ist im Nachgang der Umgang mit dem »Kaiser« und seinen dubiosen Sponsorengeldern. Dass er in Katar keine Arbeitssklav:innen sehen konnte, ist nicht weiter verwunderlich. Bei der ihm eigenen Ignoranz und Arroganz wäre es auch merkwürdig gewesen, wenn diese in der Business-Class der Airlines oder Suiten der Luxushotels vor seinen Augen flaniert hätten. Die bis heute ungeklärten 6 500 Toten[11] bei Bauarbeiten, Menschen aus Indien, Bangladesch, Nepal und Sri Lanka, werden als Kollateralschaden hingenommen. Mindestens genauso fraglich war, wie die Leitmedien mit dem Vorwurf der

Bestechung bei der Vergabe der WM 2006 und der Rolle von Franz Beckenbauer umgingen. Die meisten Medien fragten nur sehr zögerlich, weshalb er nicht vor Gericht erscheinen konnte. Es lag daran, hieß es, dass sein Augenlicht stark gestört war. Dass er nach der Verjährung des Vorwurfs wieder sah und putzmunter in Bundesligastadien logierte, war der Nachfrage nicht wert. Einen Kaiser stellt man eben nicht in Frage, einen Mythos kippt man nicht mal so schnell.

Die neuen Logen, Businessplätze, Konferenz- und Veranstaltungslocations sind für Sponsoren nicht nur attraktive Multiplikations-Standorte. Darüber hinaus sind die Arenen für andere Veranstaltungen wie Konzerte oder Show-Events optimal geeignet. Und sind als »Brosamen« natürlich auch für die Zuschauer:innen der Fußballspiele durch die komplette Überdachung und Aufstockung der Sitzplätze attraktiver und bequemer geworden. Gleichwohl zeigte die gespenstische Ruhe der Bundesliga-Spiele in der Corona-Pandemie, dass Fußball ohne Zuschauer:innen, Gesänge, Choreografien eine einsame, fast schon traurige Veranstaltung ist.

Das neoliberale Gesellschaftsmodell herrscht heute fast uneingeschränkt auch in den Stadien. Die Entwicklung kam dabei nicht abrupt. Sie schlich sich eher an, vor dem Rasen, auf den Plätzen, aber vor allem über die Transfer- und Mediengelder, die den Massensport zur Cash Cow machten.

Kontrollierte Offensive

Kurz vor der großen Wende der Weltgeschichte 1989 ereignete sich eine kleine Revolution im deutschen Fußball, deren Ausmaß sich erst in den letzten 10 Jahren zeigte. Die ARD hatte den Bieterstreit gegen das Privatfernsehen um die Bundesligarechte verloren. Die Privatisierung war nun endgültig auch im Fußball angekommen. Der große Ausverkauf begann und die Büchse der »Geld-Pandora« war geöffnet.

1988 sendete RTL mit dem neuen Format »Anpfiff« die Samstagsspiele der Bundesliga anstelle der traditionsreichen, aber emotionslosen Sportschau im Ersten.

Statt der 18 Millionen DM für die Saison 87/88, die zuvor die ARD gezahlt hatte, butterte RTL 135 Millionen in die Übertragungsrechte mit einer Laufzeit bis 1992. Das war mal ein Wort: Der Fußball war immer schon ein Geschäft. Jetzt aber begann die neue Ära des Neoliberalismus, die später in den Bezahlsendern mit Abonnements mündete und den öffentlich-rechtlichen Anstalten nur den Rest vom Kuchen ließ.[12]

RTL kam jedoch, trotz Werbeeinnahmen ohne Ende, nicht auf seine Rechnung. Ab 1992 übernahm der Medienmogul Leo Kirch das Format und brachte es zu SAT 1. Dafür zahlte er 8 Millionen DM pro Jahr. Jetzt ging man richtig RAN. Der Titel der neuen, privatisierten und kommerzialisierten Sportschau war Programm. Es stand nicht mehr nur das Spiel im Mittelpunkt. Das wurde fast zum Nebenprodukt. ANPFIFF (RTL) und später dann RAN (SAT 1) verstanden sich als Show und überfrachteten die Sportsendung mit Berichten über Spielerfrauen, mit Quiz-Spielen und quälend langen Werbeblöcken. Um den Bezahlsender Arena, später Premiere, heute Sky, attraktiver zu machen, wurde RAN sogar nach hinten auf 20.15 Uhr verlegt. Das war allerdings dann doch zu weit vorbeigeschossen. Proteste der Zuschauer, aber vor allem sinkende Einschaltquoten führten zurück auf den Anstoß zur gewohnten Zeit um 18 Uhr. Zugleich waren die Privatsender auch innovativ. In der klassischen ARD-Sportschau des legendären Ernst Huberty standen meist sachliche Moderationen der Spiele im Mittelpunkt, vielleicht noch ein Spieler- oder Trainer-Interview. Man wollte im öffentlich-rechtlichen Fernsehen Objektivität ausstrahlen und jede Parteilichkeit vermeiden. Im heutigen Fußball-Business gilt das Gegenteil. In den Bezahlsendern liefern sich die Moderatoren Duelle, wer dramatischer, emotionaler oder näher dran ist. Die meisten können nur mühsam ihre Nähe zum FC Bayern verstecken. Schließlich ist der Hauptsitz von Sky Deutschland München.

Anpfiff und SAT 1 »entdeckten« aber die Fans: ihre Geschichten, ihre Kulturen, ihre Scharmützel oder Freundschaften mit anderen Vereinen. Der Kult-Club auf St. Pauli wurde in diesen Shows ins Scheinwerferlicht gehoben[13]. Bis weit in die 80er Jahre war er ein Stadtteil- und Rotlichtverein. Im baufälligen Stadion trafen sich Zuhälter, Prostituierte, ein paar Outlaws und Rentner. Eine sehr gemischte »Familie«, die aber miteinander auskam. Nach dem Bundesligaaufstieg 1979 ging es schnell wieder bergab. In den 80er Jahren gab es Spielzeiten mit einem Zuschauerdurchschnitt von 2 000 pro Spiel. Durch die mediale Aufmerksamkeit, die zuvor nicht vorhanden war, wandelte sich nun der Kiez-Club. Und bald wurde ein Fan-Shop eröffnet, der heute als Retro-Kultstätte bezeichnet werden kann.

So wurde der der FC St. Pauli, nicht zu Unrecht, zum Aushängeschild eines linken Fußballvereins. Selbst im Münsteraner Tatort outet sich Kommissar Axel Prahl mit seinem Hoodie und Wimpel der Kiezkicker als Fan. Ein Verein, der gegen Rassismus aufsteht, Globalisierungskritikern beim G20-Gipfel Obdach gewährt und Flüchtlinge willkommen heißt. So wurde St. Pauli ein bundesweiter Träger der »linken Szene und linken Lebensgefühls« und hat nun überall in Deutschland (und sogar im Ausland) seine Anhängerschaft.

Natürlich hatten die privaten Sportsender nie beabsichtigt, linke Projekte, Fans oder Vereine zu unterstützen. Sie folgten nur einem marktgerechten Kalkül[14]. Ein linker Verein hatte im Portfolio noch gefehlt. Hier war die Zielgruppe linker Fans noch nicht vollständig erschlossen.

Durch die neuen Medien entstand zusätzliches Potential. Selbst Spielerfrauen können heute als Influencerinnen fünfstellige Beträge verdienen. Der Weltfußballer CR7, auch bekannt als Ronaldo, hat auf Instagram ca. 340 Millionen Follower. Für jeden Post sind für ihn bis zu 1,35 Millionen Euro drin. Frisuren, Kleidungsstücke, Tattoos der großen und kleinen Fußballstars lassen sich glänzend vermarkten. Selbst der einstudierte Torjubel der Stars wird choreographiert und steigert so den Marktwert des Spielers.

Bei den großen Turnieren laufen die internationalen Konzerne der Sport- und Freizeitkultur zur Hochform auf. Und die Getränke- und Food-Industrien liefern das kulinarische Erlebnis davor, mittendrin und danach. Inzwischen treten Vereine mit immer exotischeren Vereinsfarben auf, um den Trikotverkauf anzukurbeln. Es gibt jeweils ein Heim- und ein Auswärtstrikot für verschiedene Wettbewerbe, es gibt Sondereditionen und Gedenktrikots. In der Champions-League-Saison 2021/22 hatte der BVB sein Logo auf dem Trikot versteckt. Auch wenn nach großem Fanprotest das Logo wieder sichtbar aufgedruckt wurde, war ersichtlich, wie der Zwang zum Profit die Investoren immer weiter antreibt. Einige Megatransfers haben sich angeblich alleine durch Trikotverkäufe amortisiert (wie Ronaldo bei Real Madrid zum Beispiel).

Die Neuinszenierung des Fußballs am Samstagnachmittag riss zu dieser Zeit das runde Leder aus dem Komfortmodus. So würden zumindest neoliberale Ideologen diesen Verwertungsschub bezeichnen. Tatsächlich kam der Fußball nun anders, frischer und nicht mehr als bequeme Nische für Kuttenträger, Fanclubs oder miesgelaunte Papas am Wochenende auf den Bildschirm. Die Zielgruppen wurden erweitert. Fußball familienkompatibel aufbereitet.

Es wurde im Sinne der Verwertungsstrategie auch höchste Zeit für den deutschen Fußball. Wie schon bei der verspäteten Gründung der Bundesliga, war Deutschland ins Hintertreffen geraten. Die großen europäischen Fußballländer drohten davonzueilen.

In Spanien, Italien und in Großbritannien war der Sport längst zu Gunsten der Vermarktung geordnet und gedreht. Mediale Vermarktung war dort Teil des Geschäfts. Die Konkurrenzfähigkeit der deutschen Spitzenclubs war in Gefahr.

Eine neue Liga ist wie ein neues Leben

Ein gewisser Silvio Berlusconi, Medien-Tycoon, Rechtspopulist und Besitzer des AC Mailand, war seinerzeit schon ziemlich weit mit seinen Vermarktungsideen und im Umsetzungsprozess. Ihm genügte bereits 1987 der Europapokal der Landesmeister nicht mehr, bei dem zu viel dem Zufall überlassen war. Es passierte da schon mal, dass in der ersten Runde gleich zwei Schwergewichte aufeinandertrafen. Das war natürlich für die Einnahmen wenig optimal, wenn der Meister aus Zypern mal in die zweite Runde rutschte, aber der SSC Neapel mit Maradona oder Real Madrid gleich nach der ersten Runde nur noch zuschauen durften. Berlusconi beauftragte daher die Werbeagentur Saatchi&Saatchi mit der Ausarbeitung eines neuen Modells. Die Marketingexperten schwafelten auch nicht lange rum und entwickelten das Konzept einer europäischen Fernsehliga – im Kern der Vorvorläufer der kommenden Super League.[15]

So wurde 1992/93 erstmals die sogenannte Champions League an den Start gebracht. Zunächst handelte es sich nur um eine kleine Innovation. Die Achtelfinalisten ermittelten in zwei Gruppen die beiden Finalteilnehmer. Zusätzliche Spiele machten den Wettbewerb weniger zufällig, aber sie brachten auch mehr Geld. Bereits 1994 wurde in Gruppen mit 16 Mannschaften gespielt und weil es so gut lief, waren es 1997/98 bereits 24 und ab der Jahrtausendwende 1999/2000 dann sogar 32 Mannschaften. Der Begriff Champions-League ist von Beginn an ein »Fake«. Denn schon mit der Aufstockung auf 24 Vereinen durften auch Vizemeister, Dritte oder Vierte der großen Ligen mitmischen. Dafür wurden die Kleinen mit Vorrunden und Qualifikationen abgefertigt.

Mit dem Bosman-Urteil 1995 waren zudem Spielerwechsel aufgrund der Freizügigkeit von Arbeitnehmern in Europa auch im Fußball möglich geworden. Der lukrative Vereinswechsel war nun nicht mehr weit entfernt.

Geld schießt Tore und so wurde und wird bis zur Corona-Krise und auch jetzt wieder in Europa Menschenmaterial optimiert, ge- und verkauft, was das Zeug hält. Kein anderer Bereich des Human Ressource-Managements ist so klar nach »hold, buy and sell« orientiert wie der Transfermarkt. Die Übertragungsrechte wurden von Jahr zu Jahr teurer: Ob in den nationalen oder internationalen Wettbewerben; es gab immer noch was drauf. Die Ablösesummen erreichten astronomische Höhen, die Beine eines Ronaldo waren schnell 120, die von Neymar sogar 222 Millionen Euro wert.

Der Neoliberalismus »frisst seine Kinder«, auch im Fußball. Das Privatfernsehen hat zunächst den Fußball zum ideellen Gesamtprodukt verpackt, bevor es von noch größeren Playern abgelöst wurde. Den Anfang machte der Bezahlsender Premiere, dann folgten die Streamingdienste. Heute kann sich der öffentlich-rechtliche Rundfunk noch als eingeschränkter Erstverwerter und besserer Zweitverwerter halten. Die wichtigen großen Duelle sieht man aber überwiegend in den zahlreichen Streamingangeboten von Sky, DAZN, Magenta oder Amazon Prime. Der Fußballfan wird zum Konsument und bezahlt dafür. Bisweilen noch ausgenommen sind bedeutende Spiele mit deutscher Beteiligung: Finalspiele oder wichtige Länderspiele. Die Bundesliga erzielt inzwischen ca. eine Milliarde Euro an Fernsehgeldern.

Die Live-Übertragungen des liebsten Sports der Deutschen und Europäer sind in allen Sendern exponentiell angestiegen.

Kritisch kann man konstatieren: Wer jeden Tag Fußball schaut, wird blind für gesellschaftliche Krisen und Zusammenhänge.

Dennoch wäre es falsch, die »kontrollierte Offensive« und Übernahme des Profifußballs als ein konzertiertes und homogenes neoliberales Projekt zu begreifen. Eine solche Sicht verkürzt den Blick – schon deshalb, weil der Neoliberalismus keine konsistente Ideologie ist. Ihm geht es einzig um die Rendite, nicht um Inhalte. Der Kapitalismus heutiger Prägung kann sich wandeln wie ein Chamäleon. Wenn sich LGBTQ verkauft, dann hat auch der Regenbogen seinen Platz in der Arena. Ihm geht es nicht um Fans, nicht um Geschichte, Tradition oder Ideale der Vereine. Ihm geht es um die zahlungskräftigen Konsument:innen, die die Karten fürs Stadion kaufen, Merchandising-Produkte heimschleppen und mindestens einen Pay-Kanal abonniert haben. Wichtig ist es, an der Spitze der gesellschaftlich ökonomischen Trends zu stehen. Am besten: diese selbst zu setzen. Die totale und universelle Kommerzialisierung war und ist daher ein Prozess des »trial and error«. Ebenso wie bei der wirtschaftlichen, kulturellen, sozialen Internationalisierung der europäischen Gesellschaften handelt es sich nicht um einen linearen Prozess nach einem fertigen Konzept. Die neoliberale Vermarktung testet. Sie korrigiert grobe Fehler wie Sendezeiten oder in Deutschland z. B. die Montagsspiele.

Erfolgreich ist diese Strategie, weil sie Bedürfnisse bedient und zugleich neue weckt. Millionen Fußballanhänger finden es toll, dass ihre in der nationalen Meisterschaft dritt- oder viertplatzierte Mannschaft in der CL oder EL spielt, und freuen sich auf die europäischen Wettbewerbe. Zumeist volle Stadien geben dem Marketing (bisher) Recht. Die Vorberichte, Übertragungen, Shows und Analysen werden immer umfangreicher. Der Fußball bekommt einen wissenschaftlichen Anstrich verpasst. Mit Taktiktafeln, Magnetfeldern, Animationen oder kalibrierten Linien. Es wird die Schnelligkeit der einzelnen Spieler gemessen, Konzentrationen verschiedener Mannschaftsteile im System dargestellt. Und alles wird zur Sende- und damit auch zur Werbezeit.

Es ist heute übrigens keine Tragödie mehr, wenn die Mannschaft die CL-Gruppenphase nicht übersteht. Wird sie Dritter, darf sie weiter in der Europa League spielen. Mit Wettbewerb hat das alles nicht mehr sehr viel zu tun, aber die Kasse stimmt.

Der Fußball hat sich verwandelt. Zunächst wurde er massentauglich und familientauglich, inzwischen findet eine Verdrängung statt: Arbeiter:innen sind gewissermaßen weggentrifiziert. In englischen Stadien findet man sie kaum noch. Die Investoren und die Politik haben sie mit Sitzplätzen und hohen Preisen in die Pubs gedrängt, in denen sie erneut der Verdrängung ausgesetzt sind.[16] In den VIP-Lounges sitzen das Business und die Investoren, auf den Tribünen die gehobene Mittelklasse, hinter den Toren die Fankurven und Auswärtsfans. Vorbei die Zeiten, als sich auf den Gegengeraden noch Fans auf Stehplätzen (vereinzelte Ausnahmen gibt es noch) verschiedener Mannschaften heftige Fangesänge lieferten. In Deutschland hat sich dieses Modell bis heute noch nicht (ganz) durchgesetzt.

Doch wo das neoliberale Flutlicht besonders hell strahlt, gibt es auch den Schatten, den Widerspruch, den Kampf um das Spiel. Nicht auf dem Platz, sondern im Stadion, davor, in den Medien und Fanclubs.

Ultras: rechte und linke Flügelstürmer

Die Entstehungsgeschichte der europäischen Ultras, die inzwischen eine globale Gegenbewegung des kommerzialisierten Fußballs geworden sind, liegt in Italien. Heute kann man von einer internationalen Erscheinung sprechen. Einerseits unterstützen die Ultras ihre Mannschaft mit Gesängen, Anfeuerungen und

Sprechchören bedingungslos und oft durchgehend bis zur 90. oder, wenn es sein muss, bis zur 120. Minute. Mit aufwendigen, fantasievollen oder auch provokativen Choreografien tauchen sie die immer ähnlicher werdenden Arenen in eine einzigartige Farben- und Bilderlandschaft. In diesen Momenten werden die grauen Betonschüsseln zu Gänsehaut-Opern. Gleichzeitig sorgen die Ultras mit diesen Massenspektakeln für genau den Effekt, den sie eigentlich vermeiden wollen. Fußball wird zur Show. Der Kampf auf dem Rasen, der oft nur noch einer um neue Verträge oder bessere Gagen ist, wird auf die Tribünen verlängert. Wer schafft die eindrucksvollste, originellste, kreativste Choreo?

Die enorme gemeinsame Produktion dieser zum Teil zauberhaften Bilder schafft für jeden der Beteiligten Identifikation. Sie zeigt auch, wie komplex der Fußball inzwischen ist. Es gibt nicht schwarz oder weiß, gut oder böse. Die Ultra-Bewegung ist, auch wenn sie es abstreiten würde, Teil der kommerzialisierten Fußballwirklichkeit des 21. Jahrhunderts. Sie ist selbst ein Teil der Verwertungsmaschinerie geworden. Der von ihnen mit Recht kritisierte Narzissmus verwöhnter und entrückter Fußballstars findet sich in den eigenen Ritualen und Handlungen spiegelverkehrt wieder. Wenn die Ultra-Blöcke ununterbrochen 90 Minuten lang ihre eigene Inszenierung in den Mittelpunkt stellen, hat das mit der Dramaturgie des Spiels auf dem Rasen eher weniger zu tun. Ihr Vorwurf der Raffgier der Fußballsöldner, der Verbände, Mäzene und Sponsoren, ihr Kampf gegen den »modernen Fußball« fällt zum Teil auf sie selbst zurück. Den medialen Zirkus, den sie auf moralischen Hügeln kritisieren, veranstalten sie mit. Zugleich gelingt es in besonderen Momenten, den Zirkus zu konterkarieren. Als der DFB beim Pokalendspiel 2017 mit Helene Fischer in der Halbzeitpause die vollendete US-Amerikanisierung des Fußballsports implementieren wollte, gab es ein gellendes Pfeifkonzert aller Zuschauer:innen. Der Versuch wurde nicht wiederholt.

Besonders anschaulich wurden Unterschiede in der Coronapandemie bei jenen Spielen, in denen nur begrenzte Zuschauerzahlen erlaubt waren. Die Ultras boykottierten die Arenen, um damit gegen politische Maßnahmen zu protestieren, die nicht »für alle« galten.

Es gibt aber noch eine andere, gewalttätige Seite. Ultras, die ihre Mannschaft in der Stunde einer entscheidenden Niederlage auffordern, innerhalb von 24 Stunden die Stadt zu verlassen, wie in Dresden, die sich untereinander wilde Prügeleien liefern, Leuchtraketen auf Anhänger gegnerischer Vereine schießen usw. Der qualitative Unterschied zu den klassischen Fanclubs findet sich in der sport- und gesellschaftspolitischen Rolle der Ultras. Dabei gab es schon seit ihrer Entstehung ein Rechts-Links-Muster. Gruppierungen, die straff organisiert, migrantenfeindlich, rechts oder sogar faschistisch organisiert sind und wirken. Die in Italien zum Teil in Zusammenarbeit mit der Mafia die Ticketvergabe organisieren. Besonders der feste Korpsgeist leistet hier Vorschub. Enge Kontakte zu rechtsextremen Verbänden, Parteien oder auch Kampfsportgruppen sind da an der Tagesordnung. Auf der anderen Seite stehen die linken Ultragruppen, die sich oft gegen Faschismus, Rassismus, für die Aufarbeitung der braunen Vereinsgeschichte oder auch für soziale Projekte engagieren.

Ultras fühlen sich insgesamt als etwas Besonderes, als die einzigen wirklichen Bewahrer des großen Spiels. Daraus folgern sie für sich besondere Rechte, egal ob sie sich links oder rechts definieren.

Gemeinsam ist allen Gruppierungen, dass sie die Verbände und die Kommerzialisierung kritisieren und auch bekämpfen. Die Montagsspiele in den ersten beiden Ligen in Deutschland wurden auch aufgrund ihrer massiven Proteste wieder eingestellt.

Zunehmend verstehen sich manche Ultragruppen auch als gesellschaftspolitische Akteure. Bei den eher linken waren und sind das in der Regel soziale Initiativen. Da wird an Weihnachten für die Obdachlosenhilfe gesammelt, für erkrankte Kinder Solidaritäts-Tickets verkauft oder, wie bei Union Berlin, die Vereinsgaststätte Geflüchteten zur Verfügung gestellt. Diese Aktionen finden dann auch die Unterstützung der seit den frühen 2000er Jahren wachsenden CSR (Corporate Social Responsibility) Abteilungen der großen Vereine. Vorbild in dieser Entwicklung war der (sozialdemokratische) SV Werder Bremen, der sich seit über 20 Jahren für soziale und kulturelle Projekte der Stadt engagiert.

Zugleich werden von Ultras aber auch Grenzen getestet oder überschritten wie bei Einsatz von Pyrotechnik. Wobei bemerkenswert ist, dass »Pyro« bis in die 80er-Jahre hinein in einigen Stadien gang und gäbe war (wie z. B. in Kaiserslautern und Offenbach). Nicht selten waren die Kommentatoren zu dieser Zeit vom Feuer in den Arenen sogar begeistert. Auch beim Skisport wird gelegentlich Pyrotechnik abgebrannt. So hitzig wie beim Fußball werden aber die Debatten nicht geführt.

Auch die linken Ultras sind straff und nicht selten hierarchisch organisiert. Ihr oberstes Gebot ist, dass niemand mit der Polizei spricht. Egal ob links oder rechts, die Ultras selbst definieren sich nach außen politisch so gut wie nie. An ihren Taten kann man sie jedoch in der Regel klar erkennen. Als globale Bewegung sind sie politisch ein durchaus nicht zu unterschätzender Faktor. Der Arabische Frühling in Ägypten wäre ohne die verschiedenen Ultragruppen Kairos nicht denkbar gewesen. Sie organisierten Platzbesetzungen, schützten Demonstrant:innen gegen Polizisten und Soldaten. Ihr hoher Organisationsgrad war ein entscheidender Vorteil in der Massenbewegung gegen das Regime.

»In den autokratisch geführten Staaten Nordafrikas war die Freiheit im öffentlichen Raum sehr beschränkt. Die einzigen Orte, an denen sich Leute frei bewegen konnten, waren die Moschee und das Fußballstadion. Schon vor dem Ausbruch der Revolution ist es regelmäßig zu Zusammenstößen zwischen Ultras und Sicherheitskräften gekommen. Mit dem Effekt, dass sich hoch organisierte, im Straßenkampf erfahrene Gruppen herausgebildet haben. Die Ultras haben eine Schlüsselrolle bei der Überwindung der ›Barrikade der Angst‹ gespielt. Sie waren jene, die am Tahrir-Platz in der ersten Reihe gestanden sind. Und sie sind geblieben, wenn alle anderen die Flucht ergriffen haben. Im November 2011 gab es eine Demonstration, an der sie nicht teilgenommen haben. Als absehbar wurde, dass es zu einem Polizeieinsatz kommen würde, haben die Leute die Ultras um Hilfe gerufen.«[17]

Auch bei den Unruhen in Istanbul rund um die Bebauung des Gezi Parks spielten die Ultras eine herausragende Rolle. Vor allem die völlig unerwartete Koalition der drei verfeindeten großen Ultragruppen von Fenerbahce, Galatasaray und Besiktas (Istanbul) war nicht zu erwarten. Politisierte Ultras waren und sind für den Despoten Erdogan eine bis heute nicht zu unterschätzende Gefahr.

Normalerweise bekämpfen sich die Istanbuler Ultras mit einer Heftigkeit und Gewalttätigkeit, die europäischen Gruppen eher (noch) fremd sind. Während Fenerbahce und Galatasaray eher für die wirtschaftliche und politische Elite stehen, ist Besiktas der Arbeiterverein. 89 Prozent der türkischen Fußballfans fühlen sich einem der drei Clubs verbunden.

Im Gezi Park geschah aber das Unvorstellbare. Am zweiten Tag der Proteste »vergaßen« die Ultras ihre Rivalität. Sie kamen den bereits geschlagenen Demonstrierenden als Retter zur Hilfe.

»Die Szenen auf dem Taksim-Platz sind dramatisch. Tausende protestieren gegen die Bebauung des Gezi Parks in Istanbul, die Staatsmacht antwortet mit Wasserwerfern und Tränengas. Die Stimmung neigt sich dem Tiefpunkt. Es besteht kaum Hoffnung, den Kampf gegen die ausufernde Gewalt der Polizei zu gewinnen. Plötzlich jubeln und applaudieren die Demonstranten, als sie sehen, wer sich ihrem Protest angeschlossen hat: Die Ultras der verfeindeten Istanbuler Klubs Besiktas, Fenerbahce und Galatasaray betreten den Platz. Sie haben dem Rest der Demonstranten Entscheidendes voraus: Die Erfahrung mit der Polizei, außerdem können sich die Anhänger schnell organisieren und ebenso schnell reagieren. Und plötzlich ist die Hoffnung der Massen zurück.«[18] Gleichwohl sollte man diesen Akt der Solidarität zwischen den Gruppen realistisch einordnen. Aus einer linken Perspektive ist es sehr gewagt, die globale Ultra-Bewegung als eine Art neuer Avantgarde zu überhöhen. Sie nimmt verschiedene Formen an, die von den spezifischen Bedingungen der Vereine und den einzelnen Ländern abhängen. Zugleich können sich Ultras im Protest selbst politisieren und fortbilden. In sozialen Kämpfen ergeben sich plötzlich neue Konstellationen und bewirken neue Erfahrungen. Wer gestern noch als Mitglied einer kleinkriminellen Organisation galt, kann morgen im Klassenkampf zum Genossen werden. Es kommt auf die Situation und Verhältnisse an. So manifestierte sich im Sommer 2021 in Kolumbien die wohl bisher politischste Rolle der Ultra-Bewegung in der gewaltsamen Auseinandersetzung mit der Regierung. Während in Europa der Ball für die EM in verschiedenen Metropolen massenwirksam rollte und Covid-19 mehr oder weniger ignoriert wurde, verhinderte ein Generalstreik in Kolumbien die geplante Kontinentalmeisterschaft, die »Copa America«. Sie musste nach Brasilien verlegt werden, wo sie der rechtsradikale Präsident Bolsonaro für Propagandazwecke missbrauchte.

Eine zentrale Rolle im Generalstreik Kolumbiens spielten die Ultras. »*Das Spiel ist aus* steht auf einem riesigen Frontbanner der Protestierenden in Medellín.«[19] Die Ultras in Kolumbien hatten sich landesweit gegen die Regierung zusammengeschlossen. Keineswegs waren die »Barras«, wie sich die südamerikanischen

Ultras nennen, immer gern gesehen. Sie trugen intern gewalttätige Auseinandersetzungen aus, bildeten Banden, waren zum Teil kriminell. Doch jetzt kam Freude auf, als die Ultras bei den Protesten auftauchten. Und bald waren sie das Rückgrat der Streikbewegung. Dieses Mal griffen sie aktiv ein, organisierten Streikversammlungen, Fußballturniere und emanzipatorische Sozialprojekte. »Wir machen Workshops zu Rassismus und Geschlechtergerechtigkeit, und bei uns gilt: Wenn wir einen Teller Essen haben, erhalten alle einen Löffel«, erklärten sie.[20] Sogar eine feministische Ultragruppe wurde von einer glühenden Anhängerin des Vereins Independiente, der Literaturstudentin Rivera, gegründet. Sie organisierten Aufklärung gegen alle Widerstände, auch gegen den Machismo der klassischen Ultra-Bewegung. Aber auch andere Themen standen auf ihrer Agenda, wie die Militärdiktatur in Argentinien, die während der WM 1978 herrschte.[21]

In Brasilien entdeckte man ein anderes Phänomen, wie es einer Randnotiz in der Süddeutschen Zeitung[22] zu entnehmen war. Der Sport Club de Recife wurde im wahrsten Sinne des Wortes nicht mehr Herr seiner (männlichen) Ultras. In ihrer Verzweiflung wurden von den Verantwortlichen die Mütter der Ultras befragt, ob sie bereit wären, als Sicherheitsdienst für das kommende Stadtderby zur Verfügung zu stehen. »30 Mütter erklärten sich [...] bereit, sie erhielten vor der Begegnung dieselbe ausführliche Schulung wie auch das übrige Sicherheitspersonal. Zum Spiel selbst postierten sie sich dann quer über die Ränge der WM-Arena Pernambuco an strategisch wichtigen Punkten, gut sichtbar mit leuchtend orangenen Sicherheitswesten, auf deren Rücken stand: ›Segurança mãe‹ – Sicherheitsdienst Mama.«[23] Tatsächlich kam es zu keinen Gewalttätigkeiten zwischen den rivalisierenden Ultra-Gruppierungen. Recife gewann das Derby mit 1:0.

Doch die Geschichte dieser 30 mutigen und tapferen Mütter erzählt mehr und weist den Weg in die Abgründe gespaltener und von Gewalt bedrohter Gesellschaften – nicht nur in Südamerika. Polizei, Verein, Ordnungskräfte sind hier meist hilflos. Diese jungen rebellierenden Fans haben nichts anderes als ihren Verein. Er ist ihre Identität, ihr Glaube, ihre verzweifelte Hoffnung, auch mal nicht auf der Seite der Verlierer zu sein. Nur noch die Mütter können sie »zähmen«. Die Empathie und emotionalen Ressourcen der Mütter sind mächtiger als die patriarchale Ordnungsmacht. So lassen sich also international gesellschaftspolitische Tendenzen und Perspektiven erkennen.

Die Ultras sind zunächst eine internationale Jugendbewegung, wobei ihre Adaptionen in Europa erstaunliche Entwicklungen genommen haben. Während die Parteien, Kirchen und Gewerkschaften Mitglieder verlieren und auch die Jugendlichen nur noch sehr eingeschränkt erreichen, wachsen die Ultra-Vereinigungen beständig. Die soziologischen und gesellschaftlichen Ursachen liegen auf der Hand. Auch der:die »normale« Bürger:in tritt heute eher einem Bundesligaverein bei als einer Partei, Gewerkschaft oder einem Verband. Gerade linke Parteien und Institutionen sollten kritisch hinterfragen, weshalb zunächst der Fußball, trotz seiner Skandale, Kommerzialisierungen und sozialen Scheren, oft attraktiver ist als ein direktes politisches Engagement. Offensichtlich vermittelt die Fußballkultur besonders den jungen Anhänger:innen noch Inhalte oder Ideale, die gesellschaftspolitisch nicht mehr greifbar oder zu abstrakt sind. Im Stadion, auf dem Platz sind die Verhältnisse klar. Den anderen (feindlichen) Verein kennt jeder. Die korrupten Verbände haben Namen, genauso wie die Funktionäre, Oligarchen und Sponsoren. Sogenannte Mäzene lieben den Auftritt, brauchen die Huldigungen der Fans, wenn sie einen namhaften Spieler holen oder einen Titel gewinnen.

Im Fußball sind in jeder Hinsicht die Gegner klar bekannt und nicht abstrakt wie im entfesselten Finanzkapitalismus. Gegen den Lokalrivalen oder den DFB kämpft es sich einfacher als gegen

Blackrock oder die Wall Street, internationale Konzerne, die Lieferketten und Produktionsstandorte hin- und herschieben. Im Fußball holt man sich vermeintlich zurück, was der Neoliberalismus verweigert: Klassenkampf, Solidarität und sinnliches, emotionales Leben. Eine Identität als handelndes Subjekt unter Gleichgesinnten. Die Kurve, das gemeinsame Jubeln und Trauern, die Schlachtrufe und Hymnen geben die ersehnte Geborgenheit und Sicherheit. In der kühlen Atmosphäre der herrschenden Verhältnisse spendet häufig nur noch das Stadion Nestwärme. In einer globalisierten Welt, die täglich multiple Krisen und Katastrophen produziert, sind die Vereine mit ihren Traditionen zum emotionalen Anker geworden. Das klingt irrational und ist es auch, aber zugleich ist es Teil unserer sozialen Wirklichkeit. Vereine bieten heute eine Identifikationsfläche, die von anderen Institutionen nicht mehr erreicht wird. Der Kulturwissenschaftler Klaus Theweleit beschreibt die politische Wirkung des Fußballs im Kontext der gesellschaftlichen Verhältnisse in seinem Buch »Tor zur Welt« aphoristisch. »Zweite Antwort [zum sich veränderten Fußball, K.S. und J.W.] – sie stammt von Monika, meiner Frau – ist der Wegfall der Utopien. Ihr fällt auf, dass mit dem Einreißen der Berliner Mauer (…) vielen Menschen hier ein geistiges Betätigungsfeld oder auch ein theoretisches Spielfeld genommen wurde, das, aus welchen merkwürdigen Gründen auch immer, durch eine ungeheure Menge öffentlichen Fußballs ersetzt wird.«[24] Die gesellschaftlichen Widersprüche, Klassenunterschiede, Ausgrenzungen, Rassismus finden sich natürlich auch im Fußballsport. Aber sie sind greifbar, sodass sich der Fan zumindest noch als Subjekt fühlt.

Es ist völlig offen, wie sich die Fan- und Ultra-Szene zukünftig entwickelt. Ob sich aus der Szene politische Jugendbewegungen herausbilden, ist die wohl spannendste Frage, die sich sowohl nach links als auch nach rechts stellt. Schon heute sind politische Proteste in Stadien nicht mehr nur eine Seltenheit. Und sie zeigen teilweise Wirkung. »Zwar sitzen immer noch Castor-Gegner auf Gorleben-Gleisen, aber die mediale Aufmerksamkeit gilt Fußballfans, die mit Sitzblockaden die Mannschaftsbusse an der Heimfahrt hindern. (…) Die Illusion einer Einflussnahme auf das Geschehen, die von der Politwelt längst nicht mehr wahrgenommen wird, ist vollkommen. Fußball hat etwas merkwürdig *Übergreifendes* bekommen.«[25] Die punktuellen und eruptiven gesellschaftspolitischen Aufstände und Revolten, an denen die Ultras international beteiligt waren und sind, sind nicht mehr als ein Wetterleuchten. Zudem unterscheiden sie sich kontinental. In Europa tauchen Ultras bisher bei Protesten wie z. B. dem G20-Gipfel oder Fridays for Future nicht organisiert auf. Das kann sich alles ändern, besonders wenn staatliche Repression zunimmt. Die Ultras sind eine rebellische, keine revolutionäre Bewegung. Und es ist nicht ausgemacht, wohin ihre Reise führt.

»You'll never walk alone«

Nicht selten sind Mythen oder Legenden mit dem dazugehörenden Pathos aus historischen Zufällen entstanden. Aber wo etwas »zu-fällt«, braucht es jemanden, der es auffängt. Ob es der Apfel vom Baum oder ein Song ist. Ein Song, der ursprünglich eine ganz andere Bestimmung und Bedeutung hatte, wurde so »ungewollt« die Mutter aller Hymnen im europäischen Fußball: »You'll never walk alone«. Der Song schlummerte zunächst in einem Drama, das in ein Musical von Richard Rodgers und Oscar Hammerstein II. verwandelt wurde. 1945 kam es als Broadway-Musical *Carousel* auf die Bretter dieser Welt. »Das Musical (…) basiert auf dem 1909 uraufgeführten Theaterstück *Liliom* des ungarischen Schriftstellers Franz (Ferenc) Molnár.«[26] Niemand ahnte, dass ein so einfacher und durchaus kitschiger Song einmal in der ganzen (Fußball-)Welt Gänsehautgefühle auslösen würde. Wahrscheinlich wäre das auch nicht geschehen, wenn sich 1963 nicht die Liverpooler Pop-Gruppe Gerry and The Pacemakers der Sache angenommen hätten. Gerry Marsden, der Leadsänger, setzte gegen den Manager Epstein, bei dem auch die Beatles unter Vertrag standen, durch, den Song neu aufzunehmen. 1963 stand er in der englischen Hitparade an erster Stelle. An der Anfield Road in Liverpool wurden vor den Spielen immer die Hits gespielt. Eine der schönsten Legenden behauptet, dass die Stadionlautsprecher ausfielen und die Kurve einfach »you never …« weiter gesungen hat. Doch wie auch immer: Fakt ist, dass die Fans sich ihre Hymne wohl selbst gegeben haben. In einer WDR-Dokumentation[27] wurden die Liverpool-Fans gefragt, weshalb denn gerade dieses Lied sie so berührt. Unisono lautete die Antwort, weil es Hoffnung gibt. Weil es uns nicht »alleine lässt« in unserer Trauer, Verzweiflung oder Wut. Interessanterweise handelt der Song aber von einer Frau, die ihren Mann, der den Verhältnissen nicht gewachsen ist, und ihr Kind verliert. Millionen erwachsene Männer singen also jede Woche in den Stadien aus voller Brust und mit schmerzverzerrtem Gesicht einen Song, der ursprünglich der moralischen Unterstützung einer Frau gewidmet war. Eine tiefenpsychologisch durchaus interessante Vereinnahmung, die vielleicht bedeutender ist als die Musikforschung, die sich eingehend mit den Höhen und Tiefen der Partitur beschäftigt hat und zu dem wenig überraschenden Ergebnis gekommen ist, dass diese an Kirchenlieder angelehnt ist. Viel entscheidender ist, wie dieser Song die Menschen berührt, ergreift und verbindet. Kaum eine andere englische Stadt steht so herausragend für Solidarität, Klassenbewusstsein, aber auch Kampfkraft wie Liverpool. Man kann sich heute den Verein ohne diese Hymne gar nicht mehr vorstellen. Manches Fußballwunder an der Anfield Road oder beim CL-Finale in Istanbul 2005 gegen den AC Mailand, als die Fans nach dem 0:3-Rückstand zur Halbzeit beim Wiederanpfiff diese Hymne intonierten, wurde wohl vom Geist dieses mythischen Songs beseelt und ermöglicht.

Kommen wir nach Deutschland, wo Vereinshymnen bis in die 90er-Jahre kaum eine Rolle spielten. Das ist heute anders. Ein gewisser Karl Marx wollte ja den kapitalistischen Verhältnissen ihre eigene Melodie vorspielen.[28] Vielleicht nicht ganz so, wie er sich das gedacht hatte, geschah es am 26. Mai 2001 im Berliner Olympiastadion auf eine ganz besondere Art. Der 1. FC Union Berlin, zu dieser Zeit Regionalligist, stand im Finale um den DFB-Pokal gegen die übermächtigen Schalker. Nina Hagen, die legendäre regimekritische Berliner Hippie-Punk-Legende der untergegangenen DDR, in Schwarz mit Stirnband und rot-weißem Schal, stand vor der Kurve der rot-weißen Unioner und intonierte »Eisern Union«. Das Stadion vibrierte – nicht nur in der Kurve der Köpenicker. »Wir aus dem Osten gehn immer nach vorn. Schulter an Schulter mit Eisern Union.« Reime wie aus einem Geschichtsbuch der Arbeiterbewegung, der Schlosser aus dem Osten der Stadt, verwegen und provokant, denn »wer lässt sich nicht vom Westen kaufen? Eisern Union«. Millionen vor den Bildschirmen werden wohl in diesen Momenten gespürt haben: Es gibt sie doch, eine eigene ostdeutsche DDR-sozialisierte Identität. Nicht wirklich nostalgisch, aber selbstsicher und identisch mit der eigenen Vergangenheit. Die verdrängte Ideengeschichte des sogenannten Arbeiter- und Bauernstaates war präsent. Nicht als Bekenntnis zur Politik der ein gutes Jahrzehnt zuvor noch herrschenden Funktionärsklasse, aber gesungen von Tausenden von Menschen, die stolz auf sich sind.

Vereinshymnen erzählen uns mehr, als wir zu wissen glauben. In ihnen kristallisiert sich die Geschichte einer Stadt und Region und das Lebensgefühl verschiedener Generationen. Sie sind

Statement und Romantik in einem. Deshalb verraten sie uns viel über die gesellschaftlichen Verhältnisse und Klassen.

Interessant bei der Hymne von Union Berlin ist, dass sie mit Nina Hagen erst 1998 aufgenommen wurde.[29] Zunächst gab es durchaus Bedenken, dass dies ein Schritt zur Kommerzialisierung sei. Bis dahin war Union nur eingefleischten Ostdeutschen und wenigen Wessis ein Begriff. Freilich konnte man schon wissen, dass Union in der DDR der Gegenpol zu dem Stasi-Verein und Abonnementsmeister Dynamo Berlin war. Nicht sportlich, dazu reichten die Mittel nicht. Union war der »Ost-Sponticlub« gegen die Herrschenden. Hier wurde in der Kurve lautstark bei einem Freistoß für die eigene Mannschaft doppeldeutig skandiert: »Die Mauer muss weg.« Es ist sicherlich eine steile These: Aber Nina Hagens Hymne schaffte das, wovon nun schon zwei Generationen von Politikern träumen: Identität und Integration, Selbstbewusstsein und Erfolg zwischen Ost und West in einem Song zu vereinen. Der tatsächliche Siegeszug des sympathischen (linken) Underdogs aus Köpenick ist bis heute ein Fußballmärchen.

Wie 2003 im Dezember, als die Hymne bereits integraler Bestandteil der Identität war. Union Berlin verlor in der zweiten Liga das Heimspiel gegen Wacker Burghausen und fürchtete sich vor dem Abstieg. Anhänger, die Weihnachten nicht ohne einen gemeinsamen Ausklang verbringen wollten, schon gar nicht ohne Bekenntnis für ihre »Eisernen«, kamen auf eine Idee, die von jedem Sender als zu kitschig abgelehnt worden wäre.

»Eisenbeiser rief seine Kumpels vom Fanklub Alt-Unioner an. Ja, sagten die: Man müsse sich noch einmal treffen, Glühwein trinken, ein bisschen was essen, vielleicht ein paar Weihnachtslieder singen. Nur wo? Zum Glück kannte Eisenbeiser den Platzwart der Alten Försterei, dem Stadion von Union, und der ließ ihn netterweise wissen, dass sich eines der Stadiontore nicht richtig schließen lasse. So begab es sich, dass im Jahr 2003 kurz vor Heiligabend 89 Union-Fans im Stadion zusammenkamen und eine Tradition begründeten, die mittlerweile erstaunliche Ausmaße angenommen hat: An diesem Dienstag werden bei der zwölften Ausgabe des Berliner Weihnachtssingens 27 500 Menschen erwartet, mehr als bei den Zweitliga-Spielen im Stadion sind.«[30]

Bemerkenswert war die Reaktion des Vereins. Normalerweise wären die »Platzbesetzer« mit einer Anzeige wegen Hausfriedensbruchs bedacht worden. Union aber erkannte die »utopische Kraft« dieser Aktion. Aus einer »Regelverletzung«, einer romantischen Schnapsidee, wurde eine bundesweit bekannte Kultveranstaltung. Mit kleinen Kerzen und Lichtern stehen über 20 000 Menschen vor Heiligabend an einer Bühne, die aussieht wie ein Boxring, singen zunächst andächtig Weihnachtslieder. Bis zum Intro der Hymne. Dann schlagen die eisernen Hämmer und der mythologische Text in der alten Försterei wird zum lebendigen Bild. Und jetzt kommt zum krönenden Abschluss die Hymne, die alle Anwesenden für Minuten zu einem Eisen schwingenden und Funken sprühenden Schlosser verwandelt. Die mythische Macht des gemeinsamen Singens in einer kleinen Fußballkathedrale ersetzt die Christmette. Inzwischen versuchen auch andere Bundesligavereine dieses Ritual aufzugreifen. Sie veranstalten in ihren Stadien ebenfalls ein Weihnachtssingen. Aber wie jede schlechte Kopie unterscheidet sie sich fundamental vom Original.

Im westlichen Teil der Hauptstadt, in Berlin-Charlottenburg, lässt man es traditionell weniger nostalgisch, weniger mythisch, dafür aber mit gewachsener Subventionsgemütlichkeit angehen. »Nur nach Hause gehen wir nicht«, singen die Hertha-Frösche in Endlosschleife den Refrain des Songs von Frank Zander. Wie herausgefallen aus der Zeit des selbstoptimierenden Neoliberalismus kommt diese »Hymne« daher. So als wäre Berlin noch immer eine Insel, »und um uns rum lauert der Russe«, wie so schön einst Ulrich Roski sang. Gegen diese Mentalität wirken auch bisher nicht die »Big City« Millionen windiger Investoren, die von Champions League und gigantischer Verwertung träumen.

Richten wir den Blick in den Westen: Geist und Geld oder auch umgekehrt – in keiner anderen deutschen Stadt sind die Widersprüche so dicht, so greifbar, so hart, aber herzlich, so glamourös und profan wie in Frankfurt am Main. »Im Herzen von Europa« erschallt es im Deutsche-Bank-Park. Waldstadion, Commerzbankarena, heute Deutsche-Bank-Park, der Weg des Lederballs, in dem einst eine Schweinsblase steckte, vom romantischen Stadtwald zur Mittelstandsbank und jetzt zum Global Player und zum Milliardengeschäft ist in Frankfurt besonders augenfällig. Aus den Kehlen des Polizeichors wird den Zuhörenden ein Zeugnis dieser charmanten Gegensätzlichkeit in der kleinen Metropolregion präsentiert. Der Polizeichor singt, und die härtesten Ultras der Liga stimmen begeistert ein.

Das Lied wurde 1959 als »Schunkelwalzer und Huldigung an die Stadt Frankfurt geschrieben«, einen Bezug zur Eintracht »gab es zu diesem Zeitpunkt noch nicht«[31], erzählt der Sohn des Komponisten Heinz Böcher. Es wurde zunächst in der Kultsendung »Der blaue Bock« bekannt und zum 75-jährigen Jubiläum dann offizielle Hymne der Eintracht. »Jeder wird sagen, ohne zu fragen, in dieser schönen Stadt am Main, Eintracht aus Frankfurt, du schaffst es wieder, Deutscher Meister zu sein«, schmettern 50 000 Anhänger. Vergessen ist in diesen Momenten die kalte Finanzmetropole, vergessen sind die scharfen sozialen Gegensätze zwischen urbaner Innenstadt und peripheren Brennpunkten mit hässlichen Betonwüsten. Man war immer wer und man ist noch wer in Frankfurt am Main. Nichts an dem gemütlichen Lied, der Begriff »Hymne« verbietet sich, ist Realität. Und doch verkörpert dieser Schunkel-Hit in seiner Bravheit, Überheblichkeit und

Schlichtheit die Frankfurter Seele, die provinzielle Internationalität, die hier wie nirgendwo sonst in Deutschland lebt. Frankfurt war und ist jedoch auch ein Labor gesellschaftspolitischer Ideen und manchmal auch des Fußballzaubers.

Ähnlich und dennoch ganz anders lässt sich die (ehemalige) Hymne »ja wir schwören Stein auf Bein auf die Elf vom Niederrhein« der Fohlen aus Mönchengladbach einordnen. Der Text ist eine astreine intellektuelle Unterforderung. Dazu passt, dass der Refrain dem Gladbach-Anhänger und Komponisten Rüdiger Rau aus dem hessischen Frankenberg unter der Dusche einfiel. Die Gladbacher nannten sie trotzdem bis 2020 ihre Nationalhymne. Dann wurde sie von einer neuen, »Die Seele brennt«, ersetzt. Aber die Elf vom Niederrhein war und ist Kult, auch wenn der Song sehr überschaubar daherkommt. Doch er trifft den Kern: die Erinnerung an die glorreiche Mannschaft der 70er mit Günter Netzer, Hacki Wimmer, Wolfgang Kleff, Rainer Bonhof: »Spielt ihr wie zu Netzers Zeiten (…) sind wir Fans nicht mehr zu halten.« Solche Strophen können sich anscheinend nur wirkliche Fans ausdenken, aber sie sind authentisch und ein wenig sympathischer im Unterschied zu den Retorten-Hymnen vieler anderer Vereine. Im Unterschied zur Grönemeyer-Hymne in Bochum kennt die Gladbacher Hymne nicht die Geschichte der Stadt oder Region, und sie ist nicht Ausdruck einer gesellschaftlichen, ökonomischen, kulturellen Haltung. Sie ist einfach nur: Liebe zum Fußball.

Das ist auf Schalke anders. Wenn das Vereinslied »Blau und Weiß, wie lieb ich dich so sehr« erklingt, wird innerlich die Industriegeschichte der Region aufgerufen und mitgesungen. Auch wenn das Lied historisch einen ganz anderen Hintergrund hat. Denn zunächst war es eher ein romantisches Jägergedicht von Ludwig von Wildungen aus dem Jahre 1797 und im Mittelpunkt des Gedichts stand die Farbe Grün. Hieraus ergibt sich in diesem

Gedicht auch der Bezug zum Propheten Mohammed, der diese Farbe sehr mochte, was der Dichter aufnahm. Als 1924 Blau und Weiß in die heute bekannte Fassung Einzug hielt, wurde aufgrund der Vereinsfarben das Grün überflüssig und fortan mochte Mohammed eben Blau und Weiß. 1963 wurden zwei Strophen drangehängt und zur offiziellen Hymne erklärt. 2009 versuchten radikale muslimische Verbände aus der Zeile »Mohammed war ein Prophet, der vom Fußball nichts versteht« einen kulturellen Glaubenskonflikt zu inszenieren. Die Zeile würde den Propheten beleidigen. Doch der avisierte Boykott verlief im Sande. Auch deshalb, weil Schalke klug reagierte: Mehrere muslimische Experten bestätigten die ursprüngliche Idee, mit der Vorliebe für die Farbe Grün Mohammed eher zu respektieren. Ihn als Propheten zu besingen, sei auch eher eine Anerkennung. Das fundamentalistische Ziel scheiterte kläglich und wurde teilweise auch ironisch kommentiert.[32]

Die Schalker Hymne ist in ihrer Entstehungsgeschichte also kein Ergebnis aus den Kohlegruben. Sie wurde es erst, als die Zeilen »tausend Feuer in der Nacht haben uns das Glück gebracht« dazukamen. Wenn heute in der Arena auf Schalke die Hymne angestimmt wird, schweben natürlich, genau wie in Bochum, der Stolz, die Geschichte und Identität des Ruhrgebiets durch das Stadion. Mit dem Steigerlied, bei dem dann tatsächlich nicht tausend Feuer, aber immerhin 60 000 Handys glühen, wird eine Arbeiterklasse beschworen, die es so heute nicht mehr gibt. Es bleibt die romantisierende Erinnerung. Denn natürlich haben die tausend Feuer nicht nur »Glück«, sondern auch Leid, körperliche Überanstrengung, Unfälle und Invaliden in den Gruben gebracht. Und doch ist etwas Wahres dran, wenn Grönemeyer an der Castroper Straße (»Tief im Westen«) in Bochum »dein Grubengold hat uns wieder hochgeholt – du Blume im Revier« aus der Kehle presst. Die Sehnsucht nach dem rheinischen Kapitalismus mit seinen monotonen fordistischen Produktionsbedingungen und vermeintlichen (sozialen) Sicherheiten schweißt die fragmentierte Klassengesellschaft in diesen Momenten zusammen. Man grenzt sich ab – gegen die Königsallee des reichen Düsseldorf oder den Frohsinn des »Kölle Alaaf«.

Ein paar Kilometer entfernt, am Borsigplatz in Dortmund, hat auch der BVB eine offizielle Vereinshymne. Das offizielle BVB-Vereinslied heißt »Wir halten fest und treu zusammen«, stammt aus dem Jahr 1934 und wurde vom früheren BVB-Geschäftsführer Heinrich Kersten anlässlich des 25-jährigen Bestehens des Vereins getextet. Die Melodie dazu ist noch wesentlich älter und stammt aus dem »Kaisermarsch« von Georg Kunoth aus dem Jahr 1892.

Am Ende kommt: »Der BVB wird niemals untergehen«, was in der großen Finanzkrise des börsennotierten Vereins 2005 schon eine Menge Mut erforderte. Wirklich gespielt wird in Dortmund aber der Klassiker »You never …«, wenn die Mannschaften aus der Kabine kommen.

»Und am Sonnabend werden sie wieder ›You'll Never Walk Alone' singen, wenn Werder Bremen kommt und die Saison zu Ende geht. Aber wieso? Weshalb ›You'll Never Walk Alone‹ aus Liverpool? Warum nichts Eigenes aus der Region? Man weiß es wirklich nicht.«[33]

Vielleicht aber doch: Weil der BVB schlicht nicht mehr in der Ruhr-Romantik zu Hause ist. Die AG arbeitet und spielt international. Schon daher ist es logisch, einen Song zu adaptieren, der zwei unvereinbare Ansprüche vermeintlich versöhnt: emotionale Identität und globales Playertum. Während Schalke und Bochum in ihren Songs die gemeinsame Geschichte beschwören, ist, wie oben beschrieben, die Mutter aller Hymnen eigentlich ein Musical-Song, der sich um ein Einzelschicksal dreht. Im Mittelpunkt steht die angelsächsische Mentalität; Kopf hoch, auch wenn dir der Wind entgegenbläst. Im zitierten Text von Michael Pils wird zu Recht erwähnt, dass in Liverpool kein Mensch auf die Idee kommt, zu fragen, warum man genau dieses Lied singt. In Dortmund stellt sich die Frage anders. Ist es im globalisierten Fußball nicht verwertungsbedingt erforderlich, gleich auch noch die Hymne zu vermarkten?

Die gleiche Frage stellte man sich offensichtlich, aber wohl offensiver und bewusster, bei den Bayern. Der von Willy Astor 1998 komponierte Hit »FC Bayern – Stern des Südens« wurde in gleich Dutzende von Sprachen übersetzt, sodass auch der Fan in Asien, Dubai oder Amerika mitsingen kann. Die Süddeutsche Zeitung bezeichnet das Lied sogar als »zeitloses Stück der Fan-Kultur«.[34] Da kann man auch anderer Meinung sein. Die Hymne strotzt nur so vor der »Mia san mia«-Mentalität und kommt mit breiter Brust daher (dafür gibt es auch eine extra »Hymne«).[35]

»Wie heißt dieser Club, der hierzulande die Rekorde hält?«, und dann: »Weil wir in guten wie in schlechten Zeiten zueinander stehen!« Nicht wenige Anhänger anderer Vereine würden bezweifeln, dass Bayern-Fans je schlechte Zeiten erlebt haben. Geschweige denn wissen, wie sich die anfühlen. Aber auch beim FC Bayern gibt es die Gefahr, dass sich die Zeiten ändern. Am anderen Ende der Republik, im hohen Norden, wähnte sich der traditionsreiche Hamburger SV in den 80er-Jahren des vergangenen Jahrhunderts, insbesondere 1983 nach dem Gewinn des Europapokals der Landesmeister, lange auf Augenhöhe mit den heute übermächtigen Bayern. Und war es zu dieser Zeit auch.

Die Hymne »Hamburg meine Perle« von Lotto King Karl, auf einem hochgezogenen Kran vor jedem Heimspiel in der Nordkurve live gesungen, erzählt von den glorreichen Zeiten. Man war stolz und in der Bundesliga-Uhr im Stadion und auf dem Kran symbolisierte sich die Überlegenheit. »Wenn ich weit weg bin, ob bei Juve oder Rom, dann denk ich Hamburg meine Perle und singe home sweet home«, dokumentiert das Selbstbild der großen Stadt gegenüber Derby-Konkurrenten wie Werder Bremen oder Börsen AG's wie Borussia Dortmund. »Wenn du aus Dortmund kommst, schießt Geld hier keine Tore (…) wenn du aus Bremen kommst, gibts für dich hier nichts zu holen.« Die Geschichte und der Traum vom europäischen Topclub war für den Bundesliga-Dino Bestandteil seiner DNA. Bis man in Sandhausen, Heidenheim oder bei Erzgebirge Aue in der zweiten Liga aufwachte. Der HSV war nur noch zweitklassig und die nüchterne hanseatische Kaufmanns-Logik erkannte, dass nun kleinere Brötchen gegessen werden mussten. Ausgerechnet der größte Fanclub, die »Supporters« mit seinen 65 000 Mitgliedern, forderte das Umdenken. »Wollen wir mal ehrlich sein? Bremen hat uns über Jahre abgehängt, hat uns am Ende immer geschlagen, wenn es darauf ankam …«[36] Seit 2019/20 singen sie beim HSV »schwarz, weiß blau sind uns're Farben«, und Bescheidenheit ist angesagt. Solche Einsicht findet sich bei Traditionsvereinen sonst eher selten.

Auf dem Kiez des Stadtrivalen gönnt man sich derweilen zwei Hymnen, eigentlich sogar drei. Während für das Lokalkolorit Hans Albers' Kultsong, »Das Herz von St. Pauli«, steht und damit vergangenen Zeiten gehuldigt wird, kommt zugleich die Mutter aller Hymnen »you never …« zum Einsatz. Und beim Einlauf der Mannschaften für die ganz Harten AC/DC's »Hells Bells«. Quasi eine Trinität der Clubgeschichte und seiner Ideale: Kiezverein, Kämpfertruppe und Internationalismus, die Entwicklung des ehemals kleinen FC St. Pauli zusammengepackt in zwei Liedern.

In der 2021/22 besten zweiten Liga, die es bisher gab, finden sich viele große Traditionsvereine, deren Hymnen inzwischen weniger von »breiter Brust« erzählen. Ebenso in der dritten Profi-Liga.

So wusste Friedrich Engels[37] schon während der ersten gescheiterten Deutschen Revolution 1848, dass die Pfälzer ein ganz besonderes fröhliches Volk sind, was in ihrem »Betzelied« auch heute noch zum Ausdruck kommt. »Ole, Ola, der FCK ist wieder da … jeder Gegner ist willkommen (außer Bayern)« – unüberhörbar machen die Roten Teufel geltend, dass ihre Gastfreundschaft bei den Bayern endet. Und fast schon beschwörend klingt es angesichts der aktuellen schweren Krisen dieses Traditionsvereins: »Solange es den Fußball gibt, gibts auch den FCK.« Hoffentlich, ist man geneigt hinzuzufügen. Es erzeugt beim Fußballfreund ein trauriges Gefühl, wenn er, vor dem Fritz-Walter-Stadion stehend, die Statuen der Weltmeister von 1954 erblickt. Und sich erinnert, wie die Roten Teufel 1973 nach einem 1:4-Rückstand die damals schon mächtigen Bayern mit 7:4 am Ende nach Hause schickten.

Eher nostalgisch und ein wenig trotzig-stolz geht es auch im Max-Morlock-Stadion in Nürnberg zu, wenn die Hymne »Die Legende lebt« vor dem Spiel erklingt. Zwar singt die treue, aber zugleich mürrisch-depressive fränkische Seele, wie die taz mal zutreffend schrieb, aus ganzem Herzen mit. In manchen Augen stehen gar Tränen, was bei der bewegten Geschichte des Clubs wohl kein Zufall ist.

Die Frankfurter Rundschau schrieb vor einigen Jahren, es sei künstlerisch einer der anspruchsvollen Songs. Immerhin hören wir zu Beginn eine Querflöte, ein wenig schwermütig, ein wenig verträumt, ein wenig an Edvard Grieg erinnernd. Die entscheidenden Strophen enden mit: »Unser Club wird niemals untergehen«. Ähnlich wie in Lautern spürt man: Die großen Zeiten sind vorbei, aber man möchte sie nicht vergessen und die Hoffnung auf bessere Zeiten mit metaphysischer Sehnsucht wieder herbeizaubern. »Sein Stern, der wird für immer am Fußballhimmel steh'n«. Das bleibt im Gefühl des Rekordabsteigers Nürnberg.

Wenn der »Glubb« mal wie 2007 nach 39 Jahren Abstinenz einen Titel, in diesem Fall den Pokal, holt, kann sich der gemeine Franke sicher sein, dass damit der nächste Abstieg vorprogrammiert ist. Der »Glubb« ist ein Depp, aber irgendwie hält er Fußball-Deutschland noch immer im Bann. »Ein Fels in wilder Brandung, der alles überstand«, singen sie. Sein legendäres Relegationsspiel am 13. Juli 2020 in Ingolstadt, wo er in letzter Sekunde die zweite Liga hielt, sahen immerhin 19 Millionen Zuschauer:innen an den Bildschirmen.

Richten wir den Blick wieder in den Osten. »Dynaaaamo … Wenn's bei Schwarz-Gelb auch einmal nicht so rollt, wir Fans, wir sind euch treu wie Gold«, so erschallt die Hymne »Der 12. Mann« im Rudolf-Harbig-Stadion. In Dresden waren die Fans 1989 bei der Meisterschaftsfeier gar nicht begeistert von dieser für DDR-Verhältnisse mit modernster Tontechnik produzierten und vom Stadtrat finanzierten neuen Hymne. Aufgrund der Erfolge und als der große Traditionsverein im Osten wähnte man sich ganz oben. Im Optimismus der Wendezeit, die von Kohl versprochenen blühenden Landschaften vor Augen, brauchte man keinen »12. Mann«. Nach dem Lizenzentzug 1995 und dem Zwangsabstieg in Liga 3 erinnerte sich ein Fan des achtmaligen DDR-Meisters an die »verpönte« Hymne. Durch den Lauf der Geschichte war sie auf einmal aktuell. Jetzt brauchte Dynamo den 12. Mann. Jetzt hatte das Lied eine neue, besondere Bedeutung gewonnen. »Wir sind der 12. Mann, auf uns kommt es heute an«, wurde von immer mehr Zuschauer:innen mitgesungen. Heute wirkt es, als sei das schon immer so gewesen. Unabhängig davon, dass Dynamo genug Schwierigkeiten mit zum Teil rechtextremen Fans hat.

Vereinshymnen begleiten einen durchs ganze graue oder bunte Leben. Sie haben eine besondere soziale Funktion, indem sie die Geschichte mit der Gegenwart verbinden. Jede:r, der:die mitsingt, nicht selten auch grölt, ist somit Teil der Tradition. Er oder sie gehören dazu. Nichts schweißt so sehr zusammen wie das gemeinsame Singen.

Die Hymnen symbolisieren Standpunkte, den Stolz von Vereinen, Städten und Regionen. Für die Fans ist ihre Melodie und der Text für wenige Minuten die Versöhnung mit einer Welt, die ihnen oft genug die kalte Schulter zeigt. Die Stadien werden zu Kirchen und Kathedralen der Postmoderne, in denen das Bedürfnis nach Gemeinschaft und Glauben weiter besteht. Die Hymnen der Vereine sind sakrale Rituale, die wildfremden Menschen gemeinsame Geborgenheit geben.

Diese (falsche) Versöhnung ist zugleich ideologisch eingebettet in die marktkonforme Fußballwelt und die Klassengesellschaft, aber dennoch ein Moment des Identischen wie des Nichtidentischen – zwischen Ideologie und der emotionalen Sehnsucht nach Solidarität der »Erniedrigten und Beleidigten«.

Gekaufte Spiele

»Der rechte Fußball denkt an Gewinnmaximierung, der linke an die Vermittlung von Lebensfreude.«
César Luis Menotti

Die Investoren kommen

Am 29. Februar 2020 kommt es zur medialen Eskalation: Bayern München spielt bei der TSG Hoffenheim 1899. Das klingt nach Tradition, ist aber de facto ein neuer Kampfschauplatz im Finanzcasino Bundesliga. Eigner der TSG 1899, der Milliardär und Mitbegründer der SAP AG, Dietmar Hopp, hat aus einem Dorfclub ein Investitionsprojekt geformt. Oder, wenn man es anders sehen will, sein ganz persönliches Spielzeug. Die Ultragruppe »Schickeria« des FC Bayern entrollt in der zweiten Halbzeit (das Spiel ist längst zugunsten des FC Bayern entschieden) ein Transparent: »Dietmar Hopp, du Sohn einer H…«. Die Ultras wissen, was sie tun. Sie wissen, dass sie eskalieren. Vordergründig geht es um den Protest gegen die Kollektivstrafe für die Anhänger des BVB, die von Heimspielen auf der Südtribüne in Dortmund ausgesperrt werden sollen. Obwohl der DFB versprochen hatte, solche Sanktionen nicht mehr pauschal zu verhängen. Dem Spiel droht der Abbruch. Doch am Ende einigen sich der Schiedsrichter und die beiden Mannschaften darauf »weiterzuspielen«. Danach versammeln sich im Mittelkreis beide Teams und lupfen sich gegenseitig den Ball zu. In den Sportstudios explodiert derweil die Empörung. In Sky Sport, das direkt überträgt, kennt der Kommentator Kai Dittmann, ein ausgewiesener »Pro-Bayern-Fan«, keine Grenzen mehr. Er vergleicht das Banner und die Aktionen der Ultras mit rassistischen Ausschreitungen und Morden (wie in Halle und Hanau) in den Monaten davor und kriegt kaum mehr Luft. Am Ende werden die Zuschauer:innen Zeug:innen einer vermeintlich spontanen Geste der Solidarität, als der Vorstandsvorsitzende der Bayern den emotional angegriffenen Dietmar Hopp an die Hand nimmt und beide, Hand in Hand, nach dem Schlusspfiff auf den Rasen gehen, praktizierte Solidarität zwischen dem Milliardär und der Fußball-AG-Bayern, sichtbar für alle, applaudiert von den Zuschauer:innen im Stadion. Die Hoffenheimer sind mehrheitlich natürlich mit ihrem Gönner solidarisch.

Doch tatsächlich erleben wir in den Stunden dieser »rührenden Rummenigge- und-Hopp-Show« ein veritables mediales Foulspiel. Während der DFB seine Sanktionsforderungen gegen die Ultras im Minutentakt hochschraubt, wie z. B undercover zu ermitteln, oder Rechtsanwalt Schweickert, der alle gerne mal einsperren lassen möchte, in Hochform gerät, läuft hinter den Kulissen ein ganz anderes Spiel. Denn die Vereine und Funktionäre, ja sogar Teile der Medien wie zum Beispiel Sky, wussten im Vorfeld des Spiels, dass diese Aktion kommen würde.[1] Öffentlich geworden ist das durch eine Dokumentation des ZDF, die (aus Zufall?) während der Pandemie gesendet wurde. Sie belegt, wie selbst die Empörungen Teil einer Inszenierung waren. Man kann ohne Übertreibung feststellen, dass das Drehbuch vor der Aufführung geschrieben wurde.[2]

Was steht hinter dem Konflikt, fragt sich das ZDF, das sich in der Dokumentation durchaus selbstkritisch zeigt. Der Konflikt besteht nur vordergründig in der Abneigung gegen einen Milliardär, der als Mäzen auftritt. Was er natürlich auch ist. In der Region Heidelberg/Sinsheim fördert er Kindertagesstätten, Schulen und andere soziale Projekte. In das Projekt TSG Hoffenheim dürfte Hopp ca. 350 Millionen Euro investiert haben. Für einen mehrfachen Milliardär sind das durchaus machbare Projekte. Hoffenheim wird in den Medien deshalb gerne als Vorzeigeprojekt dargestellt. Der »gute Hopp« als Jugendförderer, als regional verwurzelter Unternehmer. Nun gut, mit diesen Millionen hätten auch manch andere Vereine den Sprung nach oben geschafft. Doch damit vollzog sich ein Paradigmenwechsel. In der neoliberalen Gesellschaft wurden die Idole und Ikonen ausgetauscht. Wurden in den fordistischen Gesellschaften der 70er- oder 80er-Jahre noch Revolutionären oder Reformpolitikern wie Che Guevara, Olaf Palme oder Willy Brandt gehuldigt, rebellische Rockstars gefeiert, ihre Porträts auf Poster und T-Shirts gedruckt, so steht heute der erfolgreiche Investor, Unternehmer und Disruptor im Mittelpunkt. Steve Jobs, Jeff Bezos oder Elon Musk sind die hippen Stars, aber auch »Vorbilder«. Postmoderne Musikstars, denen jede impulsive Regung ausgetrieben wurde, deren Hits im Studio mit ausgewerteten Algorithmen produziert werden, sind deren Pendant. Der Erfolg ist im Neoliberalismus heutiger Prägung alles, ob im Sport, der Wirtschaft oder Gesellschaft. Die Moral ist nichts – frei nach Brecht. Auch der Philanthrop Hopp hat so seine dunklen Seiten, die in der Regel keine Erwähnung finden. Eher ungewöhnlich für eine Fachzeitschrift wie den Kicker kommt aber bisweilen doch etwas Unangenehmes ans Tageslicht. Der Kicker fragte kritisch: »Was ist in Balneário Camboriú im brasilianischen Bundesstaat Santa Catarina entstanden? Ein aufstrebender Fußballclub? Eine Filiale der TSG Hoffenheim? Oder eine Tochter der Spielervermittler Agentur Rogon in Kooperation mit dem Bundesliga-Club?«[3]

Kurz gesagt geht es bei dem vom Kicker aufgedeckten Modell um eine besondere Transfergesellschaft. Junge talentierte Spieler werden ähnlich wie bei dem Modell von Red Bull hin und her verliehen. »Über einen Satellitenklub werden Talente gebunden und entwickelt.«[4] Wenn sie gut genug sind (ein sehr erfolgreich gelungener Fall war Roberto Firmino, Spieler des FC Liverpool), werden sie dann an die großen Vereine verkauft. Der Spieler ist quasi Leibeigener des verleihenden Vereins. Der kann ihn vermitteln, wohin er will. Die vom Kicker aufgedeckte Gesellschaft ist verschachtelt. Hopp steht mittendrin statt nur dabei und wickelt die Geschäfte mit seinem Geschäftsfreund Roger Wittmann ab, obwohl die FIFA die sogenannte »Third Party Ownership« verboten hat. Das Verbot wird jedoch durch die Einschaltung eines (Verleih-)Vereins geschickt umgangen. Der Vorsitzende der FIFA-Ethik-Kommission beschreibt das Modell drastisch. »Es handelt sich um eine Form des modernen Sklaventums und ist ethisch und moralisch verwerflich.«[5]

Die TSG Hoffenheim hat am Ende mit der »Transfair« gute Geschäfte gemacht. Nicht nur Firmino, auch Carlos Eduardo und Luiz Gustavo brachten Transfererlöse in die Kassen. Und Hopp profitierte zweifach: indirekt an der Transferagentur und direkt für seinen Verein. Auf Anfrage des Kickers antwortete der sonst so kommunikative Multi-Unternehmer, »Mäzen« und Macher nicht. Zwei Wochen nach dem Erscheinen des Artikels war die Agentur wie vom Boden verschwunden.

Derweil brummt das Geschäft mit jungen und talentierten Spielern natürlich weiter. Mag »Transfair« zwar eine skrupellose Ausleih- und Verwertungsagentur gewesen sein, gibt es noch schlimmere, kriminelle Organisationen, die den Traum junger Spieler, insbesondere aus armen Ländern, ausbeuten. »Vorsicht Falle!«, titelt 11Freunde in seiner Ausgabe vom Juli 2021. Und das zu Recht. Es geht dabei um die sogenannten Spielervermittler, die nichts vermitteln, aber kräftig an den Spielern verdienen, die wie bei einer dubiosen Partneragentur auf die Lockangebote hereinfallen. Über soziale Netzwerke wie LinkedIn werden die Spieler geködert und es wird ihnen vorgegaukelt, dass ein Verein an ihnen interessiert sei. Um den Kontrakt zu schließen, werden sie aufgefordert, vorab Gebühren zu überweisen. Die sind »überschaubar« und betragen ca. 1 000 Pfund. Wenn der Spieler dann ankommt, findet er jedoch weder Verein noch Spielervermittler vor. »Fake Agenturen sind kein neues Phänomen, schon 2013 warnte das ›World Soccer Magazine‹ vor Neppern unter den Spielervermittlern.«[6] Zwar gibt es die offizielle Agentur FIFPro als weltweit tätige und anerkannte Organisation, die die Interessen von Spielern, die seriöse Vermittler und Vereine suchen, vertritt. Die teilweise Spieler oder auch Gebühren zurückholt, wenn sie gestrandet sind. Aber »oft werden die Betrüger auch unter Namen von bekannten Agenten oder Ex-Profis vorstellig.«[7] Der Vergleich des Vorsitzenden der Ethik-Kommission der FIFA mit Sklaven- und Menschenhandel ist also in der modernen Fußballwelt absolut angebracht.

Bei den großen Investoren geht es aber um noch mehr. Es geht um Grundsätzliches. Am Ende steht die Frage, wem gehört der Fußball. Den Millionen Anhängern, Fans, Spieler:innen, Zuschauer:innen oder den Milliardären, Oligarchen, Fonds? Letztere haben derzeit die besseren »Spieler«.

Die Despoten kommen

Wer meint, der Fußballsport sei erst in den letzten beiden Jahrzehnten zum Investitionsprojekt geworden, täuscht sich. Schon im 19. Jahrhundert gab es eine Fußball-Aktiengesellschaft bei dem wohlhabenden protestantischen Club der Rangers in Glasgow.

1872 gegründet, wurde der Club kurz vor der Jahrhundertwende 1899 eine Aktiengesellschaft, wobei zumeist lokale und regionale Unternehmen die Anteile hielten. In den angelsächsischen Ländern, vor allem in England, war und ist es »normal«, dass Investoren sich attraktive und erfolgreiche Clubs kaufen, um an ihnen zu verdienen. Die Kaltschnäuzigkeit reicht bis zu Übernahmen durch Fremdkapital, wie bei Manchester United durch die Glazer-Brüder, die 2005 den Verein dann von der Börse nahmen. Die Schulden dürfen schließlich der Verein und dessen Anhänger bedienen. Auch auf der Insel formiert sich indessen der Widerstand gegen diese Form des Finanzkapitalismus im Fußball. Zugleich sind dort Investoren »schlau« genug, die Tradition und Namen der Vereine in der Regel nicht anzutasten, wie es im US-amerikanischen Sport gang und gäbe ist. Für sie sind es Marken. So wie man mit einer klebrigen braunen Brause, überzuckert und gesundheitlich schädlich, kein Geld verdienen könnte, wenn sie nicht Coca-Cola hieße, so ist Manchester United und nicht der »FC Glazer« der Verein mit den weltweit meisten Anhängern bis nach Asien.

Keineswegs werden die Investoren überall abgelehnt – im Gegenteil. Aus Paris St. Germain wurde dank der Investitionsmittel der Scheichs von Katar (Quatar Sport Investments) ein europäischer Spitzenverein, der nicht strategisch im Sinne einer Systementwicklung einkauft, sondern vor allem Sympathien bei den Fans und potentiellen Kunden sammeln will. Er umgeht locker die Regeln des Financial Fair Play. Da wird dann mal kurzerhand ein Sponsorenvertrag über 600 Millionen Euro mit Katars Tourismus-Behörde QTA geschlossen. Damit sind die Fehlbeträge bei den Transfers gedeckt. Man holt Messi, Mbappé oder Neymar, um einerseits den Glamour zu bedienen. Andererseits geht es aber auch um politische und ökonomische Machtdemonstrationen. Der Jubel am Flughafen über die Ankunft des Weltstars Messi ist auch ein Erfolg für das autoritäre System Katars.

In Newcastle wird das Konsortium des saudi-arabischen Regimes von den Fans gefeiert. »Zu sehen waren Fans, die sich so verkleideten, wie ihrer Meinung nach reiche Araber aussehen – mit weißer Robe und Geschirrtüchern auf dem Kopf. Einige Zuschauer hatten die Fahne Saudi-Arabiens dabei. Die Flagge eines Regimes, dem schwerste Menschenrechtsverletzungen vorgeworfen werden. Und in dessen Botschaft in Istanbul der Journalist Jamal Khashoggi brutal getötet wurde. Diese Flagge ist in Newcastle neuerdings sogar ein Fan-Artikel.«[8] Der Club hofft, so zu den europäischen Spitzenvereinen aufschließen zu können.

Diese Entwicklungen zeigen die neue Tendenz im Fußball-Kapitalismus. Sie korrespondiert mit dem schleichenden Ende der neoliberalen Epoche in Wirtschaft und Politik. Spätestens seit der Finanzkrise 2008, aber mehr noch in der Corona-Pandemie zeigte sich, dass der Markt doch nicht alles regelt. Staatsinterventionismus ist wieder »en vogue«, um zu retten, zu steuern und den Kapitalismus aufrecht- und zusammenzuhalten. Im kommerzialisierten Fußball offenbart sich das in seiner ganzen skurrilen und paradoxen Form. Während die korrupten Verbände nach außen divers, antirassistisch und sozial daherkommen, spielt es bei der Finanzierung keine Rolle, aus welcher Hand der Geldstrom fließt. Diktaturen sind herzlich willkommen. Am besten gleich mit einem Staatsfonds.

Schon heute ist absehbar, dass die Super League kommen wird. Auch wenn die genaue Struktur noch unklar ist. Vereine wie Real Madrid, FC Barcelona oder Juventus Turin sind dringend auf diese Liga angewiesen. Ihre exorbitanten Schuldenberge in Milliarden Euro (Barcelona, Madrid, Juve) lassen gar keine anderen Möglichkeiten mehr zu. Da helfen auf die Dauer weder mehr Gruppenspiele in der CL noch höhere Werbeeinnahmen. Mithalten können da nur noch Vereine, die ökonomische KPI (Key Performance Indikatoren) erfüllen – Massenbasis und Einschaltquoten im

Fernsehen sowie Streaming international. Diese können jedoch nur noch von Fonds, Konsortien und Staaten geleistet werden. Sie sind so etwas wie die EZB, die der Fußballindustrie immer wieder neue Liquidität garantiert. Der renommierte FAZ-Redakteur Michael Horeni räsonierte im Rahmen eines Kommentars zu der Gerechtigkeitsfrage im Interesse der Fußballfans: Wenn doch so viele asiatische Anhänger die europäischen Spitzenvereine live im Fernsehen verfolgen wollen, sei es nur logisch und »gerecht«, wenn Sendezeiten, Spiele und Ligen angepasst würden. Was sind schon 70 000 Zuschauer:innen in Manchester gegen sieben Millionen Zuschauer an den Bildschirmen und Streaming-Portalen. Die »Globalisierung« des Fußball-Kommerzes erscheint so wie etwas Natürliches. Alles geschieht zwangsläufig und gerecht, quasi im Namen einer höheren Macht, einer unsichtbaren Hand. Hinter der freilich Interessen und Menschen stehen. Die Fragen müssten sich daher bei einem wirklichen Interesse am Massensport Fußball ganz anders stellen. Wie kann man den Fußball entwickeln und gestalten, sodass »alle« Länder in den Genuss attraktiver Vereine, Wettbewerbe und Spieler kommen? Wie können sich lokale Geschichten, Traditionen und Strukturen entwickeln, damit talentierte junge Spieler nicht um die Welt segeln müssen, um bei einem europäischen Zweit- oder Drittligisten ihre ersten Sporen und oft genug die Einnahmen für eine ganze Familie verdienen zu müssen? Gegen die oben beschriebenen Tendenzen sieht die real existierende Bundesliga heute noch wie ein idyllisches Biotop aus.

Die Bundesliga im Rückstand

In der Bundesliga gilt aktuell noch die sogenannte 50+1 Regel. Sie soll wie ein Schutzschirm für die Vereine und ihre Mitglieder gegen die totale Kommerzialisierung und Übermacht der Investoren wirken. Die Praxis ist eine andere. Längst sind die meisten Profi-Abteilungen in Kapitalgesellschaften oder GmbHs überführt. Nur vier der 18 Bundesliga-Vereine (Saison 2020/21) sind noch eingetragene[9] Vereine mit Mitgliederversammlung, Stimmrecht und demokratischen Prozeduren. Borussia Dortmund ist sogar seit 20 Jahren als Aktiengesellschaft notiert. Den Anhängern ist längst klar, dass unabhängig von der Rechtsform in der Regel Gazprom[10] auf Schalke, Adidas, Allianz und Katar bei den Bayern oder selbst bei den »linken Eisernen« von Union Berlin der Immobilienkonzern Aroundtown nicht nur investieren. Sie nehmen Einfluss, mal mehr, mal weniger. Umso mehr gilt es, die qualitativen Unterschiede und Sprünge kenntlich zu machen. Während es Sponsoren zumeist um Kommunikation und Imagewerbung geht, stehen bei den Oligarchen, Mäzenen und Investoren andere Interessen im Raum. Die sind bei den Investoren relativ klar zu greifen: Ihnen geht es, wie den Glazer-Brüdern, um Rendite. Den arabischen Scheichs geht es um »smarte« Vermittlung ihrer Emirate und die Steigerung ihres Ansehens. Der klassische Mäzen und Oligarch hat nicht selten narzisstische Ambitionen. Dieses Gemisch wirkt wie Gift, verzerrt nicht nur den Wettbewerb, sondern entzaubert mit Petro-Dollars, Rubel und Euros auch die letzten 11-Freunde-Ideale. Der »moderne Fußball«, den die Ultras so vehement bekämpfen, ist von unterschiedlichen Kapitalinteressen geprägt. Mit den ersten Zuschauer:innen, die Eintritt bezahlt haben, und den ersten Spielern, die heimlich etwas Handgeld genommen haben, ging es beim Fußball immer auch ums Geld. Die Strukturen des Finanz- und des Staatskapitalismus haben allerdings eine ganz neue Qualität. Die Akteure agieren auf einer globalen Ebene mit einer schier endlosen Konkurrenz. Das finanzielle Wettrüsten zwischen Staaten, Konzernen und Milliardären verdammt alle Vereine dazu, entweder mitzumachen oder unterzugehen, im besten Fall Mittelmaß zu werden. Während in der Wirtschaft längst die Finanzmärkte das Ruder übernommen haben und die Realwirtschaft dominieren, sind die Kämpfe im Fußball-Business noch nicht zu Ende. Die Proteste gegen die totale Kommerzialisierung wirken dabei wie die Maschinenstürmerei gegen die modernen Manufakturen und Fabriken im Frühkapitalismus. Aber die »neue Welt des Fußballs« schreitet unaufhaltsam voran. Da passt es dann gar nicht, wenn sich Widerstand bei den Vereinen regt, wie zuletzt bei der Jahreshauptversammlung der übermächtigen Bayern, die sich ja gerne als große und erfolgreiche Fußballfamilie inszenieren. Normalerweise klappt das auch. Bei den Jahreshauptversammlungen, zu denen bis zu 6000 Mitglieder kommen, um Pokale und Spieler zu bejubeln, und begeistert klatschen, wenn ihre Idole Hoeneß und Beckenbauer die kritisierenden Fans der Südkurve abwatschen: »Ohne Business-Plätze könntet ihr doch die Stehplatzkarte gar nicht zahlen«, so Hoeneß in einer Wutrede vor einigen Jahren. Doch 2022 war es anders. Nicht nur, dass wegen Corona nur ca. 700 Mitglieder gekommen waren. Sie kritisierten nicht nur die Sponsorenverträge mit Katar, die Rummenigge als »gutes Geld«[11] rechtfertigt. Sondern wagten sogar, Satzungsanträge zu stellen, die das Bekenntnis zu Menschenrechten einfordern. Dem Vorstand der Bayern wurde dabei ein »absoluter Kontrollverlust« bescheinigt. Viel schlimmer jedoch war das Abstimmungsverhalten.

»Der Club bekennt sich als Mehrheitsaktionär der FC Bayern München AG für die Umsetzung der Leitprinzipien für Wirtschaft und Menschenrechte der vereinten Nationen«, hieß es in einem Antrag. Als der Versammlungsleiter fragte, wer *dagegen* sei, dass der Klub sich in der Satzung zum Respekt gegenüber allen international anerkannten Menschenrechten bekenne und sich für die Achtung dieser Rechte einsetze, hoben unter anderem auch sechs Männer ihre Stimmkarte: der Präsident Hainer, der Vizepräsident Mayer, der Vorstandsvorsitzende Kahn, der Finanzvorstand Dreesen, der Sportvorstand Salihamidzic und Ehrenpräsident Hoeneß. Was ein Bild! Was eine Botschaft![12] Menschenrechte und Demokratie enden nicht nur an Werkstoren internationaler Konzerne in Schwellenländern. Sondern inzwischen auch bei einem Verein in der »Weltstadt mit Herz«.

Wer im deutschen Fußball die Abneigung gegen Hoffenheim und mehr noch gegen Red Bull Leipzig[13] verstehen möchte, sollte die Zusammenhänge kennen und mitbedenken. Jahrzehnte galt die Ablehnung und Verachtung der Fans (insbesondere von Traditionsvereinen) in Deutschland den sogenannten Werksklubs wie Bayer Leverkusen und zunächst Uerdingen oder später dem vom VW-Konzern finanzierten VfL Wolfsburg.

Nicht ohne Grund haben Leverkusen oder Wolfsburg trotz des Gewinns des UEFA Cups 1988 oder der Meisterschaft 2009 nur Arenen mit einem Fassungsvermögen von ca. 30 000 Zuschauer:innen. Bei Auswärtsspielen bringen sie wenig auf die Beine. Und bis auf medial inszenierte Derbys wie gegen Köln oder den HSV oder das Spitzenspiel gegen die Bayern sind auch die Heimspiele selten ausverkauft. Immerhin können sie eine, wenn auch fragliche Tradition vorweisen. »Betriebssport- und Unternehmensvereine« gab es nämlich schon immer. Arsenal London als Club der Kanonenbauer ist einer der bekanntesten. Aber wirklich verankern konnten sie sich nur, indem sich eine eigene Fankultur und Geschichte entwickelte. Bayer Leverkusen und VfL Wolfsburg aber sind eher Produkte am grünen Schreibtisch, Werbeträger ihrer Unternehmen, der Fußball ist Schmieröl oder Aufputschpille. Umso mehr bemühen sie sich, nicht unangenehm aufzufallen, was ihnen oft gelingt. Man mag sie nicht. Aber im Unterschied zu Hoffenheim oder Red Bull Leipzig schlägt ihnen nicht die ganze Wucht kollektiven Zorns entgegen. Denn diese sind, um es im neoliberalen Jargon auszudrücken, Gamechanger.

Der eine, Hoffenheim, weil ein Milliardär aus einem Dorfclub einen Retortenverein schuf, der bisweilen international mitmischt, aber nie Begeisterung und Emotionen auslöst, der andere der aus der Retorte gezeugte Verein RB Leipzig.

Die Bullen kommen:

Red Bull Leipzig hat noch eine zusätzliche und »gefährlichere« Qualität. Die Kritik, keine Tradition zu haben, trifft das Ziel nicht wirklich. Besonders in Leipzig kann man dagegenhalten, dass die Traditionsvereine BSG Chemie und Lokomotive so ziemlich jede Chance vergeben haben. »Red Bull trifft auf eine am Boden zerstörte Fußballstadt«, sagt Matthias Gärtner vom »Bündnis Aktiver Fußballfans«. »Derzeit könnte der Teufel persönlich kommen. Wenn er ein paar Millionen dabei hat, würde er mit offenen Armen empfangen.«[14] Diese Ausführungen treffen den wesentlichen Punkt. War Hoffenheim noch die »Laune« von Dietmar Hopp, so folgt die Gründung von »Rasenball Leipzig« nach der Übernahme eines Fünftligisten einem klaren Plan. Der Mutterkonzern mit seinem zu Rechtspopulismus neigenden Vorsitzenden Mateschitz macht nicht nur keine halben Sachen, sondern zog vollständig durch. Fußball wird als internationaler Klon des Konzerns gedacht, gebaut, geführt. Die Filialen in Salzburg (dort nennt man sich auch gleich Red Bull, da es zulässig ist) und New York sind organisierte Profitcenter. RB Leipzig ist nicht irgendein Investorenprojekt, eine Liebelei eines Oligarchen, sondern Teil der Marketingstrategie der Konzernphilosophie. Skaleneffekte durch Leihgeschäfte, mediale Präsenz auf allen Kanälen, Wachstum um jeden Preis, nicht zufällig investiert Red Bull auch stark in andere Sportarten. Das Amazon-Gen lässt grüßen. Je größer, universaler, variabler und schneller, desto besser. Spieler werden zu Waren, die allen Abteilungen des Weltkonzerns zur Verfügung stehen. Wie bei einem Onlineshop werden die Niederlassungen auf Abruf bedient. Red Bull ist kein Fußballclub, sondern ein transnationaler Fußball- und Fußballspieler-Verwerter. Im Sortiment findet man alles: die talentierten jungen Wilden, den defensiven Abräumer, den gefährlichen Stürmer. Leipzig bestellt in Salzburg, Salzburg in der zweiten Liga Österreichs beim FC Liefering (der Name ist Programm!) oder in New York, New York in Südamerika, in den einzelnen Regionen werden die Talente frühzeitig gescoutet. Hier geht es nicht mehr wie bei Messi und dem FC Barcelona darum, einen talentierten Jungen zum Weltstar und Vereinsidol zu »fördern«. Oder für großes Geld eine »galaktische Mannschaft« mit einem Zidane, Figo und Beckham als internationale Show bei Real Madrid auf den Rasen, die Bühne der Welt, zu bringen. Red Bull hat ein anderes Geschäftsmodell. Hier geht es, wie in der modernen Klickindustrie des Internets, nicht um Individuen. Es zählen Zahlen, kurze Wege, flache Hierarchien. Die neue New-Work-Philosophie ist im Fußball angekommen. Die neoliberale Globalisierung, die die großen traditionellen Vereinsmannschaften für ihre Zwecke nutzen, ist bei Red Bull elementarer Bestandteil der Firmen-DNA. Der »flexible Mensch« (Sennett), der nomadisch zwischen den Kontinenten seine Arbeitskraft andient, ist der ideale Spieler des Konzerns. Die idyllische Vorstellung einer gewachsenen Identität, der Tradition des Vereins, des Spielers, der gemeinsamen Erfolge und Niederlagen, wird obsolet. RB ist die Osmose zwischen Spielkonsole und dem real existierenden Platz im Stadion. Der mögliche Einwand, dass auch andere große Vereine inzwischen ähnliche Konzepte verfolgen und handeln, widerlegt nicht das System. Im Gegenteil: Es wird durch Nachahmung bestätigt. Nicht ohne Grund spricht man inzwischen von der »Leipziger Schule«. Früher, in DDR-Zeiten, bezeichnete dieser Begriff die modernen und zum Teil subtil systemkritischen Maler und Bildhauer der Stadt. Heute sind damit die Nachwuchsleistungszentren der Bullen gemeint. Ursprünglich hatte Red Bull in Hamburg St. Pauli und in Düsseldorf der Fortuna ihr Modell angeboten. Wo die Musik spielt, ist egal. Wichtig ist, dass sie auf die Bühne kommt. Red Bull ist kein Verein. Das e.V. ist eine erforderliche Hülle.[15]

In der Online-Zeitung »Faszination Fankurve« bringt es ein Autor und Anhänger von Chemie Leipzig auf den Punkt. »Der Zweck des Konstrukts Rasenballsport Leipzig besteht – und daraus machen die Oberbullen auch gar keinen Hehl – ausschließlich darin, das Mateschitz-Imperium zu vergrößern und den Absatz seines Produktes ›Red Bull‹ zu steigern. Diesem Ziel hat sich alles andere unterzuordnen – erst recht Anstand und Moral.«[16]

Der verbreitete »Hass« gegen die Bullen hat jedoch tiefere Ursachen. Das Modell RB ist disruptiv. Fußball wird hier nicht nur zum Leihgeschäft oder im Marketing optimiert. Es verändert den Fußball und den Vereinssport in der Substanz. Das erzeugt eine zutiefst emotionale Erschütterung. Mit Marx ließe sich sagen: »Die Bourgeoisie, wo sie zur Herrschaft gekommen, hat alle feudalen, patriarchalischen, idyllischen Verhältnisse zerstört. Sie hat die buntscheckigen Feudalbande, die den Menschen an seinen natürlichen Vorgesetzten knüpften, unbarmherzig zerrissen und kein anderes Band zwischen Mensch und Mensch übrig gelassen als das nackte Interesse, als die gefühllose ›bare Zahlung‹.«[17] Die Bourgeoisie ist bekanntlich schon 250 Jahre an der Macht. Aber im Fußball haben die »buntscheckigen Feudalbande« auf ihre eigene Art und Weise bisher noch gehalten. Red Bull zerreißt den Schleier, zieht den Vorhang hoch. Das verzeihen die Fans nicht – es sind ihre verlorenen Illusionen, die da auf dem Altar der Verwertung liegen. Red Bull zerstört alle Romantik, die dem Fußball noch immer innewohnt. Der Wertekonservatismus der Fans wird vom Fußballkonzern Red Bull jeden Spieltag bis ins Mark in Frage gestellt. Sicher wird der Fußball dadurch nicht untergehen. Doch es zeigt den Vorschein auf das, was kommt – von der Super League bis zur im Turnus alle zwei Jahre stattfindenden Dauerwerbesendung einer Fußball-Weltmeisterschaft.

Natürlich hat auch Red Bull Anhänger und Spieler, die sich längerfristig an den Verein binden und tadellose Sportler sind, wie Forsberg, Orban oder Gulácsi. Dennoch wird hier eine andere Tradition entstehen, die dem digitalen Kapitalismus entspricht. Sie verzichtet auf die Reste von Demokratie, hebelt die noch bestehende 50+1-Regel aus und ist ortsunabhängig. Das unterscheidet sie grundlegend von anderen Vereinen. Bayern mag man nicht, weil sie bevorteilt werden, Großkopferte sind oder aus München kommen. Aber man respektiert ihre Geschichte und Leistung. Sie haben eine gewachsene Identität. Die hat »Münchens wahre Liebe«, der TSV 1860, kurz: die Löwen, auch. Auch dieser Traditionsverein mit seinen leidgeprüften Anhängern konnte der Investoren-Versuchung nicht widerstehen. Wie andere Traditionsvereine, die auf den Oligarchen oder den Fonds hoffen, um wieder nach oben zu kommen. Dabei zeigen die Löwen, Bayer Uerdingen oder auch Kaiserslautern, dass Geld von Scheichs und Oligarchen alleine nicht genügt. 2011 stieg Hasan Ismaik bei den klammen Löwen ein. Selbst die Bayern fanden das gut, ging es doch auch um den blauen Mieter in der Allianz Arena. Nach über 10 Jahren war die Bilanz des Investments desaströs. Hasan Ismaik kaufte für klägliche 18 Millionen Euro stimmberechtigte 49 Prozent (mehr ging wegen der 50+1-Regel nicht) der KGaA Anteile. 2016/17 stiegen die 60er sogar aus der zweiten Liga ab und landeten wegen des Lizenzentzugs in der vierten Liga.

»Die Ironie der Geschichte: Durch den Totalabsturz der Löwen und die folgende Machtübernahme der Grünwalder-Stadion-

Aktivisten erfüllt sich ausgerechnet unter Ismaik der Traum der Traditionalisten von der Rückkehr auf Giesings Höhen. Buchbach statt Barcelona heißt die neue Realität, nach einer Saison im Amateurlager sind die Löwen zumindest wieder drittklassig.«[18] So kann's gehen.

Foul oder Schwalbe?

Marco Fritz ist sicher ein sympathischer Mensch und in der Regel auch ein guter Schiedsrichter. Doch ausgerechnet bei den Spielen des FC Bayern scheint er eine Sehschwäche zu haben. Gleich zweimal »übersah« er in wichtigen Spielen Bayern-Hände und -Füße im eigenen Strafraum gegen die Stürmer der gegnerischen Mannschaften.

2019 spielte der FC Schalke unter Flutlicht gegen die Bayern. Eigentlich eine gute Voraussetzung, um ein klares Handspiel zu erkennen. Nach dem Spiel waren sich fast alle Experten, selbst in der Sendung Doppelpass[19], einig, dass der Münchner Verteidiger Pavard klar Hand gespielt hatte. Doch weder griff der VAR ein noch fragte Fritz nach. Zwei Jahre später in Mönchengladbach. Zum Auftakt der Bundesliga spielt am 25.8.2021 der VfL gegen die übermächtigen Bayern. Es sind noch zwei Minuten zu spielen. Gleich zweimal wird der französische Stürmer Thuram von den Bayern von den Beinen geholt. Wieder greift der VAR nicht ein. Wieder schaut sich Marco Fritz die Szenen nicht an. Man spricht (wieder einmal) vom Bayern-Bonus.

Mehr Beispiele gefällig? Halbfinale DFB-Pokal 2019: Werder gegen Bayern. Schiedsrichter Sievers, einer der talentiertesten jungen Schiedsrichter der Liga, entscheidet auf Strafstoß für die Bayern, der das entscheidende Tor in der Verlängerung bringt. Der VAR greift nicht ein. Obwohl wirklich jeder sehen kann, in

Hunderten von Zeitlupen, dass Coman (Bayern) eher die gelbe Karte für eine Schwalbe verdient und nie einen Strafstoß. Die Empörung auch neutraler Fußballanhänger und selbst Bayern-freundlicher Medien führt nach zwei Tagen dazu, dass der DFB ausnahmsweise einen Fehler eingesteht. Letzter Akt: Dortmund, Samstag, 5.12.2021. Der sogenannte »Classico« des deutschen Fußballs, BVB gegen Bayern, wird ausgetragen. Zweite Halbzeit, es steht 2:2. Dortmund ist im Angriff, Reus wird im Strafraum gerempelt, der Elfmeterpfiff bleibt aus. Kein VAR greift ein, Schiedsrichter Zwayer schaut sich die Situation nicht einmal an. 10 Minuten später gibt es Eckball für die Bayern. Müller und Hummels rangeln, der Ball gerät an den Arm von Hummels. Der VAR greift ein. Schiedsrichter Zwayer schaut diesmal nach und entscheidet auf Elfmeter. Wilde Proteste der Dortmunder Spieler und Trainer. Der 18-jährige Jude Bellingham (BVB) ist kurz nach Spielschluss außer sich. Der DFB leitet Ermittlungen ein. Nicht gegen den VAR, aber gegen Bellingham. Dortmund verliert das Spitzenspiel 2:3.

Der Streit, ob es einen Bayern-Bonus wirklich gibt, ist uralt. Vermutlich wird es ihn auch bis zum Ende der Bundesliga geben, wenn die Bayern nicht bis dahin in der Super League spielen. Aber es gibt handfeste wissenschaftliche Untersuchungen. Wie die von Eberhard Feess von der Frankfurt School of Finance & Management. Er hat 4000 Bayern-Spiele aus 15 Jahren analysiert und eine eindeutige Bevorzugung der Bayern festgestellt.[20] Natürlich werden die Großen, in Deutschland mit Vorliebe die Stars des FC Bayern, bevorzugt (das ist in der Champions League dann schon auch mal anders, wenn es gegen Real Madrid geht). Nicht nur bei Abseits und Elfmeter, was immer der VAR uns weismachen möchte. Wie oft erlebt der Fan im Stadion, dass die gelbe Karte bei den Bayern-Spielern stecken bleibt. Der Spieler Luiz Gustavo, der von den Bayern nach Wolfsburg wechselte, war überrascht, dass er dort innerhalb einer Saison mehrmals mit Rot in die Kabine geschickt wurde. Das kannte er von den Bayern-Spielen nicht. Ein Mark van Bommel, im wirklichen Leben ein gewiss umgänglicher Mensch, wurde in seiner Zeit bei den Bayern erst nach der vierten Blutgrätsche freundlich darauf hingewiesen, dass jetzt Gelb oder Rot droht. Oder wer erinnert sich nicht an die epochale Entscheidung des angeblichen Weltschiedsrichters Markus Merk beim Meisterschaftsfinale 2001 zwischen Bayern und Schalke. Schalke schlug Unterhaching 5:3 und wähnte sich im Glück, nachdem der HSV in der 90. Minute das 1:0 erzielt hatte. Es wurde in Hamburg noch länger gespielt. Dann der Pfiff in der 94. Minute wegen angeblichen Rückpasses. Kein VAR der Welt hätte sich eingemischt. Denn eine »krasse Fehlentscheidung« wäre es nach Regelwerk nicht gewesen. Aber halt eine, die man ohne große Diskussionen auch anders hätte treffen können. Die den Ausgleich von Anderson, der den Freistoß verwandelte, verhindert und Schalke den Titel gebracht hätte. Man braucht keine Verschwörungstheorie, um die einfache Tatsache festzustellen, dass Bayern mit oder ohne VAR nach dem Schlusspfiff meist auf der sonnigen Seite des Platzes steht.

Natürlich gibt es keine offiziellen Anweisungen des DFB, für sie zu pfeifen. Die braucht es auch nicht. Die subtilen Botschaften, »lasst euch nicht vom aufgepeitschten Publikum beeinflussen, schützt die filigranen Techniker, denkt an unsere Nationalspieler«, dürften reichen, Schiedsrichtern eine Linie vorzugeben. Und welcher Schiri möchte schon nach einer möglichen Fehlentscheidung gegen Bayern am Wochenende danach in Havelse pfeifen. Oder von Uli Hoeneß vor Millionenpublikum wahlweise als »Pfeifenmann«, »unfähiger Spielleiter« oder Mensch »mit Tomaten auf den Augen« beschimpft werden.

Aber nicht nur bei den Bayern funktioniert der VAR nicht. Auch kleine Vereine wie die Würzburger Kickers verfluchen ihn nach ihrer Abstiegssaison 2020/21 in der zweiten Liga. Woche für Woche beschweren sich Vereine und Fans. Mal sind es strittige Szenen, mal krasse Fehlentscheidungen, bei denen der VAR nicht eingreift.

»Der Video Assistant Referee, kurz VAR, ist eines der besten Beispiele dafür, wie der marktkonforme Fußball funktioniert. Seit seiner Einführung in Fankreisen umstritten, hat er sich aus Sicht der Funktionäre bewährt: FIFA-Präsident Gianni Infantino frohlockte 2018, dass der Anteil richtiger Referee-Entscheidungen mit dem VAR von 93 auf 98 Prozent gesteigert werden konnte.Nur: Rechtfertigt so eine minimale Steigerung auf hohem Niveau, dass so viele Emotionen aus dem Spiel gesaugt werden? […] Dass der Fußball, das schöne Spiel, so technisch, so kontrolliert, so langweilig wird wie der Zeitgeist?«[21]

Der Hinweis auf den marktkonformen Fußball ist zielführender. Er will sich keine Zufälligkeiten und Fehler mehr leisten. Dabei weiß jeder Fußballfreund, dass schon die Kameraeinstellung, die eine Szene zeigt, täuschen kann. Der Kamerawinkel wird zur Partei, ob er will oder nicht. Wie oft kommen selbst Anhänger eines Vereins bei einer anderen Einstellung zum Ergebnis, dass es vielleicht doch kein Elfmeter oder Abseits war.

Mit dem VAR wollte man den zahlenden Zuschauer:innen im Stadion und vor dem Bildschirm versichern, es gehe fair zu. Aber schon an den vielfältigen Änderungen des VAR und den sprachlichen Verrenkungen der Moderatorenist erkennbar, es sind halt doch Menschen auf dem Spielfeld wie auch im Kölner Keller. Bis heute bleibt die kalibrierte Linie des VAR bei Abseits eine technische Black Box. Bisher hat niemand schlüssig erklärt, wann sie denn gezogen wird und vor allem von wem. Wenn der Ball den Fuß verlässt, oder noch an der Spitze ist? Wer drückt den Knopf, wie ist der Regler eingestellt? Ist er standardisiert und wenn ja, von wem? Aber entschieden wird trotzdem. »Und ihr macht unsren Sport kaputt«, skandieren die Fans in den Stadien, wenn wieder einmal fünf Minuten vergehen, bis der VAR und der Schiedsrichter zu einer »richtigen« Entscheidung kommen. Sie empören sich über die emotionale Enteignung. Kein Jubel ist mehr sicher, auch zwei Minuten später kann noch der Eingriff erfolgen. Die Umarmung des Freundes, der Tochter oder des Sohnes ist halbherzig. Denn zugleich schaut wenigstens ein Auge auf das Ohr des Schiedsrichters – kommt da eine Meldung aus dem Keller? Der Emotionskessel Stadion wird zum Warteraum. Das, was den Stadionbesuch mal zu einem Erlebnis und Ritual machte, wird in eine Technik sublimiert. Spontanität, der wichtigste Moment der Anhänger im Stadion, wird verbannt in die Endlosschleife technologischer Herrschaft. Sie verändert die Sehgewohnheiten. Im Fußball wie in der Wirtschaft handfeste Interessen, Klassenverhältnisse und handelnde Akteure dahinter. Der Gerechtigkeitszauber der vermeintlich objektiven Technologie ist ein Mythos. Nun könnte man fragen, was hat das alles mit Rechts oder Links zu tun. Offensichtlich handelt es sich doch nur um ein technisches Problem, das anscheinend nicht lösbar ist. Eine solche Sicht verkennt die dahinterliegende Struktur digitaler kapitalistischer Vergesellschaftungsprozesse. Zum einen wird unterstellt, Technik sei zweckfrei. Was sie nicht ist. Im Gegenteil; beim VAR wird das Mittel selbst zum Zweck, ist also nicht neutral. Zugleich ist der VAR – überspitzt formuliert – natürlich ein Manipulationsinstrument.

Der VAR soll vorgeblich etwas leisten, was er nicht kann: Objektivität. Stattdessen verdoppelt er die Willkür. Das bedeutet nicht, dass Technik an sich nicht zum Fußball gehört oder nichts verbessern kann. Der klare Beweis, dass es geht, liefert der Chip im Ball. Der ohne menschliches Dazutun zeigt, ob der Ball von der Unterkante der Latte vor, auf oder hinter der Linie aufkommt. Das »Wembley Tor« wäre mit Chip wohl nie gefallen. Aber natürlich hätte es auch die wunderbaren Geschichten, Verschwörungstheorien – der Linienrichter war ein Russe! – und Erinnerungen, die über Generationen weitergegeben werden, nie gegeben.

Big Data – drückend überlegen

Die gesellschaftlichen Verhältnisse prägen die Struktur des Fußballs auf und neben dem Platz. Es ist daher auch wenig verwunderlich, dass die Disruptionen und technologischen Reformen unserer Zeit sich auf dem grünen Rasen genauso zeigen wie in der Alltagswelt. So erleben wir gerade im Fußball die spannenden Zeiten des digitalen Kapitalismus, der den modernen Fußball mehr und mehr offen prägt.

Dabei waren es am Anfang die Hacker, Regelbrecher, Nerds und Außenseiter, die mit Hilfe von Daten und Analysen gegen die Großen gewinnen wollten. Doch längst hat sich das Spiel gedreht, die sogenannten »big player« im Business haben alle hoch aufgerüstete Abteilungen, in denen Mathematiker, Astrophysiker oder BWLer fleißig Marktwerte checken, Leistungsprofile anlegen oder Videos per künstlicher Intelligenz auswerten lassen.

Die großen Vereine und Investoren haben dabei einen außerordentlich starken Gegner ausgemacht – den Zufall. Ein wesentliches Element der Faszination Fußball basiert auf dem Zufall, ohne ihn wäre Fußball keine Religion geworden, gäbe es keine Fußballgötter auf dem Platz oder im übernatürlichen Raum. Nur die Götter machen den Zufall greifbar und erklären ihn – wie in jeder Religion. Der technische Fortschritt indes profanisiert das Spiel immer weiter und nimmt ihm so seine »Seele«.

Bevor die digitale Revolution im Fußball Einzug halten konnte, kam ein durchaus revolutionäres technisches Gerät auf den Markt, der Videorekorder. Die Taktikfüchse im Fußball haben dessen Möglichkeiten sofort erkannt. Die eigene Spieltaktik wurde mit dem Videorekorder auf ein neues Level gehoben, man konnte jetzt den Gegner genau studieren. Im Fußball avancierte das Gerät zum Gamechanger. Das war Anfang der 80er-Jahre. Trainer konnten nun die Spiele und einzelne Szenen in Ruhe sezieren, den Gegner tiefgehend studieren und angepasste Taktiken ausbaldowern. Zum ersten Mal war es möglich, Spielszenen einfach aufzunehmen, zu archivieren, zu tauschen, zu schneiden – zu analysieren. Der Videorekorder hat die Taktikanalyse innerhalb weniger Jahre revolutioniert.

1988 folgte ein weiterer technischer Meilenstein. Sat 1 baute in seinem Fußballkanal, mithilfe des Videobildes bei RAN, die erste Datenbank in der Bundesliga. Woche für Woche präsentierten die Moderator:innen neue spannende Statistiken. Gleichzeitig begannen Trainer wie Louis van Gaal die ersten großen Projekte mit Videoanalysen. Anfang der 2000er waren sie im Trainergeschäft schon allgegenwärtig und die Videotechnik wurde immer feiner. Bei Borussia Dortmund waren es aber tatsächlich nicht die Fußballer, sondern zunächst die erfolgreichen Handballerinnen, die Videoanalysen einsetzten. Die Fußball-Verantwortlichen ließen sich aber schnell überzeugen, und ohne Videoanalysen ging in der Bundesliga sehr schnell nichts mehr. Später gründeten Videospezialisten die Firma Sports Analytics, die nach und nach alle Spielfelder der Bundesliga lückenlos mit Kameras abdeckten.

Das Datensammeln und Auswerten war im Profisport nichts Neues, aber die Möglichkeiten der Videoanalyse pulverisierten die bisherigen Möglichkeiten der analogen Datenerhebungen mit Strichlisten und Klickzählern. Heute ist es keine Seltenheit, dass in einem Spiel in Echtzeit bis zu 3 000 statistische Werte erhoben werden. Analysten finden riesige Datenbanken mit Spielern rund um den Globus vor. Zunehmend wird dafür Künstliche Intelligenz eingesetzt, um vollautomatisch Pässe, Ballkontakte, Sprints und mehr zu ermitteln.

Die »klassischen« Spieldaten verlieren dabei rasch an Bedeutung. Inzwischen sind zum Beispiel die »XGoals« viel spannender. Bei XGoals (»expected goals« bzw. erwartbare Tore) werden nicht die quantitativen Torchancen gewertet, sondern mit komplexen Formeln deren Qualität berücksichtigt. Art und Position des Abschlusses werden genau ausgewertet. Datenanalytiker sehen in ihren Excel-Tabellen, mit welcher Wahrscheinlichkeit die Chancen hätten ins Tor gehen müssen, und nicht nur, ob getroffen wurde. Denn Sieg oder Niederlage sagen im Fußball nicht alles über die Leistung aus, da der Zufall noch die größere Rolle spielt. Wenn ein Team drei hundertprozentige Chancen vergibt und am Ende 0:1 verliert, kann es trotzdem sein Spiel der Saison gemacht haben. Ein verzweifelter Torabschluss aus 40 Metern ist eben nicht zu vergleichen mit dem Vergeben einer Großchance. Mit Hilfe der XGoals lassen sich auch die Leistungen der Spieler:innen präziser messen. Lionel Messi schoss in der Saison 16/17 nicht nur 37 Tore, sondern auch 10,06 mehr als der Durchschnittsangreifer auf seiner Position mit der Abschlussart von Messi. Dieser außergewöhnliche Wert gibt sehr viel besser die Leistung des Spielers wieder als Sprintgeschwindigkeit, Tore oder gelaufene Kilometer. Die Vereine wissen mit den neuen Daten sehr genau, wie gut sie eigentlich in der Saison dastehen und wie gut ihre Spieler:innen sind, unabhängig vom Tabellenplatz. Außerdem können sie den Einfluss des Fußballgotts bzw. des Zufalls zunehmend aus dem Ergebnis herausrechnen.

Was so spielerisch daherkommt, hat allerdings auch gesellschaftlich erhebliche Wirkungen – über den Fußball hinaus. Der Philosoph Byung-Chul Han nennt das Psychopolitik, die dem neoliberalen Kapitalismus innewohnt. »Big Data kündigt das

Ende der Person und des freien Willens an.«[22] Die neoliberale Datengesellschaft will nichts dem Zufall überlassen. Selbst die Psychologie und Pädagogik werden diesem Interesse untergeordnet. Durch Selbstoptimierung wird das Individuum zum inneren Ausbeuter seiner selbst. Bei den Trainern der alten Generation, den Schleifern, den harten Hunden wie Felix Magath, die schon mal Gewaltläufe mit anschließendem Erbrechen veranstaltet haben, war die Ausbeutung für den Erfolg allen klar. Die innere Ausbeutung, wenn die eigenen Daten nachlassen, kann noch viel größer sein und läuft viel subtiler.

Wie im 18. Jahrhundert die neu aufkommende Statistik feiert die »Big Data Euphorie« sich selbst und ihre Macht. Das bedeutet jedoch nicht, dass sie alle Siege davonträgt. »Gegen die statistische Vernunft regte sich dann bald Widerstand, vor allem vonseiten der Romantik. Dem statistisch Wahrscheinlichen wird das Singuläre, das Unwahrscheinliche, das Plötzliche entgegengehalten.«[23] Kein Zufall, dass der Widerstand gegen den »modernen Fußball« oft romantischer Natur ist.

Der Fußball war seit Anbeginn seiner Zeit eine Beschwörungskunst und in kaum einem anderen Bereich haben sich Aberglaube, individuelle und kollektive religiöse Rituale, Gesänge, Anbetungen, Reliquien so sehr gehalten[24]. Die Beherrschung des Zufalls mit Hilfe von anbetungswürdigen Halbgöttern (»D10S«[25]) oder skurrilen magischen Praktiken wurde der Entzauberung preisgegeben. Der Fokus auf die Daten und Analysen beherrscht heute den Profifußball. Glaube und Aberglaube überlässt man den Fans und vielleicht noch den Spieler:innen.

Dabei standen die großen Vereine zu Beginn nicht an der Spitze der »atheistischen« Datenrevolution. Es waren Hacker, Nerds und Datenliebhaber. Sie haben die Underdogs im Kampf gegen die Unbezwingbaren ausgerüstet. So steht hinter einigen märchenhaften Geschichten eine knallharte Datenanalyse. Viele linksromantische Fußballmärchen hätten ohne Scouting, Tracking und Detailanalysen wohl nie stattgefunden. Aber die Revolution hat ihre Kinder gefressen. Ähnlich wie den Technik-Nerds im Silicon Valley ergeht es auch den Fußball-Nerds. Aus ursprünglich visionären Hippies wurden knallharte Geschäftsmänner.

Ähnlich wie Bill Gates oder Steve Wozniak im Silicon Valley hackten Chris Anderson oder Tony Pulis das Fußballspiel in Dänemark und England. In Deutschland brachen Trainer wie Volker Finke, Jürgen Klopp oder Thomas Tuchel mit den Regeln und hatten so kurzfristig die Nase vorne. Ging es zunächst um außergewöhnliche Taktiken, kreative Lösungen und den effizienten Einsatz eines eher überschaubaren Budgets, kam kurz darauf die Digitalisierung hinzu.

Matthew Benham ist sicherlich die schillerndste Figur im Datenfußball. 1989 machte er sein Physik-Diplom in Oxford. Danach zog es ihn in die Bankenbranche, wo er nach 12 Jahren zum Vizepräsidenten der Bank of America aufstieg. Benham wurde reich, in dem er ein Aktienanalysemodell entwarf, mit dem er Millionen machte. Dann zog es ihn zurück zum Fußball. Um die Jahrtausendwende gründete er die Firma »Smartodds«, um mit glasklar berechneten Profiwetten wieder einen Haufen Geld zu verdienen. Benham konnte den Zufall so weit rausrechnen, dass er die Wettanbieter schlagen konnte. Mit dem Geld kaufte er sich 2012 seinen Kindheitsclub, den FC Brentford. Eigentlich eine romantische Story: Ein Oxford-Physiker macht mit Sportwetten so viel Geld, dass er sich den Verein seiner Kindheit kaufen kann.

Aber Benham wollte mehr. In Brentford regierten nach der Übernahme nur noch die Zahlen. Junge vielversprechende Talente wurden gekauft, entwickelt und weiterverkauft. Die Umsatzerlöse stiegen und sportliche Erfolge kamen schnell hinzu. Der FC Brentford stieg auf und hält sich seitdem in der Premier

League. Viele der mathematischen Formeln des Erfolgs werden bis heute streng geheim gehalten. Damit ließe sich der Kindheitstraum eigentlich sehr gemütlich leben.

2014 allerdings überredete der dänische Ex-Profi und Autor Rasmus Ankersen Benham, den FC Midtjylland zu kaufen und dort auch gleich die Verantwortung zu übernehmen. Die Datenanalysen ließen sich dort bestimmt auch einsetzen. Und es funktionierte. Im ersten Jahr wurde der FC Midtjylland auf Anhieb zum ersten Mal dänischer Meister. Dabei waren nur kleine Anpassungen notwendig. Schaut man sich die erzielten Tore an, wird klar, dass der Club aus dem gemütlichen Jütland sich vor allem auf die Standards fokussierte. Knapp ein Drittel aller Profitore fallen nach Standards, und wer dabei den anderen Teams überlegen ist, kommt mit wenig Budget relativ weit. Wem Kosten-Nutzen-Rechnungen lieber sind als schöner Fußball, der setzt auf Standards. In Dänemark hat man das zu spüren bekommen: Inzwischen hat Midtjylland drei Meisterschaften gewonnen. Auf Standards allein wird dabei schon länger nicht mehr gesetzt.

Jeder Bereich des Vereins wurde optimiert, von der neuronalen Ebene bis hin zu den ermittelten Charaktereigenschaften, die für jeden Trainer wichtig sind. Der FC Midtjylland ist so etwas wie das Labor des Fußballdaten-Kapitalismus.

Der Schwerpunkt von Benhams Datenimperium hingegen verlagert sich immer mehr auf das Scouting. Auf dem umkämpften Markt werden global Daten erhoben und ausgewertet. Dann wird nach dem simplen Prinzip Kaufen – Entwickeln – Weiterverkaufen agiert, oder wie Marx es ausdrücken würde: Geld – Ware – mehr Geld. Wobei klar ist, dass bei dem Prozess die Profitraten stimmen müssen. Benhams Daten sind immer aussagekräftiger gewesen als die seiner Konkurrenz. Er hat das Spiel feingliedrig seziert, die wichtigsten Faktoren herausgerechnet und sich dann nach dem BWL-Erstsemester-Grundsatz des Pareto-Prinzips

(80Prozent der Erträge kommen aus 20Prozent der Investitionen) darauf fokussiert.

Viele Vereine, viele Trainer und Manager haben Benhams Grundregeln kopiert, um mit kleinen Teams erfolgreich zu sein, dem Zufall auf die Sprünge zu helfen. Einer von ihnen ist Tony Pulis. Er ist weder als Spieler noch als Trainer oder Manager abgestiegen, obwohl alle seine Vereine weit unten in der Tabelle standen. Pulis hatte früh erkannt, dass lange Bälle nach vorne, einstudierte Standards und ein Abwehrblock hinten kleineren Mannschaften statistisch die besten Chancen bieten, um Ergebnisse über ihren Verhältnissen zu erzielen – ein wenig zu vergleichen mit Otto Rehagels Schema in Deutschland.

Pulis stieg 2007 mit Stoke City sogar in die Premier League auf, wo er als sicherer Absteiger galt. Aber Pulis wäre nicht Pulis, wenn er nicht noch ein Leichtathletik-Ass im Ärmel gehabt hätte. So verpflichtete er Rory Delap, einen ehemaligen Speerwerfer, der in seinem Team zum Spezialisten für Einwürfe wurde. Delap konnte Einwürfe bis zu 40 Meter weit und 60 km/h schnell werfen. Da es kein Abseits beim Einwurf gibt, waren Einwürfe von Delap brandgefährliche Standards. Pulis ließ sogar die Breite des Feldes auf das zugelassene Minimum reduzieren. Außerdem veranlasste er, dass der Rasen weniger oft gemäht wurde, damit die technisch versierten Gegner häufig mal strauchelten. Am Ende der Saison standen 53 Schüsse aufs Tor nach Einwürfen und 8 Treffer. Stoke konnte so spektakulär in der Premier League bleiben und auch ein paar große Vereine ärgern.

So und so ähnlich konnten immer wieder die sogenannten kleinen Vereine die großen ärgern. Auf dieser simplen Ebene war es ein linker Fußball gegen den kommerziellen Fußball. Auf der einen Seite stand das Kapital und auf der anderen Seite tummelten sich die kreativen Rebellen und Hacker, die zumindest kurzfristig die Kräfteverhältnisse umdrehten. Aber wie in der Geschichte des

Kapitalismus, wo linke Errungenschaften vom Kapital meisterhaft integriert und zu neuen Verwertungsmodellen entwickelt wurden, konnte auch der Fußball-Kapitalismus die Rebellen und Datenhacker für sich vereinnahmen. Der Fußball steht heute daher wieder an einem Wendepunkt, wie es Christoph Biermann in seinem Buch »Matchplan – die neue Fußballmatrix«[26] beschreibt, an der Wende vom Taktikfußball zum Datenfußball.

Heute beschäftigen alle Spitzenclubs Datenanalysten, Physiker oder Mathematiker, um die Programmcodes immer weiter zu verfeinern. Die Vereine behüten und beschützen ihre Daten inzwischen wie Staatsgeheimnisse.

Einer davon ist der FC Liverpool, der mit Ian Graham einen eigenen Forschungsdirektor hat, der verstärkt auf Künstliche Intelligenz (KI) setzt. Graham hat einen Doktor in theoretischer Physik und ist seit 2015 beim FC Liverpool, wo er Jürgen Klopp sehr schnell davon überzeugen konnte, dass seine miserable Saison 2014/15 mit Borussia Dortmund vor allem eines war: eine Mischung aus Pech und Zufall. Als Graham und Klopp die katastrophale Saison bei Borussia Dortmund durchgingen, verblüffte Graham den Meistertrainer mit seinen umfassenden statistischen Erhebungen. Klopp fragte nach, ob Graham dieses oder jenes Spiel gesehen habe, was der verneinte: Er hatte kein Spiel gesehen. Alles, was Graham brauchte, waren Daten und Analysen. Angeblich war es sogar ein Tipp der KI, die Klopp als besten verfügbaren Trainer ausgespuckt hatte.

Grahams eigene Datenbank umfasst mehr als 100 000 Spieler. Spiele schaut er gar keine mehr und auch Videoanalysen sind ihm fremd. Innerhalb weniger Jahre brachte Graham den abgestürzten Fußballriesen FC Liverpool wieder an die Macht im englischen und internationalen Fußball.[27]

Die große Zeit der Reds war eigentlich schon lange vorbei. Zwischen 1975 und 1990 spielte man toll auf. Der FC Liverpool war nicht nur erfolgreich, er hatte auch mit gutem Grund rote Vereinsfarben, wie Bill Shankly gerne betonte. Mitte der 90er-Jahre begannen dann Milliardäre, sich Clubs in der Premier League zu kaufen. Al-Fayed kaufte 1997 den FC Fulham, Abramowitsch Chelsea, und Liverpool wurde von zwei amerikanischen Geschäftsleuten gekauft, die schon einige amerikanische Profi-Teams besaßen, aber keines im Fußballgeschäft. Viel Geld hatten sie für den ehrwürdigen FC Liverpool allerdings nicht übrig. 2010 hatte Liverpool Schulden und wurde für knapp eine halbe Milliarde weiterverkauft. Haupteigentümer wurde John Henry, ein Investor, der Millionen mit Sojabohnen gemacht hatte. Es war allerdings immer noch nicht genug Geld da, um Chelsea oder ManU zu übertrumpfen, aber es gab einen Plan. Daten und Analysen sollten die fehlenden Millionen ausgleichen. Chelsea hatte zwar bereits 2008 eine Datenabteilung, konnte damit aber wenig anfangen. Man hatte sie bloß, weil es irgendwie dazugehörte.

Graham war in der großen Zeit der Reds selber Liverpool-Fan und nun der entscheidende Schlüssel, um den Verein wieder zur alten Stärke zu verhelfen. Er sorgte für ungewöhnliche Einkäufe, besprach mit Klopp neue taktische Ausrichtungen und versuchte jeden Spieler optimal mit seinen Fähigkeiten im Spiel einzubringen – rein auf Datenbasis. Graham brachte die datenanalytische Expertise mit und Klopp die Intuition und Offenheit für neue Ideen auf dem Platz.

Paradigmatisch dafür war Mohamed Salah. Bei Chelsea 2014 als Toptalent verpflichtet, scheiterte der Ägypter. Ausgeliehen an AS Rom, kam er dann immer mehr in Fahrt, bevor er für 41 Millionen Euro zu Liverpool wechselte. Sein Profil passte hervorragend zu den anderen Teamspielern. Graham wusste genau, dass Salah außerdem wesentlich mehr Tore schoss als die expected goals. Die Daten logen nicht, Salah wurde 2018 Rekordtorschütze mit 32 Treffern und der neue Halbgott an der Anfield Road. Liverpool hatte den datengeleiteten Fußball auf die Spitze getrieben und der Erfolg gab dem Club Recht: Champions League-Sieger, englischer Meister und zahlreiche Rekorde stehen zu Buche. Es sind nun nicht mehr die kleinen Vereine, die sich einen Vorteil erkämpfen, sondern die großen, die sich Big Data angeeignet haben.

In Deutschland kann sich der kleine SC Freiburg seit Jahren behaupten, und auch hier steht eine ganz eigene Story dahinter. Der SC, getarnt als gemütlicher süddeutscher Fußballverein, adaptierte immer die neuesten Technologien, Analysen und Taktiken schneller als andere Vereine. Eingeübte Standards oder taktische Finessen, wie das ballorientierte Verschieben, prägen den SC seit Jahren. Freiburg konnte seine finanzielle Unterlegenheit damit soweit kompensieren, dass er im oberen Mittelfeld der Bundesliga inzwischen zum Inventar gehört. Darüber hinaus hat er seit Jahren ein überdimensionales Nachwuchsleistungszentrum, um mit den Transfererlösen immer wieder solide in jede neue Saison gehen zu können. Die Underdogs aus dem Breisgau gehen angesichts ihrer finanziellen Unterlegenheit mit Ideen voran, bis die Großen diese Ideen aufnehmen und überbieten. Dieses Katz-und-Mausspiel bringt eine Dynamik in die Fußballindustrie ähnlich wie die disruptiven jungen Unternehmen, die früher oder später von den großen Tech-Firmen übernommen werden.

Vielen Vereinen geht es gar nicht mehr nur um den sportlichen Erfolg, den schönen Fußball oder gesellschaftliche Solidarität, sondern vielmehr um die knallharte Vermehrung des Kapitals. Spieler sind Rohstoffe, die man per Algorithmus günstig auf dem Markt bekommt, im Nachwuchsleistungszentrum verarbeitet und dann wieder auf den Markt bringt. Inzwischen lassen sich mit erschreckender Wahrscheinlichkeit die Chancen berechnen, die ein Talent hat, um ein Megastar zu werden.

Der Zufallsfaktor wird so vielleicht kleiner, der Fußballgott hat weniger zu sagen, und vielleicht hat auch der Aberglaube abgenommen, aber totzukriegen sind die magischen Momente nicht. Horst Bredekamp beschreibt, wie der Fußball im Mittelalter und der frühen Neuzeit vor allem wegen des Zufalls, wegen »Fortuna und Vanitas« geschätzt wurde: »Jenseits der politischen Theorie konnte die Unberechenbarkeit des Spiels und der Bewegungen des Balles zum Symbol der grundsätzlich veränderlichen Welt aufsteigen.«[28] Vor allem wenn wieder einmal David gegen Goliath gewinnt. In diesen Momenten wird immer ein linkes Bauchgefühl angesprochen. Auf der theoretischen Ebene lässt sich das kritisieren: Warum sollen Ersatzreligionen progressiv sein oder warum sollen Außenseiterideen, die Mainstream werden, links sein? Vielleicht ist es schließlich nur die Hoffnung, dass man die Übermächtigen schlagen kann, auch wenn es vielleicht nur an einem Samstagnachmittag im Jahr ist. Am Ende ist die Unberechenbarkeit im Fußball nie ganz auszuschalten, so der Fußball-Philosoph Eduardo Galeano, der darin einen wesentlichen Punkt im Fußball sieht: »So sehr ihn die Technokraten bis in die letzte Einzelheit programmieren, sosehr ihn die Mächtigen manipulieren, der Fußball will und wird weiterhin die Kunst des Unvorhersagbaren sein. Dort, wo man es am wenigsten erwartet, springt das Unmögliche hervor, der Zwerg erteilt dem Riesen eine Lektion.«[29]

Ein Pubbesuch hat 90 Minuten

Fußball eroberte Ende des 19. Jahrhundert die Herzen der Bürgerlichen, etwas später auch die der Arbeiter:innen. Immer dabei war der Alkohol, das Schmiermittel des jungen Sports. Nicht umsonst wurden die Regeln des Fußballs, wie wir ihn heute kennen, 1863 in einem Pub festgelegt und auch der erste Fußballverband der Welt gegründet. Von Links gab es hingegen immer wieder Kampagnen gegen den Alkohol- und Tabakkonsum im Sport und im Fußball. Die Arbeiterklasse trinkt nicht, sie hält sich fit für den Klassenkampf, so lautete häufig die Ansage. Aber am Ende gewann meist dann doch der Pub, der Besuch in der Kneipe und das gesellige Beisammensein.

Die Industrialisierung hatte England Mitte des 19. Jahrhunderts radikal verändert. Der Kapitalismus nahm Fahrt auf und brauchte Arbeitskräfte. Die logische Konsequenz war, dass die Herrschenden die Bauern und die Dorfbewohner in die Städte zwangen, um in den Fabriken zu arbeiten. Das Proletariat entstand und es wohnte eng an eng, meist am Rand der Stadt. Die Malocher suchten dort nach Gleichgesinnten, und dabei half das Biertrinken in den Pubs und natürlich der Fußball. In den wenigen arbeitsfreien Stunden verbanden sich der Pub und der Fußball so zu einer Allianz, die heute noch unhinterfragt zusammengehört. Man denke nur an die ikonischen Bierwerbungen der 90er oder das Stadionbier. Selbst die FIFA setzt sich für das Stadionbier bei der WM in Katar ein – ein zynisches »Prost« auf die Tausende toter Sklavenarbeiter.

Zurück ins 19. Jahrhundert nach England, wo sich der Pub als ein soziales Chamäleon erwies. Hier wurde verkauft, musiziert, gewettet, gezaubert oder einfach nur gemeinsam getrunken. Der Pub und die Straße waren in der rauen industrialisierten Welt um die Jahrhundertwende ein Ort des Aggressionsabbaus, aber auch emotional zugleich ein zweites Wohnzimmer. Schlägereien waren an der Tagesordnung und auch nicht besonders umstritten.

Wenn sich Ende des 19. Jahrhunderts mal wieder ein Football Club gründete, dann meist im Pub. Hier wurden auch die Aufstellungen besprochen, die Taktik und das Training. Zwischen Fans, Trainern, Spielern und auch Sponsoren wurde dabei noch nicht trennscharf unterschieden. Im Pub waren alle gleich, spätestens nach dem vierten Pint.

Bier, Sandwiches und Diskussionen wurden zum festen Bestandteil der Spieltage. Geschäftsleute führten den neuen Sport und den Alkohol zusammen. Werbung war sehr früh schon selbstverständlich. So manches »Sponsoring« wurde auch in Freibier ausbezahlt. An den Spieltagen hörte man in den Pubs die Gläser klirten, lautes Geschimpfe, das die Holzinventur zum Beben brachte oder die ein oder andere Emotion, die den falschen Adressaten traf, mehr als sonst waren die Pubs gut besucht.[30]

Der Fußball schuf durch die Lokalisierung im Pub einen speziellen sozialen Ort. Es waren aber vor allem Männer, die eine neue Dreifaltigkeit aus Fußball, Alkohol und Männlichkeit begründeten. Mit der breiten Einführung der Telegrafie Mitte des 19. Jahrhunderts eroberten dann die Wettbüros die Pubs. Ergebnisse trudelten ein und die Wetter waren hocherfreut oder zu Tode betrübt. Die Pubs, die Brauereien und die Geschäftsleute nutzten den Fußball gewinnbringend. Nicht selten gründeten Pubs auch eigene Vereine. Beim Sheffield FA war der Pubbesitzer auch der Präsident. Bis heute spielt der Alkohol im Fußball-Werbemarkt eine herausragende Rolle. Zusammen zu trinken und zu feiern, auch zwischen Fans und Mannschaften, hielt bis in die 80er-Jahre an. Der legendäre Trinkerclub von Arsenal London, der Tuesday Club, hielt sich sogar bis in die 90er-Jahre. Kapitän Tony Adams und andere Spieler wie Lee Dixon, Perry Groves und Paul Merson betranken sich hier fast jeden Dienstag. Der Erfolgstrainer George Graham schaute weg, solange alle am Donnerstag wieder beim Training waren. Erst Arsène Wenger beendete das wöchentliche Besäufnis seiner Leistungsträger. Denn 1992 beschleunigte die FIFA das Spiel mit der Einführung der Rückpassregel, wodurch sich niemand mehr zwischen den Pässen und Schüssen ausruhen konnte. Das Spiel wurde anstrengender, schneller und athletischer. Für verkaterte Spieler:innen war immer weniger Platz, außer wenn sie es mit Raubeinigkeit oder Technik kompensieren konnten. In Deutschland stehen die Werder-Legenden Uli »die Axt« Borowka und der Ballkünstler Mario Basler dafür paradigmatisch.

Zudem wurde der Fußball wesentlich professioneller. Die Champions League und auch die Premier League verlangten fitte, gesunde und vorbildliche Spieler. Sie sollten in erster Linie vermarktungsfähig sein. Die neuen Wettbewerbe wurden nicht als gemeinsame Werteunion, sondern als Wirtschaftsunion geplant und umgesetzt. Deutlich höhere Ticketpreise und mehr TV-Übertragungen waren das Ziel. Sie erforderten aber auch einen kulturellen Wandel, da die neuen zahlungsfähigen Konsumenten der Mittelklasse mit ihren Familien nicht mehr den raubeinigen Prolokicker, sondern den jung-dynamisch-konformen Kicker sehen wollten. Zumindest wurde es so inszeniert.

In den sechziger Jahren führte die englische Liga hingegen noch die sympathische »black-out-rule« ein, die TV-Übertragungen am Samstagnachmittag verbot, damit kleinere Vereine nicht benachteiligt wurden und die Fans dort ins Stadion gehen konnten, um ihre lokalen Vereine zu supporten. Heute bezieht sich das Verbot nicht mehr auf die Anbieter, sondern auf die öffentlichen Ausstrahler. Pubs zahlen immer wieder hohe Strafen, wenn sie am Samstag um 15 Uhr nationale oder internationale Spiele zeigen. So kommt es auch dazu, dass Übertragungen von internationalen Spielen in Pubs erst 15 Minuten später übertragen werden. Die Rückkehr von Cristiano Ronaldo zu Manchester United konnten seine Fans nur im Stadion live verfolgen.

Die Pubs waren durch die neoliberale Umgestaltung des Fußballs plötzlich nicht nur ein Ort für vor und nach dem Spiel, sondern für das Spiel selbst. Für viele Fans war der Stadionbesuch zu teuer, also traf man sich mit fremden Menschen, mit denen man sonst nie ein Wort wechseln würde, im örtlichen Pub. Hier öffnete sich eine neue Welt beim Bier. Hier schweißte die Vereinsidentität die Menschen zusammen, sie tranken, pöbelten, sangen, diskutierten – nun auch während des Spiels. Der Pub bewährte sich für viele als Ort, an dem gemeinsame Erzählungen entstanden. Viele Fußballerinnerungen spielen sich nicht mehr im Stadion ab, sondern in Fußballkneipen. Aber auch hier setzt sich heute der Trend zur Individualisierung fort: Fußball wird immer häufiger privat oder mit engen Freunden geschaut. Darunter leidet schlussendlich auch die offene Gesellschaft – wo sonst kommen unterschiedliche Klassen, Schichten, Meinungen und Thesen zusammen?

Der Pub war zudem ein Ort mit schwacher Kontrolle. Während die Stadien massiv mit Überwachungs- und Repressionapparaten ausgerüstet wurden, blieben die Pubs frei davon. Was nicht zuletzt Gewaltneigungen in der Szene noch verstärkte. Heute sind viele Pubs fest in der Hand von bestimmten Gruppen oder sie verfolgen ein striktes Neutralitätsgebot, das mit dem Hinweisschild »No fan colours« deutlich gemacht wird. Es sind keine Trikots, Schals oder ähnliches erlaubt.

Mitte der neunziger Jahre waren dann die Pubs im Fokus neoliberaler Landnahme, große Biermarken übernahmen sie und machten sie zu Franchise-Unternehmen. Gleichzeitig entstanden immer mehr Kneipenligen für Amateure, gesponsert von den Biermarken. Die Dreifaltigkeit von Alkohol, Fußballindustrie und Männlichkeit war wieder hergestellt. Aber das war noch nicht das Ende, sondern eher der Beginn lukrativer Vermarktung außerhalb der Stadien.

Das öffentliche Fußballschauen erlebte zur WM 2006 in Deutschland einen Höhepunkt. Auf Riesenleinwänden ist das runde Leder bei der Welt- oder Kontinentalmeisterschaft zum neuen kollektiven Event und Geschäft geworden. Selbst in Stadien werden auf übergroßen Leinwänden die Spiele der Nationalmannschaften oder wichtige Auswärtsspiele der eigenen Mannschaft übertragen. Natürlich muss zuvor ein Ticket gelöst werden Bei der WM 2014 beispielsweise verfolgten bis zu 30 000 Fans die Spiele der Deutschen in der sogenannten Commerzbank-Arena in Frankfurt. Aber schon 1954 schauten Millionen Menschen den WM-Sieg der deutschen Mannschaft, obwohl es noch keine 100 000 Fernseher gab. So kamen Menschen noch vor dem Fernseher zusammen.

In der fragmentierten postmodernen Gesellschaft stärkt das Public Viewing einen neuen enttabuisierten Nationalismus, der sich nicht mehr wie früher im eigenen Wohnzimmer entlädt. Vieles daran ist harmlos, einiges nicht. Man fühlt sich gelegentlich an Willhelm II. erinnert: »Ich kenne keine Parteien mehr, ich kenne nur noch Deutsche.« Es ist auf den ersten Blick nichts Verwerfliches dabei, wenn Menschen den eigenen Verein anfeuern oder nach einem Sieg feiern beziehungsweise nach Niederlagen auch Tränen fließen. Bei einer Nationalmannschaft schwingt aber häufig chauvinistisches Denken gegenüber anderen Ländern mit. Daher sammelt sich unter der vermeintlich neutralen Oberfläche ein Gefühlsstau, der sich politisch an anderer Stelle entlädt. Bei der Krise der EU an den faulen Griechen, den reformrenitenten Franzosen, den »Dolce Vita«-Italienern. Über ein gemeinsames Feindbild werden Emotionen geteilt und Gemeinschaft verfestigt. Nicht ohne Grund fallen die großen Public-Viewing-Ereignisse in Europa zusammen mit der Restauration nationaler Mythen und dem Erstarken rechtspopulistischer Parteien. Während man 1998 beim Gewinn der WM der multiethnischen »Equipe Tricolore« mit den »Helden« Zidane, Henry, Dechamps u. a. noch von gelungener Integration träumte und nur der rassistische Hass eines rechtsradikalen Le Pen dem Ideal widersprach, haben sich die Stimmungen auf öffentlichen Plätzen verändert.

Autonome linke Gruppen rufen bei großen Turnieren mit Partypatriotismus regelmäßig zu Fahnenklauwettbewerben auf, bei denen sie Punkte für bestimmte geklaute Artikel vergeben. Soziale Vergemeinschaftung unter nationalen Vorzeichen ist in der Linken seit jeher umstritten. Gerade die Steuerungspotentiale der Emotionen sind ihnen verdächtig. Viel entscheidender aber ist beim Public Viewing der subtile Zwang zum Mitmachen. Wer nicht dabei ist, gehört nicht nur nicht dazu. Er wird zum Outlaw der Kulturindustrie, die noch immer »alles mit Ähnlichkeit schlägt« und Nonkonformität nicht verzeiht.

Derzeit steht es schlecht um die Pubs in Großbritannien wie auch die Fußballkneipen in Deutschland. Sie sterben langsam. Entweder werden sie von seelenlosen Unternehmen übernommen oder sie verschwinden einfach, sang- und klanglos. Mit ihnen geht ein Stück Fußballkultur und die Möglichkeit gemeinsamer Fußballerfahrung jenseits des Stadions.

Die Fans werden verdrängt und analog zum Wohnungsmarkt weggentrifiziert. Der englische Fußball ist nur der Vorbote. Aber auch in Deutschland wird das Stadion für viele Fans mit durchschnittlichem Einkommen perspektivisch kaum mehr zu besuchen sein. Die Fußballkneipen können das nur eingeschränkt kompensieren, wenn sie bis dahin nicht schon pleite sind. Der privatisierte Fußballkonsum mit Großbild-TV reduziert das Gemeinsame am Fußball wieder auf die enge kleine Bezugsgruppe und die Familie. Wenn die These stimmt, dass der Fußball einer ganz bestimmten Identität Ausdruck verleihen kann und Menschen zusammenbringt, dann besteht die Gefahr, dass dies zukünftig nicht mehr im Stadion sein wird und auch nicht mehr in der Kneipe. Am Ende bleibt nur noch das Bier übrig, alleine vor dem Fernseher, mit illegalem Streaming.

Warmgelaufene Konsolen

Seit über 30 Jahren zocken wir Fußballspiele auf der Konsole.[31] Die Fußballsimulationen haben eine bemerkenswerte Karriere hinter sich. Zu Beginn simulierten die Computerspiele noch mehr schlecht als recht die reale Fußballwelt, heute hingegen gibt es Tendenzen, dass die reale Fußballwelt die Simulation simuliert.

Wir alle gleichen zunehmend unsere Leben der virtuellen Welt an. Diese Diagnose im Bereich Social Media wird heute niemanden mehr überraschen, zu augenfällig ist der Einfluss von Influencer:innen auf unser Ess-, Fitness- und Konsumverhalten. Aber Ähnliches, wenn auch weniger direkt, aber dafür umso offensiver, passiert auch beim Fußball. Tricks, die wir mit dem Ball stundenlang einüben, bis sie perfekt sitzen, sind zuerst in der virtuellen Welt zu finden. Auch ganz bestimmte Körpertäuschungen bis hin zu Jubelgesten. Gerade Jubelgesten und ihre Tastenkombination auf dem Controller waren zuvor häufig nur eingefleischten Konsolenzockern bekannt, inzwischen tauchen sie immer häufiger in der realen Sportwelt auf. Da jubelt schon mal der ein oder andere Profi, einstudiert und marktkonform nach der Konsole, und äfft die Tastenkombination der Playstation nach.

Die virtuelle Fußballwelt hat sich verselbstständigt, man könnte sogar sagen, sie hat sich von der realen Fußballwelt entkoppelt. Und ähnlich wie beim von Karl Marx beschriebenen Fetischcharakter der Ware ist sie so sehr gewachsen, dass sie zwar von Menschen erschaffen wurde, aber, wie von Zauberhand gesteuert, ein vermeintliches Eigenleben führt. Es entstehen im Virtuellen Verhaltensweisen, die es bis dato in der Realität nicht gab, und sie beeinflussen das Denken und Handeln auf dem Platz. Dialektik ist keine Einbahnstraße. Beide Welten passen sich wechselseitig an. Was erfolgreicher ist, bleibt bestehen. So kommt es dazu, dass ab und an virtuelle Bewegungsmuster die alten Bewegungsmuster auf dem Platz überschreiben. Durch endlose Wiederholung schreiben sich die virtuellen Praxismuster immer tiefer in die Körper ein und werden zum nicht-bewussten Körperwissen. So passt sich reales Verhalten zunehmend dem virtuellen an.

Ein gutes Beispiel dafür ist die Perspektive. Die Vogelperspektive, die es in der erfolgreichen FIFA-Reihe oder bei Pro Evolution Soccer gibt, verändert unser Verständnis für Raum und damit auch für Taktik. Spieler:innen orientieren sich unbewusst vielleicht eher an dem, was sie am Abend vor einem Spiel auf der Konsole gesehen haben als an der Taktiktafel kurz vor dem Spiel. Diese Dialektik der realen und virtuellen Fußballwelt prägt in nicht geringem Maße die kleinen aber feinen Unterschiede der neuen Fußballer:innengeneration. Der Weltstar Lionel Messi spielt angeblich täglich 4 Stunden an der Konsole seinen eigenen Avatar. Das kann nicht ohne Folge für sein eigenes Spiel bleiben.

Solange es Programmierer:innen und Spiel-Designer:innen sind, die den Fußball verändern, sind es noch Menschen. Wenn in naher Zukunft die künstliche Intelligenz den virtuellen Rasen bespielt, dann ist endgültig ein neuer mächtiger Player auf dem Feld. Vielleicht ein Anfang des transhumanen Fußballs!?

Aber nicht nur die Konsolenwelt verändert den Profifußball. Jeder Bolzplatz wird heute von Tricks, Schüssen, Jubelgesten und Kniffen bevölkert, die ihren Ursprung im Digitalen haben. Jugendliche spielen so, wie sie es vorher am Bildschirm auch per Tastenkombination eingeübt haben.

Wie lernen wir eigentlich sonst Fußball? Durch Mimesis, würden kluge Philosophen sagen – Nachahmung. Wir sehen das Spiel, wir haben unsere Vorbilder und machen nach, was uns gefällt. Ob wir es von den Älteren gezeigt bekommen, ob wir es im Stadion sehen oder ob wir es uns vielleicht nur vorstellen, es ist immer dasselbe Prinzip. Mit der unendlichen Skalierbarkeit des Internets werden die Bewegungsmuster des Spiels aber nun rasend schnell verbreitet. Jeden Trick kann man sich auf Facebook, Instagram oder TikTok erklären lassen und üben.

Wie wir Fußball spielen, hat sich enorm beschleunigt. Der digitale Fußball hat die Stile, die Tricks und Kniffe globalisiert und die regionalen Eigenheiten pulverisiert. Die Zeiten, in denen ein Trick noch einem Spieler zugeschrieben werden konnten, wie der Panenka-Trick oder der Okocha-Trick, scheinen abgelöst. Denn heute kommen die neuen technischen Impulse von EA Sports und anderen.

Im letzten Jahrhundert hat ein Kunstschuss schon mal knapp 30 Jahre gebraucht, um auf einem anderen Kontinent aufzutauchen. Wie der Rabona-Trick, bei dem der Schuss mit überkreuzten Beinen ausgeführt wird. Zum ersten Mal wurde er 1948 in Argentinien beschrieben. Eine argentinische Zeitung nannte ihn Rabona, ein Slangausdruck für »sich-davon-stehlen«. Das erste Mal gefilmt wurde er 9 Jahre später bei Pelé 1957 während der Stadtmeisterschaft in São Paulo. Erst 1976 tauchte er in Europa auf, ausgeführt von dem Italiener Giovanni Roccotelli bei Ascoli Calcio.[32] In der heutigen Zeit undenkbar. Mit drei Klicks wäre er bei YouTube, und etwas später würden ihn unzählige User:innen aufnehmen, lernen, nachmachen und wieder ins Netz stellen.

Die neue schöne digitale Fußballwelt hat die Entwicklung des Sports nicht nur beschleunigt und globalisiert, sie hat sie auch »demokratisiert«. Der Fußball steht daher vor ähnlichen Herausforderungen wie die gesamte kulturelle Welt von Kunst bis Kommerz. Einerseits ermöglicht die Globalisierung einen gleichberechtigten Zugriff auf die Kulturproduktionen des Fußballs, andererseits bildet sich eine globale Hegemonie der Internetkonzerne, die kontrollieren, regulieren und Kultur produzieren. Unter dieser Herrschaft droht der neuen großen Vielfalt des Fußballs, am Ende doch wieder eine Monokultur zu werden. Der Neue Fußball entstünde dann primär im virtuellen Raum und dort würde das Immergleiche nur noch designt und reproduziert. Die Kreativität auf dem Platz wäre am Ende.

Der wilde Fußball

»I enjoy making revolution!
I enjoy going to football!«
Toni Negri

Bolzen, Büchsen, Bälle

Fast könnte man meinen, dass es bei all der Kommerzialisierung und Instrumentalisierung keinen linken Fußball mehr geben könnte. Aber es gibt ihn noch. Vielleicht nicht in den Arenen der Welt, aber außerhalb davon. Wie die Geschichte der Menschheit häufig von den Herrschern und ihren Schriftführern geschrieben wurde, so wurde die Geschichte des Fußballs von den Verbänden, Funktionären und Vereinen geschrieben. Und so, wie das vergessene Leben der Menschen außerhalb der Machtsphären der Herrschenden vielfältig und widerspenstig war,[1] so ist auch die Geschichte des wilden Fußballs widerspenstig und vielfältig. Denn bis heute gelang es nie, den spontanen Fußball den Verwertungszwängen gänzlich unterzuordnen. Auf der Straße und auf den Bolzplätzen weltweit wurde und wird gekickt und Fußball gelebt.

Die Grundformel des Spiels hat sich in den letzten Jahrtausenden nicht geändert. Der wilde Fußball ist bis heute spontan, radikal simpel und anpassungsfähig. Ein Ball, ein paar Freund:innen (oder Feind:innen) und etwas freie Zeit reichen völlig aus. Gespielt wurde und wird überall: in antiken Städten, auf Wiesen im Mittelalter, am Strand oder in den Straßen und Hinterhöfen der modernen Großstädte. Immer anders und immer unter den kritischen Blicken der Obrigkeit. Die Geschichten vom wilden Kicken sind nur schwer zu rekonstruieren. Alles, was wir wissen, stammt von den Verboten, Beschwerden und Maßnahmen der Herrschenden.

Ähnlich wie einige Tiere sich in der Evolution schnell an die Gegebenheiten des Klimas anpassen konnten, um zu überleben, so konnte sich der wilde Fußball immer an die Gesellschaft anpassen, überall hat er seine Nische gefunden. So ist der Straßenfußball ein Kind der Industrialisierung, groß geworden in den englischen Großstädten.

Der Fußball von der Insel wurde einst im dörflichen Derby geboren und eroberte in der zweiten Hälfte des 19. Jahrhunderts London, Manchester oder Liverpool. Die englischen Arbeiter:innen und ihre Kinder kickten in den Großstädten, parallel zum aufstrebenden bürgerlichen Vereinsfußball. Die Wohnungen waren ungemütlich, stickig, zu klein, im Winter zu feucht und im Sommer zu heiß. Das Leben spielte sich auf der Straße oder im Pub ab. Wer zu jung oder zu arm für den Pub war, der spielte eben auf der Straße, meist Fußball.

Dieser Straßenfußball zog viele Heranwachsende magnetisch an. Gerade die Menschen, die aus ihrer ländlichen Umgebung vertrieben wurden, suchten nach neuen Identitäten und auch der wilde Fußball der Dörfer brauchte eine neue Identität. Und dafür gab es keinen anderen Platz als die Straße, die fest in der Hand der Arbeiter:innen war. Der Staat, die Polizei und die Bourgeoisie waren noch das klare Feindbild. Die Bewohner:innen der Arbeiterquartiere bildeten im 19. Jahrhundert eine starke Gegenöffentlichkeit, die sich auch im Straßenfußball ausdrückte.

Rivalitäten auf der Straße wurden plötzlich genauso spielerisch kultiviert wie auf dem Dorf. Es gab allerdings weder ausgewiesene Spielwiesen in Parks, geschweige denn offizielle Bolzplätze. So spielten Nachbarn aus der einen Straße oder dem bestimmten Viertel gegeneinander. Das wilde Kicken zog sich häufig bis in die späten Abendstunden und endete nicht selten in unzivilisierten Schlägereien. Nicht selten maßen die Jugendlichen ihre Kräfte aber auch mit der Polizei. Den Fußball ließ man sich von der Staatsmacht nicht nehmen.

Gebrochene Nasen, blaue Flecke, kaputte Straßenlaternen, zerbrochene Fenster waren die Folge. Die wenigen Überlieferungen aus der Zeit stammen von Beschwerdebriefen oder Polizeimeldungen. Der Highway Act aus dem Jahre 1835 untermauert die staatlichen Maßnahmen gegen das wilde Fußballtreiben in englischen Arbeiterquartieren: »if any person […] shall play at Football or any other Game on any Part of the said Highways, to the Annoyance of any Passenger or Passengers [… shall] pay any Sum not exceeding Forty Shillings.« Die nicht-bürgerliche Variante des Fußballs war verdächtig, die Jugend zu verderben und die öffentliche Ruhe zu stören. Straßenfußball war in der Zeit Aneignung des öffentlichen Raums und lebendige Subversion. Ganz anders der bürgerliche Fußball in den Colleges und den ersten Vereinen: Er sollte Ordnung und Disziplin in die »verweichlichten« Knochen der Kicker aus der bürgerlichen Mittel- und Oberschicht bringen. Linker und rechter Fußball waren klar getrennt.

In Deutschland und Kontinentaleuropa rollte der Straßenfußball erst nach dem Ersten Weltkrieg richtig an – parallel zum Aufstieg des organisierten Fußballsports. Das wilde Kicken auf den Straßen der jungen Republik verschwand dann aber ab den 1960er-Jahren wieder – eine Folge der zunehmenden Automobilisierung. Es verschwanden die Straßenkicker, die ihr Hinterhof- und Straßenrefugium aufgeben mussten, wo sie vor Familie und Staat sicher waren. Während die Bürgerlichen und Wohlhabenden in den Vereinsmannschaften spielten, blieb für die Arbeiterkinder der Bolzplatz. Die ersten Bolzplätze in den Städten entstanden schon in den 1920er-Jahren. Dem wilden Fußball wurde sein Platz zugewiesen. Aus der Aneignung wurde Freizeit. Damit verschwanden auch die frühkindlichen Aneignungserfahrung und die Frage, wem die Straße bzw. die Stadt gehört.

Der Straßen- und Bolzplatzfußball als Ur- und Parallelform des modernen Fußballs nimmt eine Zwischenstellung zwischen historischem und modernem Fußball ein. Einerseits werden beständig die Regeln des modernen Fußballs adaptiert, andererseits bewahrt sich der Bolzplatz seine anarchistisch-archaischen Grundlagen. Hier zeigen sich die linken Tugenden: Selbstorganisation ohne Autorität, Solidarität im Team, demokratische Entscheidungen ohne Schiedsrichter und nicht zuletzt die Erfahrung von Freiheit. Gleichzeitig spielt man heute Videospiele mit virtuellen Bolzplätzen und Straßenarenen, geht in schicke Cages[2] mit Zugangsbeschränkung kicken oder versucht sich bei von Nike oder Adidas gesponserten Turnieren. Der wilde Fußball ist auch immer Ware. Wie zudem dessen unzählige kommerziellen Varianten wie Streetsoccer, Beachsoccer oder Futsal-Wettbewerbe – die auch im Fernsehen übertragen werden.

Der Kapitalismus wäre nie so erfolgreich gewesen, wenn er nicht immer alle Gegenbewegungen integriert hätte. So auch den wilden Fußball mit seinem emanzipativen Potential. Staat und Konzerne fördern ihn heute, solange er organisiert wird, und verknüpfen damit politische Interessen. Schließlich vermittelt er Selbstbewusstsein und übt soziale Praktiken ein, die Toleranz, Gesundheit oder Demokratie versprechen. So zahlreich wie diese Versprechen, so zahlreich sind dann auch die Initiativen. Es gibt die WM der Menschen mit Behinderung, zahlreiche Straßenfußballturniere bis hin zu den Viva World Cup/CONIFA World Football Cup, bei dem nur von der FIFA nicht anerkannte Länder mitspielen. Jede:r will ein Stück vom wilden Fußball.

Wer selber spielt, ist in der Regel auch im industriellen Fußball zuhause. Der schaut sich die Spiele im Fernsehen an, kauft Trikots, folgt den Stars bei Instagram und geht ins Stadion. Kinder und auch Erwachsene versetzen sich beim Kicken ins Camp Nou, la Bombonera oder Wembley. Kinder experimentieren mit ihrer Identität auf dem Bolzplatz, indem sie sich mit Spielern und Vereinen identifizieren. Erwachsene retten sich meist ein paar Stunden aus dem Alltag, indem sie eine andere Identität annehmen, eine, die sie aus ihrer Kindheit noch kennen.

Beim Hobbykick sind auch die Nationaltrikots dementsprechend allgegenwärtig. Die fußballerische Identität verbindet sich hier mit einer nationalen Identität. So ummanteln der Nationalismus und der Industriefußball den wilden Fußball und ziehen ihn in seinen Bann. Der Fußball für die Vielen ist nicht nur das freie, sich selbst genügende Spiel, er ist gleichsam instrumentalisiert durch kapitalistische und chauvinistische Strukturen. Er koppelt die Interessen der Herrschenden an die Träume der Kinder und Jugendlichen von Bottrop bis zur Copacabana.

Benzema, Ibrahimovic oder Maradona kommen alle aus sozialen Brennpunkten. Sie haben das Fußballspielen auf Sand und Beton gelernt, ohne Taktik, Vorgaben und Systeme. Sie sind Stars geworden und ihre Geschichten werden gerne erzählt und geschrieben. Sie bedienen ungewollt die bekannte Ideologie, wonach es heißt: Jeder ist seines Glückes Schmied, jeder kann es schaffen – vom Tellerwäscher zum Millionär. Die weltberühmten Straßenkicker bestätigen das vermeintlich. Das Credo der »Win-Win«-Apologeten, das so gerne gepredigt wird, scheint bei der Fußballkarriere verwirklicht. Alle haben dieselben Chancen und am Ende haben alle etwas davon. Der aufgestiegene Junge aus der Gosse und die ihn verwertende Fußballindustrie. Vergessen bleiben die, die niemals aus dem Elend der Brennpunkte herauskommen, die keine Bildungs- und Berufschancen haben. Die

Transformation des Kapitalismus vom Fordismus zum Neoliberalismus geht mit einer Veränderung der Zugriffsversuche auf den wilden Fußball einher. Der bürgerliche Fußball der aufkommenden Industrialisierung war der Fußball der Ordnung und Militarisierung. Der Fußball des Fordismus war verbunden mit Nationalbewusstsein und Chauvinismus, aber auch dem Versprechen des sozialen Aufstiegs. Das neoliberale Fußballgeschäft benötigt gesunde, fitte, kreative, flexible, attraktive und standortbewusste Spieler, die sich permanent selbst optimieren. Das Kollektiv, die Mannschaft, tritt zurück. In welchem Trikot die nationalen oder internationalen Titel gewonnen werden, ist der Fußballindustrie gleichgültig, solange die Quote stimmt.

Aber der wilde Fußball bewahrt sich seine emanzipativen Momente, und noch immer spielen Millionen Menschen selbstorganisiert, spontan und außerhalb von Verwertungszwängen einen freien Fußball.

Das letzte Tor entscheidet

Als der Straßenfußball verschwand, kam in den Industrienationen der Bolzplatz. In Deutschland wurde er 2018 sogar zum immateriellen Kulturerbe in Nordrhein-Westfalen. Er ist, ohne Frage, ein enormer Sozialisations- und Kulturort. In der Begründung hieß es folgerichtig: »Der Bolzplatz ist ein prägender Sozialisationsraum. Hier treten Kreativität, spontane Selbstorganisation, Toleranz und Durchsetzungsvermögen in wechselseitige Beziehung«, so Manuel Neukirchner, der Direktor des Deutschen Fußballmuseums. Der Bolzplatz erzählt aber auch einiges über die Geschichte des linken jugendlichen Fußballs. Er ist ein Ort der materiell gewordenen Aneignung des öffentlichen Raums, erkämpft in sozialen Auseinandersetzungen. Die Jugendlichen beanspruchten Raum, eroberten Plätze, auf denen sie freier sein konnten als in ihren Familien oder in den Schulen. Bevor der wilde Fußball auf den Bolzplätzen sesshaft wurde, kannte man ihn nur von der Straße, dem Hinterhof und den urbanen Brachen, die man blitzschnell zu Fußballfeldern umgestaltet hatte. Rucksäcke wurden zu Pfosten, Wäscheleinen zu Torlatten oder es wurden einfach Tore aus Kreide an die Wand gemalt. Mit diesen einfachen Stadien der jungen wilden Kicker:innen geht eine Reihe von sozialen Prozessen einher.

Jugendliche verbrachten und verbringen auf dem Bolzplatz entscheidende Stunden ihrer Kindheit, knüpfen Freundschaften, erinnern sich an gelungene Spielzüge, emotionale Situationen, harte Fights, große Siege und schmerzhafte Niederlagen. Sie verdanken dem Bolzplatz einen wichtigen Teil ihrer Sozialisationsgeschichte. Vieles, was sie über das Leben lernen, lernen sie da. Sie lernen Konflikte lösen, auch ohne Schiedsrichter:in, sie lernen sich als Teil eines Teams wahrzunehmen und sie lernen mit Erfolg und Niederlage umzugehen. Linke Tugenden fangen häufig beim Kicken an.

Der Bolzplatz schafft eine Verbindung zwischen dem individuellen Vergnügen und der kollektiven Heldengeschichte: Er ist ein identitätsstiftendes Mnemotop. So nennt die Soziologie einen Erinnerungsort. Hier verbinden sich individuelle Erzählungen, Erinnerungen und Erfahrungen zu etwas Gemeinsamen. Wir bekommen auf dem Bolzplatz ein Bild von dem, was wir sind, oder – besser gesagt – wir können es uns ein Stück weit aussuchen, wer wir sein wollen.

Die jungen Kicker werden so eingebunden in kollektive Mythen (das Wunder von Bern, die Schmach von Córdoba). Das Gründungsnarrativ (wir sind wieder wer!) des bundesrepublikanischen Nachkriegsdeutschlands wird so ein Teil der eigenen Identität. Innerhalb dieser fühlen sich junge Menschen ganz zu

Hause, sie nehmen sie an und verinnerlichen sie. Die große Welterzählung wird zur eigenen Erzählung. Plötzlich ist man Schalker und/oder Deutscher. Die Wahl und das Spiel mit der Identität schafft Freiheit, gleichzeitig aber grenzt sie auch aus.

All diese sozialen Prozesse laufen ab, nur weil Kinder einen Ball aus dem Rucksack holen, Teams wählen und aus ihren Jacken Tore bauen. Sie erschaffen problemlos aus unwirtlichen Betonwüsten einen eigenen Ort, verwandeln den Unort zum Ort. Der Transitbereich (die Straße, die Unterführung oder das Schulhofsgelände) wird zum imaginären Stadion. In diesen Momenten ist die Fantasie des Kindes an der Macht, sie schafft es, das graue Nichts symbolisch so sehr zu besetzen, dass es zum bunten WM-Finale werden kann.

Und diese Imaginationen sind häufig der erste Schritt zur Integration. Denn der Bolzplatz hat einen unschlagbaren Vorteil gegenüber der Schule: eine gemeinsame (Körper-)Sprache, eine universelle Grammatik. Die Bewegungen des Fußballspiels sind in die Körper eingeschrieben. Man kann ohne Probleme fünf Jugendliche von fünf Kontinenten gegeneinander spielen lassen, sie werden ihr lokal erworbenes Fußball-Körperwissen sofort gegenseitig verstehen und miteinander kicken können.

Die schönen Zeiten, als Eltern ihre Kinder noch nicht mit Handys ausgestattet hatten, mit denen sie jederzeit den Ort und die Uhrzeit der Rückkehr anfragen konnten, sind zwar vorbei, aber dennoch bleibt der Bolzplatz ein Refugium. Gerade wenn es zuhause zu eng ist, wenn man vielleicht kein eigenes Zimmer hat, dann ist der Bolzplatz die erste Anlaufstelle. Ein linker Fußball auf dem Platz zeichnet sich dadurch aus, dass er eine nichtentfremdete Praxis erfahrbar macht. In der Psychologie wird das häufig mit Momenten von Flow bezeichnet. Und genau diesen Flow erleben Menschen auf Bolzplätzen weltweit. Mit dem Flow steigt der Cortisolspiegel im Blut. Das bedeutet Stress, allerdings guter Stress, sogenannter Eustress, der das Wohlbefinden steigert. Der Flow ist als Tätigkeitsrausch bekannt, der sich einstellt, wenn man sich beständig in einem schnellen komplexen Rahmen zwischen Unter- und Überforderung bewegt.[3]

In diesem tranceähnlichen Zustand laufen plötzlich alle Vorgänge automatisch ab. Das Körperwissen übernimmt die Kontrolle über das Nachdenken. Die Spieler:innen gehen völlig auf, verbunden mit einem glücklichen Gefühl: Anforderung und Fähigkeiten kommen in diesem Moment zusammen. Der Trick gelingt, das Tackling läuft und der Ball wird über der Luftlinie noch vor dem Aus gerettet. In diesem Moment sind die Kicker:innen ganz bei sich selbst – Raum und Zeit werden ausgeblendet. Selbst- und weltvergessen kann sich das Kind so von den entfremdeten Zwängen seiner Welt temporär befreien. Der Flow – mit seiner Eigenschaft der Selbst- und Weltvergessenheit – erklärt auch, warum Kinder keinen Hunger haben, scheinbar ohne Erschöpfung stundenlang kicken können und ihre Hausaufgaben vergessen. Auf dem Bolzplatz kennt man keinen Hunger, keinen Durst und kein schlechtes Wetter. Genau dieses Gefühl macht Fußball zur schönsten Nebensache der Welt und bildet gleichzeitig auch den Erfahrungskern linker Praxis.

Erwachsene, die es mit dem Kicken nicht lassen können, sehnen sich meist zurück in diesen Flow, in dem scheinbar alles gelingt. Dieses Glücksgefühl ist der Kontrapunkt zum stressigen Job, zum häuslichen Streit oder zum schreienden Kind. Oder sie wechseln zum Konsolen-Fußball, der sicherlich ähnliche Flow-Zustände auslösen kann.

Der Bolzplatz und der Industriefußball sind eng miteinander verbunden. Kinder und Jugendliche reproduzieren einerseits die ganze verwaltete Fußballwelt, inklusive Leistungsgedanken, Siegesfetischismus, Ausgrenzung und Ökonomisierung, andererseits wird aber auch das zweck- und profitfreie, das schöne und solidarische Spiel erlernt. Es gibt wenige Orte der Jugend, an dem Solidarität so praktisch wird wie auf dem Bolzplatz. Deutschland schwelgt, spätestens seit 2018, in einer wahren Bolzplatz-Melancholie. Nach der Katastrophen-Weltmeisterschaft in Russland forderte Team-Manager Oliver Bierhoff gar: »Bei aller Systematik müssen wir Raum schaffen für die Entwicklung von Individualisten. Wir brauchen wieder mehr Bolzplatzmentalität.«[4] Der Bolzplatz scheint dem »modernen Fußball« etwas vorauszuhaben, was in Nachwuchsleistungszentren nicht trainiert werden kann. Offensichtlich kann der Profifußball nicht ohne seinen älteren Bruder. Gerade die anarchischen Momente auf dem Bolzplatz verleihen dem Industrieprodukt das gewisse Extra.

Der Fußball hat sich in den letzten Jahrzehnten global stark standardisiert. Die Trainingsinhalte haben sich international angeglichen. Dabei ging etwas verloren: die überraschende Finte, der unerwartete Trick, das spezielle Dribbling oder der Torschuss aus einem unmöglichen Winkel. All diese Eigenschaften lassen sich unter dem Schlüsselbegriff der Unberechenbarkeit zusammenfassen. Und genau die lernt man beim wilden Kicken. Dazu kommen eine gewisse Bissigkeit, Durchsetzungsvermögen und eine Charaktereigenschaft, die in den Medien häufig als Schlitzohrigkeit bezeichnet wird.

Ein Blick auf den Transfermarkt der letzten 20 Jahre zeigt, dass genau dieser spektakuläre Spielertypus in vielen Fällen primär auf dem Bolzplatz das Kicken gelernt hat: Zidane, Pogba, Özil, Neymar gehören in diese Kategorie. Es ist auch nicht verwunderlich, dass Frankreich mit seiner ausgeprägten Bolzplatzkultur in den Banlieues immer wieder eine Weltklasse-Nationalmannschaft aus Spielern mit dem gewissen Extra hervorbringt, obwohl die französische Liga im Vergleich zu anderen europäischen Ligen eher schwach ist.

Geht man etwas weiter in der Geschichte zurück, kann man eine sehr enge Festlegung auf den Vereinsfußball in England und

Deutschland festmachen, hingegen eine sehr ausgeprägte Straßenfußballkultur in ganz Südamerika. Während die Mitteleuropäer meist im Bereich Taktik, Disziplin und Fitness stärker waren, waren die Südamerikaner für den schönen, überraschenden und genialen Fußball bekannt. Dass Frankreich mit einer Mischung beider Typen 2018 Weltmeister geworden ist, ist kein Zufall. Während man in Deutschland mit der Fußball-Akademie die Fußballausbildung zentralisieren wollte, sind die Franzosen einen anderen Weg gegangen. Dort wurde bereits 1988 ein Fußballcampus etabliert, der Kicker:innen auf den Bolzplätzen finden und fördern wollte. Dies waren häufig Integrationsmaßnahmen, die aber für den französischen Fußball unbezahlbar waren. Die Kicker:innen an den Stränden der Copacabana, den Slums in Accra oder den Bolzplätzen in Berlin-Wedding haben einen immensen Vorteil: sie haben sich eine ganz eigene Art des Fußballs angewöhnt. Der unebene Boden, der platte Ball, die zu kleinen Schuhe, die zu großen Trikots. All diese Besonderheiten stehen im Gegensatz zu den genormten Kunstrasenplätzen, den Flutlichtakademien oder den standardisierten DFB-Trainingseinheiten. Und so ist der Bolzplatzfußball das genaue Gegenteil vom Akademiefußball mit seinen isolierten Trainingseinheiten und dem endlosen Einschleifen von Bewegungsabläufen und angeblich optimierten Verhaltensweisen. Die immergleichen Dribblings, Ecken, Finten und Taktiken.

Auf dem Bolzplatz dagegen werden die individuellen und kollektiven Algorithmen des Spiels verinnerlicht. Sie schreiben sich tief in die neuronalen Netze des Körpers ein. Dieses Körperwissen ist elementar für jede:n kreative:n Spieler:in. Die Entscheidungen bei einem Dribbling von Lionel Messi oder Diego Maradona sind nicht auf gelernte Muster zurückzuführen, sondern entstehen intuitiv durch das unbewusste Körperwissen.

Der Bolzplatz ist Ur-Fußball pur, eine Erfahrung voller Flow und ein Bruch mit dem entfremdeten Leben. Es ist der Ort, an dem Fußballer:innen sozialisiert werden und sie Erfahrungen im Spiel und im Heranwachsen sammeln. Heute ist das wilde Kicken für viele Kinder vielleicht das letzte Refugium gegen die verwaltete Welt. Der Bolzplatz ist nicht nur ein realer Ort, er ist ein magischer Ort.

Es gibt eine goldene Bolzplatzregel, die den wilden Fußball wunderbar charakterisiert: »Das letztes Tor entscheidet.« Völlig selbstbestimmt entscheiden junge Menschen, dass der Spielstand nicht mehr zählt, dass sie den letzten Moment des Spiels noch mit Spannung füllen wollen, auch wenn sie dabei alles verlieren können.

Ersatzbank: Spontis, Hippies, Punks

Ende der 70er-Jahre zersplitterte sich die westdeutsche Linke. Neue politische Formen mussten her. Ein Teil wurde extremistisch und wieder andere wählten den langen Weg durch die Institutionen. In der Schweiz hingegen gab es noch einen vierten Weg. Radikale Linke gründeten eine eigene Fußballliga, den »Fortschrittlichen Schweizer Fussball-Verband« (FSFV), heute bekannt als »Alternative Liga Zürich«.

Der anarchistische Buchhändler Giorgio Bellini hoffte darauf, dass die zersplitterte Linke der Schweiz sich wenigstens auf dem Fußballplatz zu einer Einheitsfront aufraffen könnte. Kurzerhand gründeten er und andere eine Liga. Bellini war eine schillernde Figur der Schweizer Linken. Später hat er sich zu mehreren linksradikalen Sprengstoffanschlägen bekannt, natürlich erst nach Ablauf der Verjährungsfrist.[5]

Fußballplätze gab es damals nur für Fußballvereine mit mindestens 20 Mitgliedern. Für die linken Kicker, die sich schon seit 1975 trafen, blieb also nur die Gründung eines linken Vereins, des FSFV, der somit zum ältesten alternativen Fußballverein respektive -verband im deutschsprachigen Raum wurde. Bei der Gründung sahen die Behörden ihre Chance. Alle gemeldeten Mitglieder bekamen umgehend eine Akte beim Staatsschutz, der notierte: »Seit Herbst 75 spielen einige Linksgruppen gegeneinander Fussball. Nachdem sie das Sportamt Zürich um Zuteilung eines Sportplatzes ersucht hatten, wurden sie aufgefordert, Statuten und Mitgliederlisten einzusenden. Mit 2 Ausnahmen alles bekannte Links-Aktivisten. [...] Nach den Namen der Gruppen zu schliessen (Abbruch, Bakunin, Focus, Soldatenkomitee, Telefonzitig usw.), ist in diesem FSFV die gesamte Neue Linke vertreten.«[6] Allerdings ging es der Liga nie um einen radikalen oder extremen Fußball, sondern immer um die Bewahrung der Ästhetik.

Der FSFV berief sich stolz auf das Fußball-Manifest von César Luis Menotti, »Fußball aus der Tiefes des Volkes«, nach dem die Schönheit immer vor dem Erfolg zu stehen hat. Es gab ein neues Regelwerk, keine Schiedsrichter, gemischte Teams, keine Tabellen – und sogar die Fußballschuhe wurden abgeschafft. Die Kickenden hatten alle ein Streikrecht. Bei unklaren Spielsituationen konnte jede:r sein Recht artikulieren und es wurde ausdiskutiert.

Zu Beginn standen sogar ca. 20 Prozent Frauen auf den Plätzen. Aber bald begannen sich die Widersprüche eines integrativen Fußballs zu zeigen. Die unterschiedlichen Leistungen, die mit den körperlichen Voraussetzungen zu tun hatten, führten zu einer heiß diskutierten Verdrängung der Frauen aus der Liga, die für eine Saison noch ein eigenes Team in der Liga stellten.

Danach ähnelte die Alternativliga 20 Jahre lang der offiziellen »rückschrittlichen« Schweizer Liga; Männer spielten Fußball und Frauen schauten zu. Nach den langen Jahren des monogeschlechtlichen Fußballs gründete sich aber wieder eine eigene Frauenliga und auch eine Ehrenliga für die Ü-35-Generation. Gleichzeitig kamen die Fußballschuhe und Schienbeinschoner zurück. Statt der linken Kneipe spielte plötzlich das hippe Café mit. Die Liga wurde größer und kommerzieller.

Heute stehen die Gründerväter am Rand und schimpfen auf die Jugend und die Kommerzialisierung. 1989 wurde der Verband grundlegend reformiert und übernahm die FIFA-Regularien. Im Kodex der Liga steht aber die Schönheit immer noch über allem anderen: »Schöne Spiele gegen liebe Gegner, nicht hässliche Spiele gegen böse Gegner sind Ziel dieser Liga.«

Doch teilt der FSFV sein Schicksal mit vielen erfolgreichen idealistischen Projekten der Linken. Zur Schönheit kommt immer der Ehrgeiz hinzu und die Verlockung des Erfolgs. So ist die Alternative Züricher Liga heute eher eine Freizeitliga als eine linke Fußballliga. Immerhin jedoch eine, in der linke Ideale noch am Leben sind. Aber auch in Deutschland wurde und wird abseits der offiziellen Verbände gekickt.

In den 70er-Jahren sah die Linke mehrheitlich noch abschätzig auf den Massensport und sein Klientel. Aber die Spontis, Hippies und Punks wollten ihren eigenen, einen linken Fußball. Ohne DFB, ohne Sexismus, Chauvinismus und Kommerz. Man traf sich zum Kicken im Park oder verabredete sich auf dem Sportplatz und spielte miteinander, ohne dass sich jemand über lange Haare aufregte.

Aber 1976 in Bielefeld wollten ein paar dieser Kicker:innen noch mehr: Sie gründeten die erste Alternativliga Deutschlands. Mit dabei waren: Dampfhammer FlaFla, AJZ Bielefeld, JZ Steinhagen, Jazz Club Herford oder Hanfstengel Bad Salzuflen. Der Name war mehr Programm als bei Borussia, Eintracht oder Alemannia. Es wurde wild gebolzt, gekifft und Fußball gelebt.

In den nächsten Jahren gründeten sich dann weitere Bunte Ligen, einige existieren bis heute, wie die in Bremen, Regensburg, Kassel, Berlin, Köln oder in Frankfurt. Überall war das Muster gleich: keine Lust auf den DFB, Skepsis gegenüber Kommerz und bierernsten Leistungsgedanken. Die Gewalt, der Frust und unzählige Diskriminierungserfahrungen aus den offiziellen Amateurligen haben ihr Übriges getan. Viele der Ligen sind basisdemokratisch organisiert und werden inzwischen auch über eigene Internetportale verwaltet.

Einige Ligen kommen, andere gehen. In größeren Städten gründen sich häufig sogar zweite bunte Ligen und es werden Pokalwettbewerbe gespielt. Doch der real existierende andere Fußball ist manchmal auch ähnlich wie in der Kreisliga. Da wird schon mal der Ton rau, das Spiel härter und der nächste Sieg ist wichtiger als das schöne Spiel. Nicht alles lässt sich auf Plena regeln, und so erfinden sich die Ligen immer wieder neu und passen sich an.

Dazu kommt der Kampf um die knappen Ressourcen, die in vielen Fällen vom DFB besetzt sind. Das musste auch die altehrwürdige bunte Liga Bielefeld erfahren, die in den 90er-Jahren einen Kleinkrieg mit der nicht weniger ehrwürdigen Arminia ausfechten musste.

Die Stadt hatte einen Zaun auf das Freizeitfeld der wilden Kicker gebaut, damit die Arminia ein neues abgegrenztes Trainingsgelände bespielen konnte. Das Katz-und-Maus-Spiel begann. In den folgenden Jahren wurde der Zaun zerschnitten, neu aufgebaut und wieder zerschnitten. Am Ende gab die Stadt klein bei und die Arminia bekam ein anderes Trainingsgelände zugewiesen. Aber nicht immer geht es für die Alternativligen so gut aus, häufig haben sie das Nachsehen und müssen den begrenzten Platz in den Städten dem DFB-Betrieb überlassen.

Die alternative Liga hat bis heute ihr linkes und gleichzeitig satirisches Selbstverständnis bewahrt. Da wird schon mal in Kuh- und Eselskostümen gespielt. Das ist genauso selbstverständlich wie die Aufnahme von Geflüchteten, die hier regelmäßig an einem Ligabetrieb teilnehmen können. Bei den DFB-Vereinen brauchen sie dafür Pass und Papiere, sonst gibt es keine Spielerlaubnis.

Häufig findet man in den wilden Ligen auch die Roten-Sterne-Vereine. Der berühmteste in Deutschland ist der Rote Stern Leipzig aus Connewitz, der sich sogar im Rahmen des DFB versucht und erfolgreich von der 11. in die 7. Liga (Landesliga Nord) aufgestiegen ist. Seit 1999 gibt es dieses gesellschaftspolitische Projekt. Und nicht nur in Leipzig. Die Roten Sterne gibt es auch in Berlin, Frankfurt, Ahrensfeld, Flensburg, Lübeck, Hofheim, Wehringhause. Von der Provinz bis in die Metropolen wachsen die Projekte.

Diese Vereine knüpfen historisch an den Vorbildern der Arbeitersportbewegung an, obwohl sie zumeist von Linksintellektuellen dominiert sind. Aber es wären keine linken Vereine, gäbe es die endlosen Diskussionen nicht. Die einen wollen nur günstig Sport machen, die anderen sehen im Fußball den Vorboten einer besseren Welt.

Nicht selten schreckt man mit einem hohen Anspruch ab, will aber gleichzeitig alle Schichten und Milieus erreichen. Diskutiert wird über Nationaltrikots, die meist verboten sind. Es gibt Debatten zu Fouls, Gemecker oder Mackersprüche. Der Leistungsgedanke wird abgelehnt, kommt am Ende aber doch wieder durch. Bei einem Plenum am Abend wird häufig drei bis vier Stunden diskutiert, ob es Mitgliedsbeiträge braucht oder nicht, ob man sich doch im DFB anmeldet oder lieber weiter in der bunten Liga kickt – oder beides. Sexismus und Machismo auf und neben dem Platz sind leider ein Problem – aber wenigstens erkennt man es.

Der Höhepunkt der wilden Kicker:innen ist die seit 1985 jährlich stattfindende Deutsche Alternativ Meisterschaft (DAM), die Champions League des Bolzens, die 2022 von den Roten Hosen Ost-Berlin gewonnen wurde.

Für viele, die mit dem Fußball anfangen wollen oder auch wieder einsteigen, denen der Park zu wenig und der DFB zu viel ist, sind die wilden Ligen überall in Deutschland sehr willkommen. Sie sind für viele, die den Fußball lieben, ernst zu nehmende Alternativen zum gewaltvollen, anstrengenden und verwahrlosten Verbandsfußball in den Amateurligen.

Entscheidend is' auf'm Platz

Als die Ruhrpott-Legende Alfred Preißler den Satz sprach: »Grau is' im Leben alle Theorie – aber entscheidend is' auf'm Platz«, dachte er wohl nicht im Traum daran, dass graue Theoretiker den Platz verändern würden. Doch genau das geschah. Am 28. Mai 1993 spielten junge Student:innen der Glasgow Anarchist Summer School das erste dreiseitige Fußballmatch. Es war kühl, der Wind fegte über das Feld. Die kickenden Student:innen waren allerdings mehr in der Bildenden Kunst als im Fußball zu Hause. Angeblich tranken und kifften sie vor dem Spiel außerdem so ausgiebig, dass sie nach einer halben Stunde Praxis doch lieber im Pub weiter das dekonstruierte Fußballspiel diskutierten. So leistete auch die linke Postmoderne einen Beitrag zum Fußball.

Erfunden wurde der dreiseitige Fußball aber schon über dreißig Jahre zuvor vom Künstler und Situationisten Asger Jorn, der diesen in seinem Buch »Naturens orden« beschrieben hatte. Entstanden ist das Spiel allerdings aus Verzweiflung. Denn Jorn scheiterte regelmäßig daran, sein Konzept der Triolektik, eine gewagte Weiterentwicklung der marxistischen Dialektik, zu erklären. Ein Konzept, bei dem zwei Thesen sich gegen eine dritte verbinden können. Mit dem dreiseitigen Fußball hatte er dann die dafür optimale Metapher gefunden. Außerdem stellte er so gleichzeitig das binäre Fußballspiel und unser binäres Denken in Frage. Die inneren Bewegungsmuster der Welt sind für Jorn mehr als nur Gegensatzpaare.

Bei dem wilden, chaotischen, anarchistischen Kick auf drei Tore gewinnt dann auch nicht mehr das Team mit den meisten Toren, sondern das mit den wenigsten Gegentoren. Ständig wechselnde spontane Konstellationen machen den Reiz aus. Am Ende ist alles häufig völlig anders als am Anfang. Genau so wie man es von einem gelungen dekonstruktivistischen Denkprozess kennt. So verändert das Spiel den Charakter des Fußballs in der Tiefe, wer gewinnen will, muss sich auf das Chaos einlassen, beherrschen lässt sich der dekonstruierte Fußball hingegen nicht mehr.

Jorn starb 1973 und erlebte die reale Fußballvariante seiner theoretischen Überlegung nicht mehr. Aber seine Idee wird von Künstler:innen, Student:innen und Aktivist:innen bis heute zelebriert. Man findet das triolektische Fußballspiel ab und an auf anarchistischen Buchmessen, bei Demonstrationen oder Streetart-Performances in Japan, Malaysia oder Australien. Und immer wieder lassen sich erstaunliche Entdeckungen machen. So bilden sich bei den wilden Kicks in den Parks und auf den improvisierten Feldern keine Teamallianzen, sondern eben spontane Dynamiken, die diesen Fußball so unübersichtlich werden lassen – wie schon in den Anfangsgründen.

Zum 50. Geburtstag von »Naturens orden« gründete sich 2012 in London der Deptford Three Sided Football Club (D3FC), der seitdem jeden Sonntag in einem Hexagon in Fordham Park Freundschaftsspiele austrägt und den dreiseitigen Fußball bewahrt. Neben dem regulären Kicken auf drei Tore, den regelmäßigen WMs gab es noch einen weiteren großen Moment des triolektischen Fußballs, und zwar 2013 auf dem Taksim-Platz. An einem kühlen Septembertag organisierte die Künstlergruppe »InEnArt« im Anschluss an die Gezi-Park-Proteste und parallel zur Istanbul-Biennale das erste dreiseitige Fußballmatch in der Türkei. Mit dabei waren der Philosophy Football FC aus England, Dynamo Windrad aus Kassel und der »intellektuellste Fußballclub der Türkei«, der Ayazma Football Club.

Die Polizei hatte die Protestzelte bereits geräumt, die Straßen waren gespenstisch ruhig, da liefen die Mannschaften auf. In einem wilden Mix aus Türkisch, Englisch und Deutsch besprachen die Kicker:innen die Regeln, in Windeseile wurden Rucksäcke zu Toren. Einige Polizisten beäugten das seltsame Fußballspiel argwöhnisch. Schiedsrichter war Halil İbrahim Dinçdağ, der wegen Homosexualität keine offiziellen Spiele mehr in der Türkei pfeifen darf. Die Aktion brachte für einige Momente wieder Leben auf die Straße. Mehr als hundert Menschen versammelten sich und holten sich für einen kurzen Augenblick den öffentlichen Platz zurück.

Der Staatsapparat hatte keine Ahnung, dass es sich hier um eine kleine Revolution in der universellsten Sprache der Welt handelte. Denn nur der Fußball ist so universell verständlich, dass er selbst in autoritären Staaten sein subversives Potential entfalten kann. Dieses Potential kann punktuell nicht nur den Industriefußball in Frage stellen oder unser binäres Denken, sondern auch autoritäre Staaten und Gesellschaften.

Bomben und Bomberinnen

»Meine Idee, die kam nicht nur aus der Liebe zum Fußballsport, sondern vor allen Dingen frauenrechtlerisch. Ich habe gesagt, was die Männer können, können wir auch.«
Lotte Specht

Die Geschichte des Frauenfußballs ist eine Geschichte der Aneignung, Ausgrenzung und Wiederaneignung. Es ist nicht so, dass der Frauenfußball irgendwann zum Männersport hinzugetreten wäre, denn schon beim vormodernen harten und wilden Fußball in den Dörfern Schottlands und Englands hatten Frauen begeistert mitgekickt und mitgerauft. Es waren vor allem die Bischöfe und Priester, denen derartige Begeisterung für einen Ballsport besonders verdächtig war, wenn er von Frauen ausgeübt wurde.

Wie auch im kleinen schottischen Ort Carstairs in South Lanarkshire. Ein Geistlicher notierte dort 1628 eine Störung der Sonntagsruhe: »Der Pfarrer von Carstairs bedauert vor dem Pfarramt von Lanark die Verletzung der Sonntagsruhe durch das dreiste Verhalten von Männern und Frauen beim Fußballspielen, Tanzen und barley-breaks [ein altes englisches Spiel].«[1] Oder 1795 Alexander Carlyle, der Pfarrer von Inveresk: »Da sie (die Frauen) die Arbeit von Männern verrichten, sind ihre Umgangsformen männlich, und ihre Kraft und Aktivität ist ihrer Arbeit angemessen. Ihre Vergnügungen sind von männlicher Art. An Feiertagen spielen sie häufig Golf, und am Faschingsdienstag gibt es ein Fußballspiel zwischen den verheirateten und den unverheirateten Frauen, bei dem die ersteren immer gewinnen.«[2] Den lokalen Autoritäten war der Fußball und vor allem der Frauenfußball, soweit sich das rekonstruieren lässt, äußerst suspekt.

Mit der Industrialisierung verschwanden dann die alten Formen des Fußballs aus den Dörfern, in den Städten wurde der Fußball ohne Frauen institutionalisiert. Der Männerfußball konnte so für politische und erzieherische Ideale instrumentalisiert und die Frauen ausgeschlossen werden. Kickende Frauen galten in den viktorianischen Großstädten als unschicklich, Frauen, die auf offiziellen Plätzen und nach Verbandsregeln Fußball spielen wollten, waren unvorstellbar.

Aber es gab Widerstand. Mutige Frauen aus der Mittelschicht und den ärmeren Schichten begannen plötzlich ihr Recht auf Fußball einzufordern, und das war durchaus politisch motiviert. Die Spielerinnen traten daher auch nicht unter Klarnamen an. Wie die Suffragette und Gründerin des ersten Frauenfußball-Teams, Torfrau Helen Matthew. Sie nannte sich Mrs Graham und ihr Team die Mrs Graham's XI. Die Pseudonyme waren absolut notwendig, denn die ersten Frauenfußballteams hatten mit dem zu kämpfen, was man heute »hate speech« nennt.

Das erste öffentliches Spiel wurde von Mrs Graham und ihren Graham's XI für Mai 1881 angekündigt. Es fand in Edinburgh statt und wurde groß als Länderspiel Schottland gegen England angekündigt, auch wenn es mehr ein internes Spiel der Graham's XI war. Schottland gewann vor 1 000 Zuschauer:innen mit 3:0. Das Spiel war eine kleine Sensation, so berichteten u. a. die New York Sun, the Montreal Daily Mail und die Sydney Evening News. Der Frauenfußball war damit in der Welt und sollte bleiben – mit Unterbrechungen. Es war eine Zeit des Aufbruchs. In den europäischen Parlamenten und in den Salons wurden Frauenwahlrechte diskutiert, die Frauen forderten Mitsprache ein und organisierten ihren Widerstand.

Und schon eine Woche nach dem ersten »Länderspiel« kamen plötzlich 5 000 Zuschauer ins Stadion, um das Spektakel fußballspielender Frauen zu sehen. Nach 55 Minuten stürmten allerdings Männer (und auch Frauen) das Spielfeld, um die Graham's XI unsanft vom Platz zu drängen, mit lautem Getöse und üblen Beschimpfungen. Die Spielerinnen mussten mit Pferdekutschen fliehen. Die nächsten Spiele endeten dann auf ähnlich unsanfte Art und Weise, bis Schottland den Frauenfußball kurzerhand verbot. Helen Matthew ließ sich aber nicht aufhalten und ging ins Fußballexil nach England.

Dort gründete sie mit der Frauenrechtlerin Nettie Honeyball (ebenfalls ein Pseudonym, der echte Name ist umstritten) 1895 das erste englische Frauenfußballteam, die berühmten British Ladies. Präsidentin wurde die bekannte exzentrische (als Haustier hielt sie sich einen Jaguar) Feministin, Journalistin und Kriegsberichterstatterin Florence Dixie. Während es beim Sheffield Football Club (dem ersten Männerfußballverein) um die Einführung eines Ersatzsports für den Winter ging (ansonsten wurde nur Cricket gespielt), waren die ersten Frauenteams sofort politischer Sprengstoff.

So schrieb Honeyball: »Ich habe den Verein gegründet, um zu beweisen, dass die Frauen nicht der Schmuck und bloß nutzlose Kreaturen sind, wie sie von Männern beschrieben werden. Ich muss gestehen, dass meine Überzeugungen in allen Fragen, in denen die Geschlechter so weit auseinanderklaffen, auf der Seite der Emanzipation stehen, und ich freue mich auf die Zeit, in der Frauen im Parlament sitzen und ein Mitspracherecht bei der Gestaltung der Angelegenheiten haben, insbesondere bei denen, die sie am meisten betreffen.«[3]

Das erste große Spiel der British Ladies fand vor 10 000 Zuschauer:innen im März 1895 in London statt. Der Klub wurde in ein Nord- und ein Südteam geteilt. Im Gegensatz zu 1881 trugen die Frauen keine Korsetts und hochhackigen Schuhe mehr. Allerdings mussten sie weiterhin ihre Kopfbedeckung, die typischen Bonnets, tragen und das Spiel unterbrechen, wenn sie verrutschten. Kleidung war im 19. Jahrhundert noch weit politischer als heute. Die strenge Kleidersitte der viktorianischen Ära zwischen den 1850er- und 1880er-Jahren hatte den weiblichen Körper eingehüllt, eingezwängt und normiert. 1881 formierte sich dagegen die »Rational Dress Society«. Gesunde, bequeme und schöne Kleidung für Frauen war ihr Ziel. Die Reformmode wurde von Gesundheits- und Sportvereinigungen begrüßt, nach und nach legten Frauen die Korsetts und weiten Kleider ab, was auch auf dem Fußballplatz zu deutlich mehr Bewegungsfreiheit führte und ein ordentliches Match erst ermöglichte. Die Moral erlaubte eigentlich nur Sportarten, bei denen die strengen Bekleidungsnormen wie das Tragen von Korsetts eingehalten wurden: Bogenschießen und Croquet. Ende des 19. Jahrhunderts waren Mode und Fußball Mittel der Emanzipation der Frauen. Die British Ladies waren dabei Vorreiterinnen – gegen allen männlichen Widerstand. Der als männlich hart geltende Fußballsport galt für Frauen als unschicklich. Die medizinischen Vorstellungen der Zeit reproduzierten ebenfalls die herrschenden Moralvorstellungen. Wer als Mädchen oder Frau Sport trieb, der könne keine Kinder mehr gebären, hieß es bei den Medizinern.

Rechtsaußen der British Ladies war die talentierte Emma Clarke, »das leichtfüßige dunkelhäutige Mädchen auf dem rechten Flügel«, wie die South Wales Daily News schrieb.[4] Eine schwarze Straßenfußballerin, die beim wilden Kicken mit ihrer Schwester von Helen Matthew entdeckt wurde, die nur ein paar Straßen weiter wohnte. Emma Clarke gilt als erste offizielle schwarze Fußballerin. Bei den Männermannschaften gab es bis dato nur zwei schwarze Spieler. Aber weder Emma Clarke noch die anderen beiden wurden ernstgenommen.

Die Presse und mit ihr das öffentliche Meinungsbild schwankten in dieser Zeit zwischen Exotismus und Spott. Dennoch gingen die British Ladies auf Tour, gesponsert von Florence Dixie. Sie spielten ca. 100 Matches gegen verschiedene Auswahlteams, mitunter auch gegen Männermannschaften, die sie gerne auch mal schlugen. Der Frauenfußball hatte aber immer noch eher den Stellenwert von Showkämpfen oder Zirkusattraktionen. Aber er brachte eine gesellschaftliche Diskussion um den Rechtsstatus des Frauenfußballs und um die Rolle der Frau insgesamt in Gang. Nach zwei Jahren war die Tour allerdings vorbei, das Team dezimiert, erschöpft und pleite.

Beim letzten Spiel in Exeter konnten die verbliebenen Kickerinnen des British Ladies Club weder die Abreise noch eine Nacht im Hotel bezahlen. Der Bürgermeister kam der Bitte, die Rechnungen zu übernehmen, nicht nach. Die Spielerinnen suchten daraufhin bei Freunden und Verwandten Hilfe, damit sie sie nach Hause brachten. So endete der organisierte britische Frauenfußball – vorerst.

Denn das Ende der ersten Frauenfußballwelle war gleichzeitig auch das Karriereende vieler Spielerinnen. Nettie Honeyball verschwand sogar gänzlich von der Bildfläche. Bis heute hält sich das Gerücht, dass Nettie Honeyball nie wirklich existierte. Sehr wahrscheinlich ist, dass hinter dem Pseudonym die reale Person problemlos zurück ins bürgerliche Leben der Mittelklasse abtauchen konnte.

Der Frauenfußball des 19. Jahrhunderts war vor allem eine starke politische Gegenbewegung zu den moralischen Vorstellungen der viktorianischen Gesellschaft. Ab dem 20. Jahrhundert wurde es hingegen militant. Der bewaffnete Arm der Suffragetten-Bewegung, die »Women's Social and Political Union« (WSPU) setzte mit einer Doppelstrategie auch auf den politischen Fußball: Einerseits setzen sich die Suffragetten für das Fußballspielen für Frauen ein, kickten selber mit, und andererseits verübten sie Anschläge auf Sportstätten, die von Männern vereinnahmt waren. So gab es neben den Bombenanschlägen auf die St.-Pauls-Kathedrale und die Bank of England auch Bomben in Fußballstadien. Nach einem gescheiterten Versuch, den Tennisplatz von Wimbledon niederzubrennen, scheiterte auch der Anschlag auf die Zuschauertribüne von Crystal Palace am Vorabend des FA-Cup-Finales 1913.

Die nächsten Versuche im selben Jahr waren für die militanten Suffragetten allerdings viel erfolgreicher. Die Haupttribüne im Stadion Manor Ground Plumstead brannte nieder, wo Woolwich Arsenal zuhause war, der Vorgängerverein von Arsenal London. Weitere Anschläge gab es auf die Stadien von Preston North End und den Blackburn Rovers. Fußball war ein Politikum und Sprengstoff für WSPU kein Problem.

Der Fußball der Frauen war für die Männer im frühen 20. Jahrhundert genauso wie Ende des 19. Jahrhunderts immer noch eher Belustigung, sobald es Ernst wurde, galt er gleich als verwerflich. Für die Frauen war er hingegen Angriffsfläche und ein Ort, um männliche Dominanz sportlich und militant zu brechen.

Eine Zeitlang wurde es leise um den Frauenfußball, bis 1917 eine Werksmannschaft den Platz betrat, ein Team von Dick, Kerr & Co, die zu der Zeit Waffen und Flugzeugteile herstellten. Im Oktober 1917 war die Kriegsmoral am Boden, die Männer an der Front, die Fabrik konnte nicht mehr richtig produzieren, also spielten die Frauen Fußball. Zwischen Tee und Lunch war genug Zeit für ein Spiel zwischen den Frauen der Fabrik und den Lehrlingen. Ein Ball war schnell besorgt und so kickte man auf dem Firmengelände. Die Frauen gewannen, so die Legende.

Die »Dick, Kerr Ladies« waren geboren und nur wenig später spielten sie an Weihnachten vor 10 000 Menschen gegen die Arundel Coulthard Fabrik in Preston und gewannen 4:0. Danach begann eine kleine erfolgreiche Tour mit Benefizspielen für die Kriegsversehrten. Fußball wurde über Nacht zum Freizeitsport für die »munitions girls«, fast jede kriegswichtige Firma hatte ein eigenes Team. Der Erste Weltkrieg brachte Großbritannien den Frauenfußball.

Der Dick, Kerr Ladies FC wurde zur Topadresse im Fußball. Nach dem Ende des Ersten Weltkriegs spielten die Frauen 1920 eine Tour durch Frankreich und trugen dabei das erste Frauenländerspiel aus. Vor 25 000 Zuschauer:innen schlugen sie eine französische Auswahl. Wieder in England angekommen, spielten sie vor unglaublichen 53 000 Zuschauer:innen in Liverpool gegen die St. Helen's Ladies. Ein Rekord, der knapp 100 Jahre bestehen sollte. Und auch der Ligabetrieb der ehemaligen Munitionsarbeiterinnen wurde immer beliebter. In der Saison 1919/20 kamen 35 000 Zuschauer:innen, um sich das Spiel der Dick, Kerr Ladies gegen Newcastle United im St. James' Park anzuschauen. Frauenfußball war plötzlich so populär wie Männerfußball heute.

Aber mit einem mächtigen Gegner hatten die Dick, Kerr Ladies nicht gerechnet – der englischen »Football Association« (FA). Die Männer kamen von der Front in die Firmen zurück und beanspruchten auch wieder ihren grünen heiligen Rasen. Die FA entsprach den Forderungen sogleich und erließ 1921 ein Platzverbot für alle Frauenteams, angeblich zum moralischen und medizinischen Schutz der Frauen.

Aber natürlich gab es einen ganz anderen Grund. Der Frauenfußball hatte dem Männerfußball den Rang abgelaufen. Zu den Spielen der Dick, Kerr Ladies[5] kamen regelmäßig mehr Zuschauer:innen als zu den Spielen der Männer am gleichen Tag. Das konnten die Fußballspieler und Funktionäre nicht ertragen und taten alles, um Frauenfußball fortan zu verhindern. Und tatsächlich durften Frauen erst 1971, also 50 Jahre später, wieder auf offiziellen FA-Plätzen kicken und erst 1993 wurde Frauenfußball von der FA verwaltet und unterstützt.

Die Dick, Kerr Ladies waren allerdings nicht tot zu kriegen. 1922 ging es auf internationale Tour nach Kanada und in die USA.[6] Allerdings verbot der kanadische Verband direkt nach der Ankunft alle Spiele. Das erste Match fand deshalb erst in den USA statt. Gegner war die Männermannschaft von Paterson (New Jersey). Patersons Torwart Peter Renzulli erinnerte sich später: »Wir waren nationaler Meister und wir hatten einen Höllenjob, um sie zu schlagen.«[7]

Danach folgten noch acht weitere Spiele gegen Männerteams. Die Bilanz: drei Siege, drei Unentschieden und drei Niederlagen. In den kommenden Jahren spielten die Dick, Kerr Ladies und viele andere Frauenteams nur noch auf kleineren inoffiziellen Plätzen. Zuschauer:innen kamen noch, aber immer weniger. Die männliche Dominanz auf dem Platz hatte die Frauen wieder verdrängt. Die Männer hatten den Fußball abermals den Frauen entrissen.

In Deutschland kam der Fußball in der Breite erst mit den rückkehrenden Soldaten in Gang. An Frauenfußball war nicht zu denken. Während in England die Frauen vom Fußball ausgeschlossen wurden, eröffnete sich in Deutschland in den zwanziger Jahren für einige Frauen die Möglichkeit, im Arbeiterfußball mitzukicken. Der deutsche Arbeiterfußball zählte 1924 bereits 347 Frauen unter seinen Mitgliedern. Allerdings gab es keinen geregelten Spielbetrieb und keine Erhebung, inwieweit Frauen wirklich aktiv dabei waren. Vereinzelte Matches gab es aber im akademischen Bereich: Das erste verzeichnete Spiel von Studentinnen fand 1922 bei der deutschen Hochschulmeisterschaft statt.

Die Revolution im deutschen Frauenfußball vollzog sich aber weder im organisierten Arbeiterfußball noch im bürgerlichen oder akademischen Milieu, sondern bei einer Fußballrebellin in Frankfurt am Main.

Anfang 1930: Die Metzgerstochter Lotte Specht schaltete eine Anzeige in den Frankfurter Nachrichten. Es ging um nichts weniger als eine Fußball-Revolution, denn sie suchte Mitspielerinnen für eine Team. Dabei hatte sie nicht nur den reinen Spaß am Sport im Blick, sondern auch Frauenrechte.

40 Frauen meldeten sich auf die Annonce, von denen 35 im März den 1. Deutschen Damen Fußballclub (1. DDFC) gründeten. Die »Flotte Lotte«, wie sie genannt wurde, hatte sich einen Namen als Stürmerin gemacht. Gespielt wurde, mangels Gegnerinnen, untereinander. Die geballte männliche Gegenmacht ließ aber nicht lange auf sich warten. Bei einigen Spielen flogen sogar Steine auf die mutigen Spielerinnen. Und auch die Zeitungen schrieben gegen den 1. DDFC an, was dazu führte, dass er sich nach einem Jahr schon wieder auflöste: »Und weil auch die Zeitungen so gemein zu uns waren, haben einige Eltern den Mädchen das Fußballspielen verboten. Mit der Zeit wurden wir immer weniger und nach einem Jahr, tja, da war er aus, der Traum«,[8] wie Lotte Specht später bemerkte. So blieb der Frauenfußball in Deutschland ein Randphänomen.

Unter den Nazis war an Frauenfußball dann nicht im Entferntesten zu denken. Das (Reichs-)Fachamt Fußball, Rugby, Kricket postulierte kurzerhand, dass Fußball »nicht dem Wesen der Frau« entspräche. Die Nazis wollten Frauen stattdessen lieber bei »anmutigen« Sportarten wie der Gymnastik sehen.

1949 wird der DFB dann neu gegründet, die Ranküne gegen Frauen blieb. Der DFB hat zu diesem Zeitpunkt keine Systemkonkurrenz mehr, die Überbleibsel des Arbeiterfußballs hat er sich einverleibt. Er ist seit dem zweiten Weltkrieg der unangefochtene

Monopolist in Sachen Fußball-Infrastruktur in Deutschland. Frauen sind zwar häufig als Straßenfußballerinnen unterwegs, Frauenteams bilden sich aber nur vereinzelt. Sie spielen heimlich, umgehen Verbote und haben mit Repressionen zu kämpfen. Fußball im Verein war für Frauen ein Akt des Widerstands.

Eine dieser Rebellengruppen waren die *Damen* von Blau-Weiß Oberhausen. 1951 konnten sie, mangels Gegnerinnen, nur unter sich spielen. Trainer war Rolf Warschun, der zum Frühlingsfest seines Vereins eine Sensation versprach: öffentlicher Damenfußball. Aber die Vereinsleitung distanzierte sich umgehend, der Platz wurde nur »irrtümlich« für die Frauen freigegeben. Leider kamen nur wenige Zuschauer:innen, Tore hingegen gab es reichlich: 11 Stück. Der »Oberhausener Generalanzeiger« schrieb anschließend: »Eine Dauereinrichtung wird es nicht werden, denn Männer können blaue Flecken an den Beinen vertragen, Frauen aber sicher nicht. Es mindert die Anziehungskraft der Beine und damit wird sich keine Frau für ständig abfinden.«[9] Und Warschun verlor nach dem Spiel alle seine Ämter im DFB.

Erst der WM-Titel 1954 brachte die Diskussion um den Frauenfußball in Deutschland wieder auf die Tagesordnung und der DFB hatte umgehend eine Antwort parat. Er verkündete auf seinem Bundestag 1955: »Im Kampf um den Ball verschwindet die weibliche Anmut, Körper und Seele erleiden unweigerlich Schaden und das Zurschaustellen des Körpers verletzt Schicklichkeit und Anstand.« Wie zuvor in England wurden auch in Deutschland die Plätze für Frauen gesperrt und die Gründung von Frauenfußballabteilungen unter Strafe gestellt, man war sich einig, »dass diese Kampfsportart der Natur des Weibes im Wesentlichen fremd ist.«[10]

Mitte der 50er-Jahre wuchs der Frauenfußball und auch der Widerstand der DFB-Männer. Zahlreiche Vereine und wilde Zusammenschlüsse von Frauen organisierten den Frauenfußball von unten. Im Juli 1955 wurde wieder einmal ein Spiel zu verhindern versucht. Trotz Mietvertrag durfte das Spiel des DFC Duisburg-Hamborn gegen Gruga Essen nicht stattfinden. Also wechselte man den Platz und trat auf dem Platz von Hertha Hamborn an. Nach 20 Minuten kam der 2. Vorsitzende mit der Polizei und dem Überfallkommando und sie brachen unsanft das Spiel ab.

1956 wird dann der »Westdeutsche Damen-Fußball-Verband« (später »Deutscher Damen-Fußball-Bund«) gegründet und im September findet das erste Länderspiel vor 18 000 Zuschauer:innen in Essen gegen die Niederlande statt. Der DFB schäumt vor Wut, aber die Presse schlägt sich immer mehr auf die Seite der kickenden Frauen, die Kräfteverhältnisse haben sich gewandelt.

Der DFB sabotierte den Frauenfußball allerdings munter weiter, wo er konnte. 1957 drohte er gar der Stadt Frankfurt am Main, dort keine größeren Fußballspiele mehr auszutragen, wenn nicht ein »Damenfußballspiel« abgesagt würde. Die Stadt wollte sich aber nicht erpressen lassen und ließ trotzdem spielen.

Ende der 1960er-Jahre gab es in Deutschland bereits bis zu 60 000 Spielerinnen, alle in einer Grauzone zwischen Legalität und Illegalität. Deren Gleichberechtigung schien den DFB immer noch nicht zu interessieren, wohl aber fehlende Marktanteile. Sehr langsam brachten die Konkurrenzligen der Frauen den DFB zum Umdenken. 1970 dann wurde in Travemünde das Frauenfußballverbot des DFB wieder aufgehoben. Aber natürlich nicht ganz. Der DFB gliederte den Frauenfußball ein, machte aber ein anderes Spiel daraus. Es gab eine halbjährige Winterpause, der Ball war leichter und kleiner, Stollenschuhe waren verboten und ein Spiel dauerte zweimal 30 Minuten. Selbst das absichtliche Handspiel wurde als »Schutzhand« legalisiert. Der »richtige« Fußball sollte fest in Männerhand bleiben.

Der DFB hatte nicht zuletzt aufgrund von internationalem Druck Angst um Einnahmen und Prestige, es drohte der Kontrollverlust. Denn Anfang 1970 gründete sich noch die »Fédération Internationale et Européenne de Football Féminin«, die 1970 die erste Frauenfußball-WM in Italien veranstaltete – ohne FIFA, UEFA oder den DFB. Die deutsche »Nationalmannschaft« wurde von der 1969 illegal gegründeten Frauenabteilung des SC 07 Bad Neuenahr gestellt, die vor der WM bereits am 1. Mai 1970 das größte Frauenfußballturnier der Welt ausgetragen hatte. Bei der WM verloren sie allerdings 1:5 gegen England und 1:6 gegen Dänemark, den späteren Turniersieger.

Aber ab den siebziger Jahren war der Frauenfußball des DFB (und vielen anderen Verbänden weltweit) endgültig nicht mehr aufzuhalten. Die Zuschauer:innenzahlen stiegen und das Interesse wuchs, wenn auch immer noch die Gelder massiv ungleich verteilt waren und bis heute sind. In Deutschland wie international wurden Turniere ausgespielt. Dennoch sollte es bis 1991 dauern, bis die erste offizielle Fußballweltmeisterschaft der Frauen ausgetragen wurde – 21 Jahre nach der wilden Frauen-WM 1970.

Die Wertschätzung beim DFB war allerdings immer noch ausbaufähig, obwohl das deutsche Nationalteam zum Global Player wurde, als die Kickerinnen 1989 die Europameisterschaft im eigenen Land gewannen. Vom DFB gab es als Siegprämie ein Kaffeeservice.

Trotz zunehmender Professionalisierung und steigender Umsätze ist der Frauenfußball weitgehend Amateursport – bis in die ersten Ligen. Und doch gibt es sie, die linken Persönlichkeiten mit klaren politischen Haltungen auf und neben dem Platz. Wie die US-amerikanische Weltfußballerin Megan Rapinoe, die sich 2016 als erste weiße Sportlerin weigerte, die US-Hymne mitzusingen, um gegen Rassismus und Ungerechtigkeit zu demonstrieren. Der ehemalige Präsident Trump kritisierte Rapinoe dafür heftig, wofür sie ihn im Anschluss ignorierte. Rapinoe war es auch, die maßgeblich die Proteste anführte, die zur gleichen Bezahlung im US-Fußballverband führten. Seit 2022 bekommen die US-Spielerinnen genau so viel wie die Männer, 5 Jahre nachdem der norwegische Verband 2017 das equal pay eingeführt hatte.[11] Im DFB beträgt das Verhältnis 1 zu 8.

Bis heute dient der Frauenfußball als Türöffner für Frauenrechte und Emanzipationsbestrebungen – wie zum Beispiel das Spiel der Iranischen Frauenfußballmannschaft gegen den Kreuzberger Verein BSV Al Dersimspor mit Hinspiel in Berlin und Rückspiel in Teheran 2006. Trotz aller Repressionen ist gerade der Frauenfußball in der arabischen Welt ein Ort des sanften Widerstands. Der Fußball geht hier der gesellschaftlichen Entwicklung voraus. So dürfen Frauen sogar in Saudi-Arabien seit ein paar Jahren kicken. Die Frauenfußballpionierin Monika Staab baut dort ein Nationalteam auf und hofft auf das baldige erste Länderspiel.

Allerdings beherrschen patriarchale Gesellschaftsstrukturen den Frauenfußball bis heute. Männer haben mit allen Mitteln versucht, den Ball am eigenen Fuß zu halten. Für Frauen war der Fußball von Beginn an ein Akt der Emanzipation. Die zum Teil aggressive Gegnerschaft gegen die weibliche Teilhabe hat zugleich auch eine psychologische Komponente. Es geht nicht nur um den klassischen Chauvinismus, sondern auch um die Verteidigung eines homoerotischen Spektakels auf dem Rasen und – nicht zu unterschätzen – auch auf den Rängen. Wo sonst können sich Männer, verschwitzt, mit Mundgeruch, Tränen in den Augen, so in die Arme fallen, sich küssen, necken und streicheln, ohne dass ihnen unterstellt wird, sie seien schwul? Dieser geschützte Raum wird verteidigt. Gegen die Übernahme des letzten Rests homoerotischer Männlichkeit durch die »aufmüpfigen Weiber«. Diese Entwicklung erklärt manche der heftigen Reaktionen. Und zeigt, dass in der bürgerlichen Gesellschaft gewisse Tabus längst noch wirksam sind. Aber die Zeiten, da ein Wim Thoelke, der sicher ein begnadeter Moderator, aber weniger ein Fußballexperte war, noch mit vermeintlich ironischen und schlüpfrigen Bemerkungen den Fußball der Frauen diskreditieren konnte, sind offensichtlich vorbei[12].

Auch die härtesten Aufstände seitens der Männerwelt konnten am Ende nicht verhindern, dass Frauen im Fußball immer populärer wurden. Unvergessen die unglaubliche Provokation des Männerfußballs, als erstmals eine Frau das Aktuelle Sportstudio, quasi der Samstagabend-Gottesdienst aller Fußballmänner, moderierte. Der 21. Juli 1973 ging in die Fußballgeschichte ein. Carmen Thomas wagte es tatsächlich, als Moderatorin diese kulturelle Domäne und heilige Halle der Männerwelt zu betreten. Es kam, wie es kommen musste. Bei ihrer Ansage wurde ausgerechnet aus Schalke nicht 04, sondern 05 und den Gegner, Standard Lüttich, musste sie nachschauen. Die Fußball-Männerwelt schäumte. Und schaffte es noch einmal, »ihr Terrain« zu verteidigen. Carmen Thomas verlor ihren Job. Auch heute noch sind Frauen als schöne Gesprächspartnerinnen vor und nach dem Spiel, wenn sie die Heroen auf dem Platz befragen, fast schon gern gesehen. Aber als Moderatorinnen werden sie nach wie vor in diversen Foren angegriffen und niedergemacht.

Langsam, aber sicher schlägt das Pendel in die andere Richtung. Immer mehr Zuschauer:innen finden den inzwischen rapide verbesserten Frauenfußball attraktiver als den hyper-kommerzialisierten Fußball der männlichen Stars. Tatsächlich ist der Frauenfußball weniger brutal, vor allem aber weniger theatralisch. Hier spielt niemand den sterbenden Schwan. Frau greift sich nicht an den Kopf, als sei sie gerade im Boxkampf niedergestreckt worden, obwohl doch nur der kleine Zeh berührt wurde. Man akzeptiert den Pfiff der Schiedsrichterin, auch wenn frau ihn falsch findet. Die Gefoulte steht nicht erst nach fünf Minuten wieder auf, weil ihre Mannschaft kurz vor Schluss führt. Kurz gesagt: Der Frauenfußball kennt häufig noch »Fair Play«, was den Herren längst abhandengekommen ist.

Was uns bei den internationalen männlichen Stars immer mehr nervt, die Schauspielerei, der unerträgliche Narzissmus, die Zeitschinderei, der Dauerprotest bei kleinsten Entscheidungen – das findet sich im Fußball der Frauen (noch?) nicht. Auch wenn es inzwischen Profis und große Spiele gibt. Die Frauenfußball-Bundesliga entwickelt sich mehr und mehr zum Abziehbild der Männergesellschaft. Die großen Vereine wie Bayern oder Wolfsburg erkennen zunehmend das Potential. Konnten vor einigen Jahren noch Turbine Potsdam oder der FFC Frankfurt (inzwischen unter dem Dach der Frankfurter Eintracht) als selbständige Fußballvereine Deutscher Meister werden, so übernehmen auch hier die bekannten »Big Player« das Regiment. Wolfsburg und Bayern dominieren die Bundesliga der Frauen und spielen in den internationalen Wettbewerben.

Neben diesen Tendenzen gibt es aber auch einen anderen (noch kleinen) Trend. Es ist nicht auszuschließen, dass wir in entfernten Spieltagen erste gemischte Teams der Profiteams auf dem Feld sehen werden. Und erste Anzeichen gibt es schon. So spielte 2020 die damals 19-jährige Ellen Fokkema mit einer Sondergenehmigung in einer Männermannschaft der 4. Amateurliga in den Niederlanden, nachdem sie nicht in die erste Frauenfußballliga zum SC Heerenveen wechseln wollte. Der Verband zögerte erst, erteilte aber dann doch eine Sondergenehmigung.

Den ersten Profivertrag erhielt allerdings die erfolgreichste mexikanische Fußballspielerin, Maribel Dominguez. Nach ihrem Karrierebeginn in den USA wollte sie unbedingt in ihrem Heimatland Fußball spielen. Aber dort gab es keine Frauenliga, also unterschrieb sie kurzerhand beim mexikanischen Zweitligisten Atlético Celaya einen Profivertrag im Männerfußball. Der Verein baute gerade eine zweite Kabine, da meldeten sich Sepp Blatter und die FIFA, es müsse eine klare Trennung zwischen Frauen- und Männerfußball geben. Auch alle weiteren Freundschaftsspiele mit Dominguez im Männerfußball wurden untersagt. Sie wechselte daraufhin zu den erfolgreichen Frauen vom FC Barcelona.

Die Frauen sind selbstsicherer geworden. Ihr Fußball wird populärer. Der Frauenfußball ist auf dem besten Wege zwischen Emanzipation und Aneignung. Dennoch ist der Grat schmal zwischen Angleichung an den Männerfußball und Emanzipation eines eigenen, eines anderen Fußballs. Ein eindeutiges Signal für den Fortschritt des Frauenfußballs haben wir immer dann, wenn Funktionäre, Journalisten oder Spieler sich beschweren. Das wird spätestens dann geschehen, wenn Ressourcen vom Männerfußball abwandern. Dann ist auch sicher, dass der Fußball der Frauen wieder gesellschaftspolitische Wirkung entfalten kann, so wie in seinen Anfängen in England. Eine neue Phase der Wiederaneignung steht bevor.

Diagonale Kontinentalpässe

»Beauty comes first.
Victory is secondary.
What matters is joy.«
Dr. Sócrates

11 Freunde – 11 Genossen

1920 fand in der jungen Sowjetunion der Zweite Kongress der Kommunistischen Internationale statt. Fahnen wurden geschwenkt, der Aufbruch in eine neue Welt gefeiert und die Euphorie kannte keine Grenzen. Bald schon, da war man sich sicher, würde die Weltrevolution triumphieren. Lenin und die Bolschewiki nutzten diese Phase des Aufbruchs und zurrten ihre Macht fest, alle reformistischen Parteien und Bewegungen wurden ausgeschlossen. Das »wichtigste Ereignis« fand aber am Rande des Weltkongresses statt, denn es wurde auch noch Fußball gespielt. Das vermutlich erste Spiel einer sowjetischen Auswahl stand auf dem Programm. Der Gegner war ein internationales Team, dabei waren aber vor allem Briten und US-Amerikaner. In der ersten Halbzeit stand Willie Gallacher im Tor, der spätere Vorsitzende der Kommunistischen Partei Großbritanniens. In der zweiten Halbzeit markierte er als Feldspieler den Ehrentreffer. Sein Platz im Tor nahm der Chronist der russischen Revolution und Journalist John Reed (»10 Tage, die die Welt erschütterten«) ein. Er kassierte fünf Gegentreffer. Zusammen mit den sechs, die Gallacher hinnehmen musste, stand es am Ende 11:1 für die Sowjetauswahl. Gallacher erinnerte sich: »Ich kam am Samstagnachmittag im Hotel in Moskau an. Gerade rechtzeitig zum Subbotnik[1]. [...] Am Sonntag wurde ich zu einem Fußballspiel überredet. Ich wurde anderthalb Stunden über den Platz getreten.«[2]

In den Jahren des Bürgerkriegs war an Fußball nicht mehr zu denken. Ab 1923 gibt es dann erste Ansätze. Im September 1923 spielte die Sowjet-Auswahl ihr erstes Fußballländerspiel. Sie gewann mit 4:2 gegen Estland. Ein Höhepunkt war außerdem die Deutschlandtournee der Nationalmannschaft 1927, bei der man ausschließlich gegen Arbeitervertreter spielte. Es sollte allerdings bis 1936 dauern, bis die »Wysschaja-Liga« ins Leben gerufen wurde und sich in den nächsten Jahren zu einer der stärksten Fußballligen Europas entwickelte. Kurz vor dem Zusammenbruch der Sowjetunion 88/89 war sie in der UEFA-Fünfjahreswertung dann auch tatsächlich die zweitstärkste Liga Europas.

Fußball in der Sowjetunion huldigte dem Amateurethos, wie es anfangs auch in England und in Deutschland der Fall war. Alle Spieler waren bei den großen staatlichen Betrieben angestellt (und natürlich meist freigestellt), sie galten als »Staatsamateure«, Profis mit Amateurlegierung. Die Sowjetunion benutzte, wie die kapitalistischen Staaten in den ersten Jahren, den Fußball zur militärischen Vorbildung. 1931 hieß das Förderprogramm für den Sport dementsprechend »Bereit zur Arbeit und Verteidigung der Sowjetunion«.

Es wurde gearbeitet und verteidigt und nun auch umgehend international gespielt – zur Völkerverständigung, wie es hieß. Kurz nach Gründung der Wysschaja reiste 1937 eine baskische Auswahlmannschaft an und spielte mitten im spanischen Bürgerkrieg eine Solidaritäts-Tournee. Die Basken zeigten den Sowjets die fußballerischen Grenzen auf. Das sollte sich in den nächsten Jahren ändern. Der Siegeszug des Fußballs war in der Sowjetunion nicht mehr aufzuhalten.

Am Anfang stand die Begeisterung für den neuen aufregenden Sport aus dem Westen, später kam noch ein weiterer wichtiger Grund hinzu. Ähnlich wie im arabischen Frühling war das Stadion häufig der einzige Ort, an dem man auf Stalin, auf die Partei und auf den Sozialismus schimpfen konnte, ohne dafür mit dem Leben zu bezahlen. Mit großer Begeisterung war ein ganz besonderer Fußballfan dabei: Dmitri Schostakowitsch. Er war nicht nur ein genialer Musiker, sondern auch der Chronist und größte Nerd des sowjetischen Fußballs. Immer, wenn er konnte, stand er bei Zenit Leningrad (zuvor Stalinez Leningrad, heute Zenit St. Petersburg) auf der Tribüne, ab und an war er auch Schiedsrichter. Eines Abends lud er sogar die komplette Mannschaft von Leningrad bei sich zuhause zum Essen ein. In seiner Wohnung sammelte er außerdem akribisch alles zum Fußball, was er in die Hände bekommen konnte: Spielberichte, Torschützen, Tabellen und Statistiken. Manisch notierte er alles rund um den Fußball, selbst seine Partituren waren voll mit Fußballnotizen. Seine Aktentasche hatte er immer dabei. Wenn es Diskussionen im Stadion gab, holte er sie hervor, kramte nach seinen Zetteln und prüfte die Behauptungen. Bis heute bilden Schostakowitschs Notizen mit die wertvollsten Quellen zum sowjetischen Fußball. Prinzipiell galt, dass das Kollektiv vor dem Individuum zu stehen hatte. Torschützen wurden nicht vermerkt, sie standen nicht im Spielbericht oder in der Zeitung.

Auch das Erscheinungsbild des fein gekleideten Musikers unter den üblichen Fans war ungewöhnlich. Selbst seine Kompositionen verband er ab und an mit dem Fußball. In seinem Ballettstück »Das goldene Zeitalter« ging es um eine Fußballmannschaft. Auf die Frage, warum er so gerne zum Fußball geht, hat er geantwortet: »Das Stadion ist in diesem Land der einzige Ort, wo man laut die Wahrheit über das sagen kann, was man sieht.« Zwischen dem Bürgerkrieg und dem Zweiten Weltkrieg blühte der Fußball im Osten auf. Aber auch beim schrecklichen Überfall der Nazis auf die Sowjetunion gab der Fußball Kraft.

Welch immense moralische Kraft das war, zeigt sich im Staatlichen Museum von Leningrad. Während der gnadenlosen Belagerung der Stadt durch die deutsche Wehrmacht kamen in 28 Monaten zwischen dem 8. September 1941 bis zum 27. Januar 1944 1,1 Millionen Menschen zumeist durch Hunger ums Leben. Im Museum finden sich Fotos »von mythischen Fußballspielen«, mit denen der Widerstandsgeist der hungernden Bevölkerung beschworen werden sollte: zum Beispiel das 7:3 von Dynamo Leningrad gegen die Mannschaft der Baltischen Flotte am 6. Mai 1942. Es ist nicht mehr nachzuvollziehen, wie viele Zuschauer dabei waren. Sicher ist aber, dass einige Spieler direkt von der Stadtfront geholt wurden. Manche sollen auf dem Spielfeld vor Erschöpfung zusammengebrochen sein. Die Spiele seien in einer Reihe zu nennen mit der legendären 7. Sinfonie des Leningrader Dimitri Schostakowitsch.[3] Er hatte die Sinfonie während der Belagerung komponiert. Sportliche wie musikalische Heldentaten, die zeigen, welche Hoffnung die Musik und der Fußball vermitteln können.

Die Sowjetunion nutzte das Potential des Fußballs: Eine weitere Gemeinsamkeit mit den westeuropäischen Anfängen des Sports ist die Sakralisierung der Spiele. Wie beim Calcio storico in Florenz oder beim wilden Fußball in Großbritannien verknüpfte auch die Sowjetunion die Spiele mit den hohen nationalen Feiertagen. Bis heute beginnt die russische Fußballsaison an einem Feiertag im Frühling.

Die Liga hatte aber auch noch einen anderen Zweck: Sie sollte bei der Entwicklung eines Nationalgefühls mitwirken. Fast alle

Sowjetrepubliken hatten Erstligamannschaften, und so war die Liga im strengsten Sinne des Wortes die erste Champions League der Welt. Einerseits wurden hier die Unterschiede zwischen den verschiedenen Sowjetrepubliken deutlich gemacht, aber andererseits wurden auch nationale Gemeinsamkeiten produziert. In voller Absicht.

Dazu kam, dass es in der sowjetischen Fanszene relativ viele Freiräume gab, besonders auch nach den Restriktionen infolge des Prager Frühlings 1968. Fangruppen trugen politische Schals, organisierten sich, tauschten sich aus. Erst in den 80er-Jahren nahm sich der Staat der Fußballfans an. Organisierte Jugendliche galten plötzlich als verdächtig und wurden stärker kontrolliert, ganz verhindern konnte die Miliz die Fankultur aber nicht, auch wenn sich diese immer weiter radikalisierte und Schlägereien an der Tagesordnung waren. Die Fanszene entwickelte sich schließlich rasch zum Ort der Gewalt. Wie die gesamte Sowjetunion versank auch der Fußball immer mehr in Korruption, Manipulation und Ausschreitungen.

Fernab der Arbeiter- und Fanromantik waren vor allem Politiker, Industrielle und ganze Industriezweige im Fußball aktiv. Die großen Clubs waren in der Hand einflussreicher Personen. Jeder Verein hatte seine Staatsinstitution hinter sich: Dynamo war die Mannschaft der Geheimpolizei, ZSKA wurde von der Armee gegründet, Torpedo Moskau war der Verein der Automobilproduktion von ZIL und Lokomotive Moskau gehörte zur Eisenbahn.

Und hinter den Institutionen standen mächtige Männer. Als Dynamo Tiflis, der Lieblingsclub des Leiters der Staatssicherheit, Lawrenti Beria, 1939 im Pokalhalbfinale 3:1 gegen Stalinez Leningrad verlor, musste gar das Halbfinale wiederholt werden, obwohl das Finale bereits gespielt war. Später dezimierte Beria auch das dominante und beliebte Team von Spartak Moskau. Spartak war die Mannschaft der »einfachen Leute«, während Dynamo der Verein der Eliten war. Ein Gegensatz, der bis heute besteht. Eine der Anschuldigungen gegen Spartak lautete übrigens Bildung »einer terroristischen Kampfgruppe von Sportlern gegen die Parteiführung und Regierung«. Die bekanntesten Kicker von Spartak waren damals die Starostin-Brüder. Beide bekamen 1943 zehn Jahre Lagerhaft. Das Urteil gab es für den Versuch, »bourgeoise Moral in den Sport eingeschleppt zu haben«. Bei den Lagerkommandanten im Gulag waren sie nach ihrer Verurteilung sehr beliebt, jeder Lagerkommandant wollte sie für seine Mannschaften haben, sodass sie die Zeit relativ unbeschadet überstanden und später rehabilitiert wurden.

Ähnlich erging es Eduard Anatoljewitsch Strelzow, dem russischen Pelé. Er und Lew Jaschin gelten als die bis heute besten sowjetischen Kicker. Strelzow spielte Mitte der 50er-Jahre bis 1970. Nach ihm ist auch der Hackentrick in Russland benannt, der »Strelzow-Pass«. Strelzow war bekannt für seine Frauengeschichten, seinen extensiven Alkoholkonsum und seinen »westlichen« Lebensstil. Er wurde immer mehr zum Promi, was der sowjetischen Führung nicht entging. Außerdem wurde er als potenzieller Überläufer verdächtigt, die Zeitschrift »Sovetsky Sport« bezeichnete ihn als »Beispiel für das Teuflische des westlichen Imperialismus«.

Nach einer widersprüchlichen und dubiosen Anklage wegen Vergewaltigung wurde Strelzow verhaftet und zu 12 Jahren Gulag verurteilt. Nach fünf Jahren kam er frei und spielte für die Amateure der ZIL Autofabrik. Die Fans gingen dann einfach zu den Amateuren statt zu den Profis und feuerten Strelzow an, wo immer er spielte, was der sowjetischen Führung missfiel. Bei einem Auswärtsspiel in Gorki ordneten sie an, dass er auf die Bank sollte. Als die Fans das bemerkten, forderten sie lautstark Strelzows Einwechslung. Darauf folgten so heftige Ausschreitungen, dass die Fabrikleitung in Gorki beim Trainer der ZIL-Autowerke die Einwechslung von Strelzow erzwang. Aber erst Leonid Breschnew erlaubte, dass Strelzow wieder professionell spielen durfte. Also schnürte er seine Fußballschuhe wieder bei Torpedo Moskau und in der sowjetischen Nationalmannschaft, wo er noch einen erfolgreichen Karriereausklang erlebte.

Der Antipode von Strelzow war Lew Jaschin, der »Held der Abwehrarbeit«. Jaschin gilt bis heute als einer der besten Torhüter aller Zeiten, der einzige Torwart, der den Ballon d'Or gewinnen konnte, und der einzige Spieler, der gleichzeitig den Leninorden verliehen bekam, die zweithöchste Auszeichnung der Sowjetunion. Aber er war nicht nur ein Vorzeigetorwart, er war auch das Aushängeschild des Homo sovieticus: diszipliniert, linientreu und Parteimitglied. Im Winter hütete er das Eishockeytor und im Frühling und Sommer das Fußballtor. Er blieb der Sowjetunion treu, auch ein Angebot von Real Madrid schlug er aus. Der Torwart symbolisierte im kulturellen Gedächtnis der jungen Sowjetunion das Bollwerk gegen den äußeren Feind. Schon im Filmmusical »Waratar« (der Torwart) von 1936 besiegt der Protagonist die faschistischen Gegner. Bei der Weltausstellung 1939 in New York stand eine Torwartskulptur im sowjetischen Pavillon. Das Narrativ vom heldenhaften letzten Verteidiger der Menschlichkeit und des Sozialismus durchzieht die Fußballkultur in der Sowjetunion, ähnlich wie das des Offensivkünstlers die Fußballkultur in Brasilien. Jaschin passte perfekt in die Erzählung.

Die FIFA hatte anfänglich kein Interesse an einer sowjetischen Fußballmannschaft und zögerte so den Beitritt bis 1946 hinaus. Bis dahin waren nur informelle Spiele möglich. Die sowjetische Führung wollte aber der Welt beweisen, dass das sowjetische System auch im Sport überlegen ist. 1952 musste daher unbedingt der Sieg bei den Olympischen Spielen her, die Auswahl verlor jedoch ausgerechnet gegen den abtrünnigen Bruderstaat Jugoslawien mit 1:3. Auf Anordnung Stalins wurden die verantwortlichen Spieler, vor allem der Block von ZSKA Moskau, in alle Winkel des Landes verteilt, einige erhielten lebenslange Fußballverbote. Fußball war politisch. In der Sowjetunion sogar so politisch, dass eine Niederlage als Verrat an den kommunistischen Idealen galt. Aber es gab auch noch andere Ereignisse, die Fußball und Politik verbanden.

Nach Stalins Tod standen sich 1955 die Bundesrepublik Deutschland und die Sowjetunion 10 Jahre nach Kriegsende in einem Freundschaftsspiel gegenüber. Die Weltmeistermannschaft von 1954 reiste nach Moskau, mitten im Kalten Krieg. Dabei stand die westdeutsche Öffentlichkeit dem Spiel sehr kritisch gegenüber, immerhin gab es noch keine offiziellen Beziehungen zwischen den Staaten. Gleichzeitig war das Spiel aber auch der Ausgangspunkt für eine Annäherung. Kurz nach dem Spiel reiste Konrad Adenauer nach Moskau, um über die letzten 10 000 Kriegsgefangenen zu verhandeln. Unter den 80 000 Fans im Stadion waren etwa 1 500 Fans aus Ost- und Westdeutschland. Die Sowjets waren körperlich in bester Verfassung und gewannen am Ende verdient mit 3:2. In diesem Fall war das Spiel ein erster Schritt der Annäherung im Kalten Krieg.

Ganz anders rollte 1973 der politische Ball nach rechts. Es war das Jahr, in dem in Chile der demokratisch-sozialistische Präsident Salvador Allende mit Hilfe der Amerikaner ermordet und der Diktator Augusto Pinochet eingesetzt wurde. 14 Tage nach diesem Verbrechen sollte das WM-Quali-Rückspiel zwischen Chile und der Sowjetunion stattfinden. Gespielt werden sollte im Nationalstadion, dem Stadion, in dem die Putschisten 40 000 Regierungsanhänger kaserniert hatten, von denen viele gefoltert und ermordet wurden. Die sowjetische Mannschaft weigerte sich, dort zu spielen. Sie reisten gar nicht erst an – das Spiel aber fand dennoch stand.

Es gab keine Fans, nur ausgewähltes Publikum und Soldaten. Das Estádio Nacional de Chile hatte Platz für 100 000 Menschen, 15 000 waren da und 11 chilenische Nationalkicker, kein sowjetischer. Die FIFA wollte unbedingt, dass das Spiel angepfiffen würde. Also spielten sich die Stürmer Carlos Reinoso, Julio Crisosto und Kapitän Francisco Valdés den Ball ein paar Mal zu, liefen Richtung leeres Tor und trafen zum 1:0. Danach pfiff der Schiedsrichter ab. Das seltsamste Spiel der WM-Qualifikation war zu Ende.[4]

Die Sowjetunion beharrte auf ihren Prinzipien. Auch im Spiel selbst wollte die Führungsriege einen eigenen sowjetischen, also einen kollektiven Fußball sehen. Der Star war immer die Mannschaft, was wohl den einen oder anderen Titel kostete. Ein weiterer Einfluss des Sowjetsystems war die Verwissenschaftlichung des Fußballs, wofür wie kein zweiter Walerij Lobanowskyj stand. Er trainierte die Nationalmannschaft wie auch Dynamo Kiew und gilt als einer der Wegbereiter des modernen Fußballs – lange bevor es Tablet- und Konzept-Trainer gab. An Leistungsanalysen dachte damals keiner, außer Lobanowskyj. Er arbeitete schon mit Computern, um seine wissenschaftlichen Theorien zur Taktik zu verfeinern. Sein Stil als Trainer war top-down, klar hierarchisch und kollektiv. Erst kam der Trainer und dann hatten alle anderen nichts zu melden. Jeder Spieler wusste aber genau, was zu tun war.

Lobanowskyj hat überall nach Inspirationen für seine Spielweise gesucht. So erfand er auch das Gegenpressing, das er aus dem Basketball übernommen hatte. An seiner Seite stand immer der Statistiker Anatolij Selenzow, mit dem er Videoaufnahmen analysierte, Daten auswertete und Leistungen verglich. Außerdem wurde erstmalig ein Fokus auf Regeneration und medizinische Versorgung gelegt. Lobanowskyj erfand im sowjetischen Fußballlaboratorium Standards wie die Viererkette, die Raumdeckung und das Gegenpressing und wurde zum Vorbild vieler westlicher Trainer wie Arrigo Sacchi oder der Erfinder des niederländischen »totaalvoetbal«.

Lobanowskyj experimentierte nicht nur, er hatte auch enormen Erfolg. 1975 gewann er mit Dynamo Kiew als erste sowjetische Mannschaft den Europapokal der Landesmeister. Im anschließenden Supercup schlugen sie Bayern München noch zweimal. Lobanowskyj ist wie kein zweiter mit dem Erfolg des sowjetischen Vereinsfußballs verbunden.

An seiner Beerdigung in Kiew nahmen 200 000 Menschen teil. Die Ukraine verlieh ihm posthum die höchste Ehre des Landes: Er wurde zum Helden der Ukraine ernannt. Er war im Geiste des Fortschritts einer der größten Revolutionäre im Trainergeschäft, immer der Zeit voraus. Das unterschied ihn von der stagnierenden Sowjetunion.

Nach dem Zusammenbruch der UdSSR wurden die Fußballklubs unter den Oligarchen Russlands verteilt. Die Fanszenen verbanden sich häufig mit rechtsextremen Gruppen und Strukturen. Der Hooliganismus ist bis heute ein großes Problem. Der sowjetische Fußball war, wie der westliche Fußball, eingebunden in biopolitische, militaristische, propagandistische und nationalistische Bestrebungen. Aber er prägte auch eine ganz eigene Fußballkultur, das Kollektiv und die harte heldenhafte Arbeit, flankiert vom Glauben an die Verwissenschaftlichung aller Lebensbereiche und des Fußballs. Zwar gelang es der sowjetischen Orthodoxie, große Mengen an Fußballern und Vereinen zu produzieren. Aber der kollektive und standardisierte Uniformismus verschleuderte viel vom ungeheuren Potential. Der Fußball ohne eigensinnige geniale nonkonformistische Kicker kann auf Dauer nicht erfolgreich sein. Genauso wie jeder Sozialismus, wenn er den Menschen vergisst. Der Westen übernahm den wissenschaftlichen Fußball und fügte das Individuum hinzu. Die Mischung aus kollektivem Sozialismus und individuellem Kapitalismus prägte den Fußball in den nächsten Jahrzehnten.

Auf dem rechten Auge blind

21. Juli 1914. Es war das erste Länderspiel der Seleção, der brasilianischen Nationalmannschaft. Unter den Spielern war auch einer der besten seiner Zeit, der Deutschbrasilianer Arthur Friedenreich, der heute in Europa vergessen ist. Damals war sein Auflaufen keine Selbstverständlichkeit. Die brasilianische Oberschicht hatte ein Problem mit dem wahrscheinlich besten Fußballer seiner Zeit, dem (vergessenen und verdrängten) Erfinder der Bananenflanke und der legendären Körpertäuschungen, denn er war nicht weiß.

Während des Spiels musste Friedenreich häufig an die Seitenlinie rennen, um sein Haarnetz neu zu richten, denn sein krauses Haar kam immer wieder zum Vorschein – damals ein ungeheuerlicher Vorgang. Andere dunkelhäutige Kicker wie Carlos Alberto von Fluminense AC färbten ihr Gesicht gar vor dem Spiel mit Reismehl, um heller zu wirken, und bei jeder Unterbrechung musste die Färbung neu aufgetragen werden. Rassismus begleitete Friedenreich in seiner ganzen Karriere. Paradoxerweise zwang er ihm eine Spielweise auf, die viele Sportkritiker:innen als Ursprung des ästhetischen und athletischen brasilianischen Fußballs sahen. Vielleicht eine Übertreibung, aber dennoch spielte Friedenreich einen anderen, bis dahin unbekannten Fußball.

Seine Karriere begann angeblich damit, dass der kleine Arthur beim Kicken auf der Straße von einem Auto angefahren wurde. Damals entschied sein Vater Oscar Friedenreich, dass sein Sohn lieber im Verein spielen sollte, wie es sich für Angehörige der Oberschicht ohnehin gehörte. Eine andere Legende bezieht sich auf eine Aussage von Arthur Friedenreich selbst, der seine atemberaubende Balltechnik durch das Ausweichen von Automobilen erlernt haben will. Anfang des 20. Jahrhunderts war die Automobildichte in São Paulo allerdings überschaubar. 1901 war erst ein Auto registriert, zwei Jahre später waren es 16. Benzin gab es damals nur an Apotheken.[5] Vermutlich waren es eher Friedenreichs Talent und seine Qualitäten als Straßenfußballer, die ihn zum Ausnahmespieler gemacht haben. Schnell entwickelte er sich beim SC Germânia zum Führungsspieler, obwohl seine dunkle Hautfarbe ihm viele Steine auf den grünen Rasen legte. Der SC Germânia wollte auf das große Talent Friedenreichs aber nicht verzichten und änderte für ihn seine rassistische Vereinssatzung.

Auf dem Platz konnte Friedenreich damals fast nach Belieben gestoßen, getreten oder geschlagen werden. Nichtweiße Spieler wurden vom Schiedsrichter nicht geschützt und gleichzeitig galt es als besonders blamabel, wenn man von einem schwarzen Spieler ausgespielt wurde. Im brasilianischen Fußball, der zu dieser Zeit vor allem ein Sport der Oberschicht war, war das normal. Der Legende nach hat dies alles dazu geführt, dass Friedenreich jeder Attacke geschickt ausweichen musste. Er musste nicht nur mit dem Ball im Dribbling am Gegner vorbeikommen, er musste ihn auch möglichst auf Abstand halten. Ein Schritt vor dem anderen war häufig zu wenig, er musste immer zwei Schritte machen, immer möglichst weit weg vom gegnerischen Bein sein – und so war die ausladende Körpertäuschung erfunden.

Friedenreich gewann mit diesen Finten zahlreiche Titel. In der Nationalmannschaft Brasiliens war er ebenso erfolgreich. Auch wenn er 1921 nicht spielen durfte. Staatspräsident Epitácio Pessoa erließ ein Spielverbot für nichtweiße Spieler. Man wollte schließlich nicht als »unterentwickeltes Land« gelten. 1922 durfte Friedenreich aber wieder für die Seleção auflaufen und gewann die Südamerikameisterschaft. Im sogenannten brasilianischen Bürgerkrieg schlug sich Friedenreich auf die Seite der Paulista[6]. Er spendete seine Trophäen und Medaillen für die Bewegung, mobilisierte Kämpfer und warb bei anderen Sportlern für den Aufstand.

Der schwelende Konflikt zwischen der undemokratischen Zentralregierung und den Aufständischen in São Paulo hatte zur Folge, dass Friedenreich nicht bei der ersten Weltmeisterschaft, 1930 in Uruguay, teilnehmen konnte. Bei der zweiten 1934 in Italien war Friedenreich mit 42 zu alt. Der internationale Durchbruch war ihm daher nie vergönnt.

Ohne die ganz große Bühne wurde er außerhalb von Brasilien schnell wieder vergessen. Friedenreich war ein außergewöhnlicher Spieler, als der Fußball sich gerade zum Massenphänomen entwickelte, geriet aber in Vergessenheit und starb 1969 im Alter von 77 Jahren, schwer krank und völlig verarmt. Was bleibt, ist das »jogo bonito«, das schöne Spiel der Brasilianer: Es hat seinen Ursprung auch im realen Rassismus gegen Arthur Friedenreich und andere. Doch mit seinem eleganten Spiel hatte er das rückständige brasilianische (Fußball-)System ausgedribbelt.

Arthur Friedenreich steht exemplarisch für den brasilianischen Fußball. Er hat mit seinem eleganten sportlichen Widerstand gegen den Rassismus einen ganzen Stil begründet, der bis heute die Identität des brasilianischen jogo bonito ausmacht. Laut den Historiker:innen der FIFA hat Friedenreich in seiner Karriere 49 Tore mehr als Pelé erzielt: 1329.[7] Nicht nur deswegen ist es Zeit, sich wieder an ihn zu erinnern.

Der Fußball-Kaiser ohne Kleider

Beim Fußball ging es immer schon um mehr als nur um Fußball, besonders in Brasilien. Dafür steht ein Spieler wie kein zweiter – Carlos Kaiser, benannt nach Franz Beckenbauer (oder einem brasilianischen Bier, wie ein Freund Kaisers behauptete). Kaiser stand allerdings während seiner langen Karriere nie auf dem grünen Rasen. Er ist der Spieler, der am längsten im Profifußball aktiv war, ohne je zu spielen. Er war das Über-Schlitzohr im big business, keiner narrte das Fußballgeschäft so sehr und keiner hielt ihm so sehr den Spiegel vor.

Dass es im Fußballgeschäft nicht so sehr auf Technik, Disziplin und Talent ankommt, zeigte Kaiser zum Beispiel 1988. In Rio lag der Bangu AC 0:2 zurück. Es waren nur noch 8 Minuten zu spielen. Der Hoffnungsträger wurde aufgefordert sich warmzumachen: Es ist Carlos Kaiser, seit Monaten nicht einsatzfähig. Aber jetzt sollte er das Ruder rumreißen. Kaiser allerdings war völlig übermüdet. Zuletzt wurde er um 4 Uhr morgens im Nachtleben von Rio gesehen.

Kaiser überzeugte (wie an jedem Spieltag) seinen Trainer, dass er noch nicht ganz fit sei, dass er noch eine Spielpause brauche. Aber ein anderer war nicht zu überzeugen: Castor de Andrade, der Besitzer des Clubs. Andrade war eine der schillerndsten Persönlichkeiten in der Halbwelt Rios, brutal und narzisstisch. Im Spiel gegen América im grandiosen Maracanã stürmte er einmal sogar mit dem Revolver aufs Feld, um vom Unparteiischen eine persönliche Erklärung für einen Elfmeter zu erhalten. Später bekam Bangu dann mysteriöserweise auch noch einen sehr umstrittenen Elfmeter zugesprochen und gewann 3:2.

Andrade war aber nicht nur ein Gangster, sondern auch eine Vaterfigur für Spieler, Fans und Funktionäre. An diesem Abend rief er mit einem klobigen Mobiltelefon auf der Bank an. Carlos Kaiser solle spielen, nur der sympathische Carlos könne das Spiel noch drehen. Der wiederum wollte den zornigen Andrade auf keinen Fall enttäuschen. Er hatte nur ein Problem. Er war weder fit noch ein talentierter Fußballer. Selbst innerhalb von 8 Minuten konnte das auffallen. Er überlegte und es kam ihm wieder einmal ein rettender Geistesblitz. Wutentbrannt raste er mit erhobenen Fäusten auf die gegnerischen Fans los. Er pöbelte, schrie, trat in die Luft und spulte das gesamte Reservoir an beleidigenden Gesten ab, die man in Rio damals kannte. Die rote Karte folgte prompt und Carlos Kaiser trat wieder einmal ab, bevor er den Platz betreten hatte. In der Kabine erwarteten die Mitspieler und er, dass er sofort gefeuert würde. Andrade kündigte sich auch umgehend an. Kaiser wusste nicht weiter, aber wieder einmal rettete ihn in letzter Sekunde seine Überzeugungsfähigkeit: Er erzählte dem Presidente, dass die anderen Fans ihn als Dieb beschimpft hätten. Andrade beugte sich zu Kaiser, schaute ihm in die Augen, verdoppelte sein Gehalt und verlängerte seinen Vertrag um sechs Monate. Sein Ideenreichtum, sein Mut und sein Charisma hatten ihn wieder einmal gerettet.

Das ist nur eine Geschichte von vielen. Die meisten sind vermutlich wahr, vielleicht aber auch nur die Hälfte, was schon nicht wenig wäre. Bestätigt ist allerdings, dass Carlos Kaiser das Fußballgeschäft 26 Jahre lang narrte. 26 Jahre, in denen er bei verschiedenen Vereinen unter Vertrag stand. Vor allem in Süd- und Mittelamerika konnte er sich einen Namen machen, auch Gastspiele in Europa stehen in seiner Vita. Aber auch hier ist nicht alles nachzuvollziehen. Einige der Gastspiele wurden von ehemaligen Mitspielern bestätigt, andere waren offensichtlich gelogen, wie die Behauptung, dass er mit dem argentinischen Clubs CA Independiente den Weltpokal gewinnen konnte.

Aus seiner Zeit bei Fluminense ist bezeugt, dass er in der Nähe von Funktionären immer mit einem Handy-Dummy unterwegs war und reihenweise Angebote von wichtigen und großen Vereinen ablehnte. Teilweise nahm er andere Identitäten an, vor allem wenn er im Nachtleben unterwegs war.

Kaiser hatte ein »best of« seiner schönsten Tore. Dafür überspielte er alte VHS-Kassetten so häufig, dass man nichts mehr darauf erkennen konnte. Auch nicht, dass es gar nicht die Tore von Kaiser waren, sondern von Spielern, die ihm ähnlich sahen. Die Videos nutzte er bei Dates und bei interessierten neuen Vereinen.

Spielen konnte er offiziell meist nicht, weil er verletzt oder noch nicht ganz fit war. Die Liste seiner Verletzungen war dementsprechend lang. Die meisten wurden von befreundeten Ärzten diagnostiziert und waren allesamt mit Mitteln der Technik nicht nachweisbar.

Kaisers Biografie liest sich wie ein klassischer Schelmenroman. Er wuchs in den Favelas von Botafogo auf, großgezogen von einer Mutter, die Alkoholikerin war. Kaiser schlug sich von Anfang an durch, wie er sich sein Leben lang durchschlagen sollte. Gelegenheitsjobs, kleine und große Gaunereien, die Tricks der Straße und die Lebensart der Favelas. Fußball gab es auch, aber der war mehr eine Lebenseinstellung als Sport. Überhaupt lebte er das Leben eines erfolgreichen Kickers in Südamerika, nur ohne den Ball zu treten und auf dem Platz zu stehen.

Der Schelm als literarische Figur ist immer auf der Suche nach dem sozialen Aufstieg, und immer wenn es prekär wird, rettet ihn sein gewitzter Habitus. Auf dem Weg nach oben spiegelt er sich in den sozialen Klassen und Milieus. Im Fußballgeschäft hat es so einen wie Carlos Kaiser nie (und nie mehr) gegeben. Immer wieder rettete er sich aus brenzligen Situationen, in denen er leicht hätte auffliegen können.

Kaiser verfügte über das soziale Kapital (Netzwerke, Beziehungen und Kontakte) und das kulturelle Kapital (Charisma, Fußballerhabitus), um wie ein Fisch im Wasser durch das Fußballbusiness zu schwimmen. Er zeigte, dass der Fußball eine Show ist, dass Machenschaften und Netzwerke wichtiger sind als der Sport, und dass es am Ende häufig auf die Schauspielkunst im Fußballtheater ankommt. Kaiser pflegte seine Freundschaft zu Journalisten, manchmal wurde er auch zum inoffiziellen Pressesprecher oder auch Maulwurf, je nachdem. Es folgten wohlfällige Berichte über seine Heldentaten im Ausland oder seine hervorragende Saisonvorbereitung.

Die Journalisten schützten Kaiser, genauso wie befreundete Kicker, weil er trotz alledem einer von ihnen war. Am Ende seiner langen Profikarriere unterschrieb er bei Vasco de Gama, um einen alkoholkranken Mitspieler vom Trinken abzuhalten. Er war bei seinen Vereinen immer so etwas wie die gute Seele der Mannschaft und so wurde er 26 Jahre nie verraten – und das im Fußballgeschäft. Die Vereine merkten früher oder später, dass Kaiser nicht das Supertalent war, von dem sie ausgegangen waren. Aber welcher Verein will das schon zugeben? So blieb Kaiser meist bis zum Ende des Vertrags und zog dann weiter.

Nach seiner Karriere wurde er Trainer für Frauen-Bodybuilding, vor allem als Trainer seiner Frau. Seine Geschichte wurde verfilmt, gleichzeitig erschien seine Biografie.[8] Kaiser spielte, besser: stand unter Vertrag bei den größten Clubs in Brasilien. Bei Botafogo, Flamengo und Vasco da Gama, in Frankreich, Argentinien und Mexiko. Während der klassische Schelmenroman des Mittelalters eine fiktive Biografie in den Mittelpunkt stellt, um mit ihr die herrschenden Verhältnisse zu kritisieren, gibt es im Fußball eine echte Biographie, die uns den bisweilen absurden Fußballwahnsinn vor Augen führt. Kaisers Karriere zeigt, was im Kapitalismus allgegenwärtig ist. Aber aus gutem Grund verschleiert, verdrängt oder auch vergessen wird: Ob es die Blender in den Vorstandsetagen der internationalen Konzerne sind, Boni-Banker, die wie Hasardeure die Finanzmärkte mit waghalsigen Spekulationen an den Rand des Abgrunds bringen, vorgebliche Top-Journalist:innen mit selbst erfundenen Storys oder eben Fußballer. Der Betrug ist systemimmanent. Im Fall von Kaiser kann man schmunzeln. Er zeigt, worauf es wirklich ankommt: Netzwerke, Charisma und ein wenig Glück.

Enteignet den Club

Während der Fußball in den 80er-Jahren immer professioneller, hierarchischer und immer mehr zur Ware wurde, gab es eine kleine widerständige Gruppe, die sich dem Trend entgegenstellte. Angeführt wurde die Bewegung von politisch aktiven Spielern wie Sócrates, Wladimir, Biro-Biro, Zé Maria, Casagrande und Zenon.

Es begann alles damit, dass die Corinthians São Paulo 1981 eine furchtbar schlechte Saison spielten. Also wechselte man den Präsidenten aus. Der neue Mann hieß: Waldemar Pires. Pires brachte Adilson Monteiro Alves als Sportdirektor mit, einen jungen Soziologen mit viel Energie und revolutionären Ideen, der später noch politisch Karriere machen und auch einmal Vereinspräsident werden sollte. Er tat etwas, was bis dahin im Vereinsfußball selten gemacht worden war.

Er konnte zuhören. Er wollte wissen, was die Mannschaft, die Fans, die Funktionäre, der Pförtner oder die Trainer zu sagen hatten. Im Grunde waren alle unzufrieden, allen voran das Team selbst. Aber nicht nur mit der eigenen Leistung, sondern auch mit der sozialen Ungleichheit, dem Staat und den politischen Verhältnissen in Brasilien und der Welt.

Monteiro Alves beschloss daraufhin einen revolutionären Coup: die Umwerfung aller Verhältnisse. Zumindest erst mal im Verein. Fortan sollten die Spieler in die Vereinsentscheidungen einbezogen werden. Mehr noch, alles sollte von allen basisdemokratisch entschieden werden. Vom Starspieler über den Präsidenten bis hin zur Putzfrau und dem Zeugwart.

Die Idee begeisterte vor allem einen: Sócrates. Den Spieler aus ärmlichen Verhältnissen, dessen Vater aus der Amazonas-Stadt Belem sich selber das Lesen beigebracht hatte und in dessen Büchern er immer las, bevor der Vater die linke Literatur aus Angst vor der Militärjunta verbrannte. Sócrates eiferte Castro und Guevara nach, kam so von der Theorie zur Praxis und wurde zum Mitbegründer der »Demokratie von Corinthian«.

Die Corinthians São Paulo waren der erste selbstverwaltete Profiverein der Welt. Sie gaben sich eine Vereinsstruktur, die man sonst nur von autonomen Hausprojekten kannte. Während der Fußball in Europa immer mehr zur Cash-cow wurde, entschied man sich in São Paulo für einen völlig anderen Weg: Transfers, Taktik, Aufstellungen und sogar die Auswahl der Trikots wurden von allen im Plenum bestimmt. Jeder hatte eine Stimme. Das war nicht nur im Profifußball revolutionär, es war vor allem auch ein Statement gegen die Diktatur.

Das neue Selbstbewusstsein wollten Sócrates und die anderen auch stolz auf der Brust tragen. Sie führten die Trikotwerbung im Verein ein, allerdings nicht für Coca-Cola oder Pepsi, sondern für politische Botschaften wie »Siegen oder verlieren, aber stets mit Demokratie«. Ein klares Statement für den Verein und gegen den verhassten Staat, die Diktatur und die Folter.

Die Politik neben dem Platz war ihnen aber nicht genug. Der neue Geist sollte auch auf den grünen Rasen. Kein Systemfußball mehr, die Corinthians wollten vielmehr die Avantgarde sein, diejenigen, die etwas Neues schaffen. So erinnerte sich Sócrates später: »Der Fußball ist geprägt von dem Wunsch nach persönlicher Freiheit, von Kreativität und Inspiration. Wir verstanden uns Anfang der 80er als Artisten. Wir wollten spielen und nicht etwas bewahren. Nach uns kamen die Konservativen.«[9]

In den Folgejahren entwickelte sich der Verein immer mehr zur revolutionären demokratischen Zelle gegen die brasilianische Militärdiktatur. Ihm wurde der Slogan zugesprochen: »Die Meisterschaft ist nur ein Detail.« Das Regime war nervös und bat um Unterlassung. Mal direkt, mal indirekt. Aber weder die Spieler noch die Verwaltung noch die Putzfrau oder der Pförtner dachten daran, klein beizugeben. Dazu kam, dass die Corinthians plötzlich erfolgreichen Fußball spielten, sie holten 1982 und 1983 die umkämpfte Stadtmeisterschaft. Das Kicken mit Lebensfreude, mit Sinn für das Neue, Schöne und Kreative war nicht nur Vorbote einer neuen Gesellschaft.

Auch finanziell lief es plötzlich hervorragend. Die Schulden des Vereins wurden in Rekordzeit getilgt und sogar ein beträchtliches Plus von drei Millionen Dollar erwirtschaftet, für die Zeit ein beträchtlicher Betrag. Der linke demokratische Künstlerfußball zeigte auf allen Ebenen, dass das alte verkrustete System auf und neben dem Platz ausgedient hatte. Und ganz vorne dabei war Sócrates. Er hielt Reden, spielte den schönen Fußball, den er so sehr liebte. Er genoss das Leben, die Theorie und die Bücher – wie das Trinken und Feiern.

1984 war er endgültig der unbestrittene Liebling der Demokratiebewegung und politisch überaus aktiv. In dem Jahr verkündete er bei einer Massenkundgebung mit 1,5 Millionen Menschen, dass er nur bei freien Wahlen in Brasilien bleiben würde. Ansonsten würde er gehen und im Ausland sein Glück suchen. Sócrates verschätzte sich. Die Zeit war noch nicht ganz reif und die Diktatur konnte sich noch halten. Folgerichtig wechselte er nach Italien. Die Corinthians konnten danach nicht mehr an die erfolgreichen ersten Jahre der Selbstverwaltung anknüpfen. Einerseits war die Mannschaft ohne Sócrates geschwächt, andererseits setzten sich die professionellen Vereinsstrukturen aus Europa nun auch immer mehr in Brasilien durch. Der linke Fußball verschwand so plötzlich, wie er gekommen war, aber er hatte einen nachdrücklichen Eindruck hinterlassen.

1985 gab es dann doch noch freie Wahlen, die das Ende der Militärdiktatur in Brasilien einleiteten. Da war Sócrates aber schon in Europa. Seiner fußballerischen Agenda und politischen Überzeugung blieb er aber auch beim AC Florenz treu. Auf die

Frage, welchen Spieler er mehr respektieren würde, Mazzola oder Rivera, antwortete er: »Ich kenne sie nicht. Ich bin hier, um Gramsci im Original zu lesen und um die Geschichte der Arbeiterbewegung zu studieren.«[10]

Das Jahr in Florenz verlief allerdings fußballerisch enttäuschend für ihn, was nicht zuletzt an seiner unerschütterlichen Einstellung zum Künstlerfußball lag: »Für den AC Florenz habe ich einmal ein wirklich hässliches Tor geschossen, irgendeinen Freistoß, der nie hätte reingehen dürfen. Aber alle riefen: ›Bravo, Bravo!‹ Es war noch nicht einmal ein wichtiges Spiel.«[11]

Das schöne Spiel wollte Sócrates nicht nur im Verein, sondern auch in der Nationalmannschaft. 1978 verpasste er die Weltmeisterschaft noch, denn es gab Wichtigeres für ihn: den Abschluss seines Medizinstudiums. Bei der nächsten WM 1982 war er dann der wohl einzige Doktor, der je bei einer WM mitgespielt hat.

Brasilien spielte bei dieser Weltmeisterschaft in Spanien mit Zico und Sócrates den vielleicht schönsten Fußball, den man je bei einer WM gesehen hat. Paradigmatisch wurde aber das Ausscheiden gegen Italien. Defensive gegen Offensive oder Athletik gegen Ästhetik. Italien gewann in einem der beste WM-Spiele aller Zeiten glücklich 3:2 und Brasilien schied aus. Der neue athletische und ergebnisorientierte Fußball hatte sich durchgesetzt. Zico bezeichnete den Tag der Niederlage später als den Tag, an dem der Fußball starb, der Guardian schrieb in einer Replik von dem Tag, an dem die Naivität im Fußball starb.[12]

Sócrates wurde nach dem Ende seiner Fußballlaufbahn Kinderarzt, versuchte sich dann auch als Trainer, Maler, Arzt und Journalist. Den Zigaretten und dem Alkohol war er während seiner aktiven Zeit nie abgeneigt gewesen und auch danach nicht, was ihn unter tragischen Umständen mit nur 57 Jahren das Leben gekostet hat. Den athletischen Fußball hat Sócrates immer abgelehnt: »Das Ziel ist zu gewinnen, egal wie. Der sogenannte

Systemfußball ist die logische Folge. Seine zentralen Ideen heißen Effizienz und Funktionalität. Dass der Fußball dadurch eindimensional, uninspiriert und somit im ästhetischen Sinne hässlich geworden ist, fällt dabei kaum jemandem auf.« Das freie schöne Spiel blieb seine Inspiration. Für das Fußballgeschäft hatte er nichts mehr übrig: »Kein Spieler gibt seine Fußballkarriere auf. Der Fußball ist es, der sich von den Spielern abwendet.«[13]

Sócrates war Teil einer intellektuellen Bewegung, die mit und über den Fußball die Gesellschaft reformieren wollte. Er hat gezeigt, dass das zumindest im Ansatz gelingen kann und dass der Sport auf und neben dem Platz Veränderungen anzustoßen vermag. Kunst brachte bei diesem Projekt also »Chaos in die Ordnung« (Adorno). Sócrates hat das wie kein zweiter umgesetzt. Und so, wie er war, wird es auf dem Platz auch immer die Fußballkünstler geben, die mit dem schönen Spiel überzeugen.

Die linke Hand Gottes[14]

Es gibt Menschen, deren Tod etwas Besonderes ist. Dabei spielt es keine Rolle, wie sie sterben, ob ruhig im Schlaf, durch einen Autounfall oder auf andere tragische Weise.

Die Nachricht ihres Todes hat eine eigentümliche Wirkung. Für Stunden oder Tage scheint in diesem Moment die Welt innezuhalten. Als hätten die Toten etwas in eine andere Welt mitgenommen. Etwas, was über unsere Alltagsexistenz und Sorgen hinausgeht, uns Hoffnung gibt oder uns zusammenhält. Der unerwartete Tod des Weltfußballers Diego Maradona am 25.11.2020 erzählt von dieser metaphysischen Erfahrung.

Wenige Stunden nach der Nachricht über seinen Tod versammelten sich trotz schärfster Corona-Einschränkungen Tausende auf den Straßen und Plätzen in Buenos Aires und Neapel. In

Argentinien wurde eine dreitägige Staatstrauer ausgerufen, ohne dass jemand eine Sekunde darüber diskutierte. In Europa, Südamerika, auf der ganzen Welt zeigten sich überzeugte Linke erschüttert, als hätte soeben die Konterrevolution obsiegt.

Manche Intellektuelle konnten sich nicht erklären, weshalb dieser Tod eines Fußballers auch Linke so aufwühlt. Es ist doch nur ein Spiel, es ist doch nur Fußball und dieser Maradona doch auch nur ein Fußballer. Und überhaupt, der Fußball dient doch nur der chauvinistischen Überheblichkeit eines dummen Nationalismus. So zumindest eine geläufige These.

Holt man sich die Bilder des WM-Titels der deutschen Nationalelf 2014 vor dem Brandenburger Tor hervor, trifft die Analyse auch zu. Überhebliche chauvinistische Gesänge und Gebärden, die den »Gauchos« noch einmal ihre Unterlegenheit demonstrierten und den »klassenlosen« übersteigerten Nationalismus zelebrierten.

Im Gegensatz dazu gab es 1986 beim Titelgewinn der Argentinier mit Maradona etwas, das über den Nationalismus hinausging. Auch hier feierte eine Nation ausgelassen. Aber in dem Moment, als der junge Maradona den Weltpokal in die Höhe reckte, wurde neben der nationalen noch eine andere Sehnsucht gestillt. Er verkörperte die Wünsche, Hoffnungen und Emotionen der Arbeiterklasse. Dieser Pokal gehörte ihr, nicht den Funktionären, den Mächtigen, den Herrschenden.

Denn dieser geniale Fußballer hatte die Mannschaft nicht nur fast im Alleingang zum Titel geführt, mit der (linken) »Hand Gottes« die verhassten Engländer besiegt. Er war einer der ihren, ein armes Arbeiterkind, das den sozialen Aufstieg in einer Branche schaffte, die tatsächlich häufig Leistung belohnt. Im Spiel gegen England hat er nicht nur seine Schlitzohrigkeit gezeigt, sondern auch seine Genialität. Sein zweites Tor gilt bis heute als Jahrhunderttor. Zwei Tore dessen, der die vermeintlich unerfüllbare Hoffnung seines Vaters verwirklichte, als er bei den Boca Juniors, dem Arbeiterverein, zum Helden wurde, obwohl er genauso gut beim reichen River Plate hätte spielen können. Und der schon zu diesem Zeitpunkt mehr war als ein nonkonformistischer Star, auf den ihn die Presse zu reduzieren versuchte. Er war der Ausgangspunkt eines großen Märchens, einer nationalen wie internationalen Erzählung mit allen Widersprüchen, Eskapaden und Haltungen.

Es hatte seinen Grund, dass einer der teuersten Spieler der Welt beim großen FC Barcelona ein Missverständnis war und schnell dort seine Zelte abbrach, aber in Napoli dann das Unmögliche schaffte.

Das mussten die armen Süditaliener gespürt haben, als bei seinem ersten Training 70 000 Zuschauer:innen kamen. »Maradona war das personifizierte Neapel: frech, klein, gewitzt, hitzig, düster chaotisch.«[15] Doch noch etwas kam hinzu, was ihn zusätzlich von den normalen Stars unterschied. Maradona verkörperte (intuitiv) jene »organische Intoleranz gegen jede Ungerechtigkeit«, von der Albert Camus schrieb. Als Anhänger der »alten Dame« Juventus Turin beim Heimspiel gegen Napoli ein Transparent mit der Überschrift »Willkommen in Italien« zeigten, was provokativ dokumentierte, dass man die Süditaliener nicht als vollwertigen Teil der Republik ansah, nannte er die Verhältnisse beim Namen. »In der TV-Sendung ›La Domenica sportiva‹ brachte Maradona das Problem, zu dem sich noch nie ein Spieler geäußert hatte, auf den Punkt: ›Der italienische Fußball hat ein Rassismusproblem, und dabei geht es nicht um Schwarze. Es handelt sich um Rassismus gegenüber Neapolitanern, und das ist eine Schande.‹«[16]

Der SSC Napoli holte mit ihm zwei Meistertitel und den UEFA-Cup. Diego wurde zu Lebzeiten zum Denkmal, dem man Wandgemälde in der Stadt widmete. Und »unvergessen das Graffito am Friedhof in Neapel nach der ersten italienischen Meisterschaft der Vereinsgeschichte 1987: ›Ihr wisst gar nicht, was ihr verpasst habt.‹«[17] Es war zusammengekommen, was zusammengehörte. Im katholischsten aller europäischen Länder war er praktisch ein Heiliger. Nur so ist zu erklären, dass er es bei einem Stau in der Innenstadt schaffte, diesen als selbsternannter Verkehrspolizist wieder aufzulösen.

Natürlich war er kein Heiliger. Das überforderte Arbeiterkind lieferte sich zwielichtigen Beratern und Drogen aus. Sein Leben war ein ständiges Drama, ein Auf und Ab. Und damit der sozialen Wirklichkeit der Unterdrückten und Armen näher als die PR-konstatierte Wirklichkeit eines zeitgenössischen Fußballers. Nicht zufällig sprach er von sich in der dritten Person. Das war keine Überheblichkeit, sondern eine Abspaltung. Diego, das Arbeiterkind, und Maradona, der Fußballheld, zwei Menschen in einem. Er kam sich vor wie im Film und spielte seine Rolle.

Zugleich konnte er sehr pragmatisch denken und handeln. Nachdem Menotti, sein intellektueller Übervater, als Trainer der Nationalmannschaft vor der WM-Qualifikation für die WM 1986 bereits 1982 entlassen wurde, ordnete er sich nicht nur dem neuen Trainer Carlos Salvador Bilardo unter. Er akzeptierte auch die neue taktische Vorgabe. Während der linke Menotti den Zwang der Taktik »überwinden« wollte, setzte der Neue ausgerechnet auf den Catenaccio. Für Argentinier fast schon eine Demütigung, mit Maradona als zukünftigem Mittelpunkt des Spiels jedoch ein fast schon genialer Schachzug. »Menotti hatte als Nationaltrainer eine Mannschaft zusammengestellt, in der Maradona als Solist fungierte. Bilardo hingegen stellte das Team unter das absolute Kommando der Nummer 10.«[18]

Mit einer zusammengeschweißten Mannschaft gewannen die Südamerikaner die WM in Mexiko. Die »linke Hand Gottes« war auf dem Olymp ihrer unglaublichen Laufbahn. Die Nationalmannschaft hatte für Maradona immer herausragende Bedeutung. Sie war der Fixpunkt seiner Karriere und seiner (widersprüchlichen) Haltungen und Ideen.

Als Maradona mit Guido Buchwald nach dem verlorenen Endspiel 1990 in Rom zur Dopingkontrolle musste, hatte er Tränen der Enttäuschung in den Augen. Die Stars der heutigen kommerzialisierten Fußballkultur würden wahrscheinlich stattdessen ihren Berater fragen, ob nun endlich ein Angebot aus England eingegangen sei.

Einen solchen Spieler, der das Spiel seines linken Trainers Menotti[19] (und auch das von Bilardo) zur Perfektion brachte, wird es wahrscheinlich nicht mehr geben können in der modernen Fußballwelt der Echtzeit-Laptop-Taktiken, Laktattests und der Konzepttrainer. Vielleicht ist Zidane noch eine dieser Ausnahmen, der mit seiner Intuition und Brillanz überragte und mit seinem legendären Kopfstoß im WM-Finale 2006 auch diese Widersprüchlichkeit gezeigt hat. Es ist kein Zufall, dass alle diese Spieler:innen vom Bolzplatz kamen.[20] Man bekommt sie vom Bolzplatz, aber den Bolzplatz nicht aus ihnen. Diegos Bolzplatzmannaschaft trug den Namen »estralla rojo« – roter Stern.

Aber es wird wohl keinen mehr geben, der sich politisch so klar positioniert wie Diego Maradona. Der ein Freund Fidel Castros war, mit Hugo Chavez und geballter Faust auf der Tribüne saß und bis zu seinem Tode lateinamerikanische sozialistische Bewegungen unterstützte. Oder der gegen den Imperialismus der USA auf die Straße ging. In Indien traf er Jyoti Basu, den kommunistischen Ministerpräsidenten von Westbengalen (1977–2000), der ihm als Fidel Castro Indiens vorgestellt wurde. Bei der WM 1994 in den USA wurde er wegen Dopings gesperrt. In Bangladesch demonstrierten Zehntausende gegen den Ausschluss, da sie eine Intrige der USA vermuteten. Maradona galt als Antiimperialist und als Kämpfer für den globalen Süden. Das haben ihm viele bis heute krummgenommen. Selbst wenn die Kommentare in den bürgerlichen Medien nicht an seiner fußballerischen Genialität vorbeikamen. Maradonas Gegenspieler im wahrsten Sinne des Wortes war Pelé[21]. Pelé, der Saubermann. Der Geschäftsmann, an dem alle Skandale abprallen, der Beckenbauer Brasiliens. Unterschiedlicher konnten die beiden kaum sein. Und beide sind sie die offiziellen »FIFA-Weltfußballer des Jahrhunderts«. Abgestimmt wurde per Internet und Maradona war klarer Sieger. Die FIFA bekam Panik, sodass der Titel nachträglich zweigeteilt wurde, zum einen nach der Wahl der Fans im Internet, zum anderen nach dem Votum einiger ausgesuchter Sportjournalist:innen. Auf die konnte sich Pele verlassen, er gewann und so gibt es zwei Weltfußballer des 20. Jahrhunderts. Die FIFA und Maradona wurden keine Freunde mehr.

Er war der »imaginierte Gottessohn« des »linken« Fußballs. Dessen Trainer, der legendäre César Luis Menotti, gab philosophisch vor, was Maradona auf dem Platz umsetzte. Beim Titelgewinn der WM 1978 war Maradona noch nicht dabei. Der Erzählung nach verweigerte Menotti der Militärdiktatur unter General Videla den Handschlag. Das ist nicht erwiesen. Aber sein autorisiertes Zitat sagt alles: »Meine Spieler haben die Diktatur der Taktik und den Terror der Systeme besiegt.«[22] Maradona wurde der erfolgreiche Revolutionär dieser Vorgabe. Die Idee eines »linken Fußballs« war erneut in der Welt und eroberte die Herzen. Und Maradona war nicht nur Ballkünstler, er war auch Ballarbeiter. Er kämpfte, er sprintete, er grätschte und ging in jeden Zweikampf, als sei es sein letzter. Auf seinem Grabstein steht: »Gracias a la pelota« – danke an den Ball. Der letzte Dank des Künstlers geht an sein Werkzeug. Der französische Ex-Fußballstar Eric Cantona brachte es auf den Punkt. »Im Laufe der Zeit wird man feststellen, dass Maradona für den Fußball das war, was Rimbaud für die Dichtung und Mozart für die Musik war.«[23] Schöner kann man es nicht sagen.

Golden Goal für den emanzipativen Fußball

»Fußball ist ein Spiel der Freiheit, der Visionen und Gefühle. Fußball macht mich glücklich. Wenn ich auf ein Fußballfeld komme und dort liegt ein Ball, dann will ich mit ihm spielen. Das Stadion ist ein Ort der Kreativität.«
César Luis Menotti

Ballarbeiter:innen und Ballkünstler:innen

Der linke Fußball ist eine Frage der politischen Haltung, und zwar von Spieler:innen, Funktionär:innen und Fans. Sie sind verwoben mit ihren Vereinen, ihren Traditionen und ihrer Geschichte. Aber der linke Fußball ist noch mehr. Er verkörpert sich auf dem Platz selbst, in der Ästhetik des Spiels, in der Schönheit und im Kampf. In der Ästhetik der Eleganz und des Widerstands.

Diese Ebene auf dem Platz lässt den Funken schlagen für die Menschen, die dem Spektakel beiwohnen. Für sie hält das Spielgeschehen Erfahrungen bereit, die in der verwalteten kapitalistischen Welt so kaum mehr zu machen sind. Nirgendwo sonst ist das ganze Arsenal an Emotionen so sehr präsent wie im Fußball. Vielleicht ist die Ästhetik sogar die größte Kraft des linken Fußballs. Vielleicht geht es gar nicht darum, linke Akteure aufzuspüren, sondern wie in der Kunst Werken zu begegnen, die uns etwas wiedergeben oder Rätsel aufgeben. Wo lässt sich noch staunen, wo lassen sich noch Gänsehaut-Momente[1] erleben, wie kann man sonst noch vor Angst erstarren oder vor Trauer zu Boden sinken? Singen, brüllen, fluchen, trauern, lieben, genießen, leiden. All das, was die Kulturindustrie uns marktschreierisch anbietet, um uns dann doch eine Mogelpackung zu verkaufen, all die Emotionen, die sie auf schnelle Reize und Impulse reduziert. Schlechte Filme, banale Shows oder endlose Konserven.

Kultur kann mehr. Der Fußball kann mehr, weil, im Unterschied zum Film, das Drehbuch in Echtzeit geschrieben wird und sich von der Industrie nicht gänzlich vereinnahmen lässt. Er kann uns verdrängte Gefühle in besonderen spontanen Momenten zurückgeben, indem er das Leben ein Stück wiedererweckt, lebendig und greifbar macht. Zumindest in den 90 Minuten, in denen wir Raum und Zeit enthoben sind. Das Stadion, obwohl Teil der Kulturindustrie, wird in solchen Momenten ein eigener, ein ganz besonderer Kulturraum, es entreißt dem Alltag seine Macht und wirft uns in das Meer ungefilterter Emotionen und Erfahrungen. All diese schlimmen und schönen Erfahrungen, die wir im Stadion und auf dem Platz machen, wirken sich immer auf das Leben aus, in das wir nach Abpfiff zurückkehren. Wenn wir Glück haben, erleben wir uns und andere neu. Die Fans jubeln wie sonst vielleicht noch (innerlich) bei der Geburt ihrer Kinder, sind euphorisch, wenn der Ballarbeiter in letzter Sekunde den Ball von der Torlinie kratzt oder das Abwehrkollektiv den schier übermächtigen Gegner am Führungstreffer hindert.

Toni Negri, einer der prägendsten linken Intellektuellen der vergangenen Jahrzehnte in Italien, sah den Catenaccio gar als Symbol des linken Widerstands gegen den Faschismus. »Catenaccio sei Klassenkampf. Einer ist schwach und muss sich selbst verteidigen.«[2]

Es ist das Kollektiv, das in harter solidarischer Arbeit gegen die Bedrohung des Kapitals steht. Und schließlich war es auch

Helenio Herrera, Sohn eines andalusischen Anarchisten und aufgewachsen im argentinischen Exil, der den Catenaccio in die Fußballwelt brachte.

Bekannt wurde er als erfolgreicher Trainer von Atlético Madrid, wo er jeden Tag drei Stunden bis zur Erschöpfung trainieren ließ. 1960 wechselte er zu Inter Mailand und traf in der Liga auf Nereo Rocco beim AC Mailand. Beide experimentierten parallel mit dem Catenaccio, Rocco wurde der Star der Taktik, nachdem er 1963 den Europapokal gegen Eusebios Benfica Lissabon gewann. Der AC Mailand war die erste italienische Mannschaft an der Spitze des europäischen Fußballs. Die 60er- und 70er-Jahre wurden anschließend die Jahre des Catenaccios. Die Helden der Abwehrarbeit triumphierten in Italien. Der Catenaccio brachte das Kollektiv im Fußball hervor. Der Star war die Verteidigung. Er wurde zum Symbol derjenigen, die sich nicht mehr anders zu helfen wissen. Der Verteidigungswillen gegen die Großen, der Widerstand des Kollektivs, bei dem sich alle in die Schüsse der Angreifer werfen, zusammenhalten und gegenseitig bestärken. Ein wahrlich symbolischer Akt linker Tugenden.

Der Ballarbeiter ist der zerstörerische Sechser oder der aus der Zeit gefallene Manndecker. Beide wehren sich aufopferungsvoll gegen die Maschinerie und Übermacht der ultrareichen, obszönen und überladenen Vereine. Die Erfahrungsmomente, die die Zuschauer:innen erleben, machen ein Stück Glück greifbar, das die kalte eindimensionale Industriegesellschaft ihnen verwehrt. Nicht ohne Grund ist der Catenaccio in der fordistischen Epoche so erfolgreich gewesen. Der:die Industriearbeiter:in im Streik am Fließband, vereint in einer starken Gewerkschaft und sein:ihr Abbild im Stadion. Diese Art der Verteidigung garantiert Spannung pur. Das Ende ist bei knapper Führung offen, bis endlich der Schiedsrichter abpfeift. Wer diese Minuten als Fan oder Spieler:in durchlebt, der hat vielleicht in 90 Minuten mehr Erlösung, Befreiung, Solidarität, Stolz und Leidenschaft erlebt als in seinem standardisierten Büro- oder Fabrikbetrieb in einer Woche.

Und dann gibt es noch die zaubernden Ballartisten. Denn nicht nur die Ästhetik der Destruktion hat ihren Platz, auch die Ästhetik der schönen Künste zeichnet den emanzipatorischen linken Fußball aus. Während der:die Ballarbeiter:in die Gleichheit und Brüderlichkeit auf die Zuschauertribüne bringen kann, so lässt der Ballkünstler die Freiheit des Individuums, selbstbestimmtes Leben für alle spürbar werden. Er zeichnet sich nicht durch den Kampf aus, sondern durch Virtuosität.

Als Diego Maradona 50 Meter durch die englischen Abwehrreihen lief, durchbrach er damit metaphorisch auch die verwaltete Welt. Das Dribbling war pure Selbst- und Weltvergessenheit, eins mit dem Ball und der Welt. Nur auf dem Platz konnte er ganz bei sich sein, völlig in der Tätigkeit aufgehen, im Hier und Jetzt. Das schöne Spiel ist Künstlerkritik am System. Es sind genau die fußballerischen Genies wie Maradona, die imstande sind, die Form, die Taktik, das Starre und die versteinerten Systeme aus den Fugen zu heben. Die die Aufgabe ihrer Kunst ernst nehmen. Die Fußballkünstler:innen verhalten sich zum Fußballspiel wie die Kunst zur Gesellschaft. In der Soziologie gibt es den schönen Begriff der Anverwandlung, er beschreibt in unserem Zusammenhang präzise die Beziehung des Ballkünstlers zu seinem Gegenstand, dem Ball, den Mitspieler:innen, den Toren, dem Spiel insgesamt. Er verwandelt den Ball, macht ihn zu einem Teil von sich selbst, verzaubert ihn gar. Im Gegenzug ermöglicht das Spielgerät, dass der oder die Künstler:in sich vervollständigen und sich ausdrücken kann und dann sein:ihr Potential voll entfaltet. Es entsteht ein virtuoses Spiel. Das, was wir als Instinkt bezeichnen, sind erlernte Muster (häufig vom Bolzplatz), die nach oben drängen. Der Ball befreit den Instinkt und versöhnt ihn mit dem Intellekt. Der Gegenstand hilft dem:der Ballkünstler:in so, seine:ihre gesellschaftliche Entfremdung im Spiel für den Moment aufzuheben, und gleichzeitig schafft er:sie ein ästhetisches Werk, das den Fußballbewunderer der hohen Künste in Verzückung versetzt. Nicht zufällig zelebriert dieses Schauspiel und diesen Moment auch die kommerzialisierte Sportindustrie. Denn genau an dieser Stelle wird das ansonsten gesellschaftlich nicht eingehaltene Versprechen der bürgerlichen Gemeinschaft Wirklichkeit – die Freiheit des Individuums. Um zugleich von der Sportindustrie wieder für ihre Zwecke missbraucht zu werden.

Das schöne Werk der Fußballkünstler:in versetzt uns in Staunen und berührt uns, es ist das »promesse de bonheur« – das Versprechen auf Glück. Es gibt uns ein Gefühl davon, wie eine befreite Gesellschaft aussehen könnte. Denn der Spieltrieb ist das »Vehikel der Befreiung«, es ist das »Leben selbst, jenseits von Bedürfnis und äußerem Zwang – die Manifestation eines Daseins ohne Furcht und Angst, und somit die Manifestation der Freiheit«,[3] wie Herbert Marcuse so treffend in Bezug auf Schiller schreibt. Der emanzipatorische linke Fußball kann auf seiner ästhetischen Ebene punktuell die Künstlerkritik und die Sozialkritik vereinigen. Der klassische Sechser und Ausputzer, zusammen mit dem eleganten Libero oder dem virtuosen 10er. Während die ökonomisch Herrschenden den Fußball mit Millionen von Euros zu einer kommerzialisierten Planwirtschaft formieren, beginnt der:die Ballkünstler:in den Ball, einen per definitionem unberechenbaren Gegenstand, zu entwickeln, zu formen und zu bespielen und immer wieder »subversiv« die Ballkunst gegen die versteinerten Verhältnisse in Stellung zu bringen. Das kommerzielle Ziel, das Spiel endgültig zu kontrollieren, folgt dem gleichen totalitären Anspruch wie die Versuche, das tote über das lebendige Kapital obsiegen zu lassen. Wo es Zufälle gibt, gibt es Hoffnung, dass das Spiel (des Lebens) sich zum Besseren wendet, und wo man Spiele gewinnt, gewinnt man am Ende vielleicht auch ein Stück Freiheit zurück. Denn nichts anderes wäre ein Sieg des linken Fußballs: emanzipatorische Sinnlichkeit in Echtzeit. Die Phrase, dass der Fußball seine ganz eigenen Geschichten schreibt, hat etwas Wahres. Denn nur hier läuft es selten, aber häufig genug anders, nur hier gibt es für viele Menschen wieder Hoffnung. Während die fortgesetzte Inwertsetzung aller Bereiche den Fußball zunehmend kolonialisiert und den Zufall mit KI, Big Data, Matchplänen und Petro-Dollars beherrschen will, lebt auf der anderen Seite der Fußball weiter durch den Zufall, das Unberechenbare. In jedem Spiel gibt es ihn (im Fußball mehr als in jedem anderen Ballsport) und in jedem Spiel gibt es daher neue Hoffnung. In jedem Spiel gibt es einen ungewissen Ausgang, jedes fängt bei 0:0 an – auch nach 10 Niederlagen in Folge. Welche wunderbare Parabel auf das Leben und welch wunderbares Prinzip Hoffnung.

Leider ist es aber doch schwieriger als beschrieben. Denn im Fußball wie im Leben gilt, um Karl Marx zu zitieren: »Das Kapital ist verstorbene Arbeit, die sich nur vampirmäßig belebt durch Einsaugung lebendiger Arbeit und umso mehr lebt, je mehr sie davon einsaugt.« Und so finden sich viele große Ballkünstler:innen und die besten Ballarbeiter:innen früher oder später auf Seiten des Kapitals, von ihm eingesogen. Die Zeiten, in denen Fußballer als Typen, Charakterköpfe, eigensinnige Lautsprecher und Nonkonformisten nicht nur ihre Anhänger:innen begeisterten, sind vorbei. Die heutigen Statements der Stars gehen in der einstudierten und gelernten Kommunikationsstrategie ihrer PR-Berater:innen auf.

Aber bricht nicht die ganze Theorie zusammen, wenn der:die Künstler:in oder der:die Arbeiter:in plötzlich für die falsche Seite aufläuft, die Taktiken, Fahnen und Sprechchöre nur noch austauschbare Größen sind? Kann der nur auf Erfolg ausgerichtete, der rechte und kommerzielle Fußball nicht auch schön oder kämpferisch sein?

Das kann er natürlich, aber er will und kann sich nicht als ein emanzipatives Spiel begreifen. Das ist seiner inneren Natur zuwider. Er ist weder solidarisch mit den Unterdrückten noch kann er kritisch mit den Herrschenden sein. Der rechte und kapitalistische Fußball vermittelt auf keiner Ebene den marxschen Imperativ, »alle Verhältnisse umzuwerfen, in denen der Mensch ein erniedrigtes, ein geknechtetes, ein verlassenes, ein verächtliches Wesen ist«. Der linke Fußball hingegen schöpft genau daraus seine ästhetische Kraft, auch wenn es nur um Fußball geht – und genau das macht ihn so gefährlich.

Auf dem Platz lassen sich die großen und kleinen Krisen der Welt vergessen. Jede:r kann Künstler:in sein, jede:r Ballarbeiter:in. Auch ohne Publikum. Auf dem Platz sprechen wir eine Sprache, benutzen eine »Linguistik des Fußballs«, wie Pasolini sie beschreibt, die keine Wörter für Krieg, Pandemie, Klimawandel oder unsere Alltagssorgen kennt. Wem etwas auf dem Platz gelungen ist, der:die wird diese Freiheit kennen, die das Spiel uns geben kann. Das Spiel gibt uns immer die Möglichkeit, wieder in die Kindheit zurückzukehren. Wie Dacia Maraini über Pasolini sagte: »Meiner Ansicht nach lebte Pier Paolo mit rückwärtsgewandtem Blick. Er blickte seinem Kinder-Ich hinterher, das sich davongemacht hatte. Wenn er spielte, dann nahm dieses Kind zusammen mit dem Fußball wieder Gestalt an; wenn er mit dem Spielen aufhörte, verwandelte er sich aufs Neue in den unruhigen, geplagten Erwachsenen, zu dem er geworden war.«[4]

Am Ende ist der linke Fußball häufig der erkennbare Betriebsunfall im verwalteten Industriefußball. Im Fußball wie in der Malerei gibt es das schöne Kunstwerk, aber der innere Wert, seine Geschichte, seine Berührung mit der Wirklichkeit und seine Wirkung machen den linken Fußball. Schönheit wird durch den Zeitgeist definiert, Schönheit, die eine befreiende Wirkung hat, weil sie über das Bestehende hinausweist, ist der Kern linker Kunst.

Wer beim schönen Tor Gänsehaut bekommt und ein Gefühl, dass bei solcher Anmut in der Welt etwas nicht in Ordnung ist, der spürt die Widersprüche der gesellschaftlichen Verhältnisse.

11 Schüsse, die den Fußball retten

Die Krise des kommerzialisierten Fußballs ist greifbar. Immer mehr Zuschauer:innen und Fans sind übersättigt, entfremdet, zum Teil angewidert von den Funktionären der Verbände und Kapriolen der Stars. Von Fernsehrechten, Anstoßzeiten, überflüssigen Wettbewerben wie der Conference League oder Nations League oder einer WM im Zweijahresturnus, die einzig dazu dienen, noch mehr Geld zu scheffeln, aber sportlich eher Langeweile verströmen.

Die Corona Pandemie hat das Bewusstsein zusätzlich sensibilisiert: »4 190 deutsche Fans wurden zum Profifußball und einer möglichen Rückkehr in die Stadien befragt. Demnach hat laut Umfrage für rund ein Drittel der Befragten das Interesse am Profifußball abgenommen. Rund 34 Prozent erklärten, sie hätten weniger Interesse an einem Stadionbesuch. 43 Prozent der Anhänger empfinden die Corona-Schutzmaßnahmen als unbequem und störend. Bei rund 53 Prozent ist das Interesse am Fußball gleichgeblieben. Nur gut 13 Prozent gaben an, mehr Interesse am Fußball zu haben als vor Beginn der Pandemie. Im Gespräch mit dem BR zeigte sich Prof. Harald Lange, Sportwissenschaftler der Uni Würzburg, nicht erstaunt vom Ergebnis der Umfrage. Die Studie zeige eindrucksvoll, dass ›hinsichtlich der Fanbindung Sand im Getriebe ist‹. Es gebe seit Jahren eine immer größer werdende Distanz zwischen Fans und Fußball. Hintergrund ist die immer weiterschreitende Kommerzialisierung des Fußballs.«[5]

Wohin der Weg des Fußballs führt, ist nicht entschieden. Mit Sicherheit werden DFL, UEFA und FIFA keine Möglichkeit ungenutzt lassen, ihn noch intensiver zu vermarkten. Auch der Profisport wirkt dem tendenziellen Fall seiner Profitrate mit erweiterten Märkten entgegen. Das steht nicht im Widerspruch zu seinen Lippenbekenntnissen. Sei es gegenüber den neuerlich entdeckten Fans, die wohl doch eine Rolle spielen. Oder mit symbolischen Aktionen gegen Rassismus oder für Diversität, die nichts kosten und die bei den Sponsoren aus Ländern mit autokratischen Systemen durchaus plötzlich wieder verschwinden können. Solange die Verwertungsmaschinerie funktioniert, ist für solches »Gedöns« Raum vorhanden. Aber auch die EU-Parlamentarier erkennen inzwischen, dass der kommerzialisierte Fußball überdreht. Im Bericht über die Sportpolitik wird ein nachhaltiges Sport-Ökosystem gefordert. Was bewusst darauf zielt, Konkurrenzwettbewerbe wie z. B. die Super League zu vermeiden – oder dass z. B. Lizenzen für Berater und Spielervermittler gefordert werden.[6]

Allerdings handelt es sich hierbei um einen Entwurf für einen Entschließungsantrag, der vielleicht auch mal beschlossen wird. Aber eben um kein Gesetz, das zu einem bestimmten Zeitpunkt in Kraft tritt. Er wird dennoch die Wirkung einer Resolution oder eines moralischen Appells haben.

Viel entscheidender wird sein, welche Forderungen die Fans, die Spieler:innen und auch der:die ein oder andere Entscheider:in stellen, deren Herzen an dem Sport hängen. Dabei gilt es, die Schere im eigenen Kopf zu entfernen. Denn erfolgversprechend wird nicht eine »instrumentelle Vernunft« sein, die sich den »Marktgesetzen« anzupassen versucht. Montagsspiele wurden nicht durch gute Argumente in der ersten und zweiten Bundesliga wieder eingestellt. Obwohl es die auf Fanseite zuhauf gab. Wirkungsvoller waren die teilweise massiven und dauerhaften Proteste, die auch Regeln überschritten.

Es ist an der Zeit, eigene, radikale, aber nachvollziehbare Schüsse im Tor der kommerzialisierten Elite zu versenken. Über

Grenzen hinweg und immer im Sinne der Fans, der aktiven Kicker:innen und allen, die den Sport wirklich lieben:

1. Die bestehende 50+1-Regel wird ab 2025 konsequent angewendet und umgesetzt. Das bedeutet, dass »Vereine« wie Red Bull Leipzig, VFL Wolfsburg und Bayer Leverkusen, TSG 1899 Hoffenheim u.a. innerhalb der nächsten beiden Jahre ihre Strukturen dieser Vorgabe anzupassen haben. Bei Nichtbefolgung wird ihnen die Ligalizenz entzogen.
2. Die europäischen Profiligen werden verpflichtet, einen »Cap Salaire« sowie die »Draftregel« einzuführen. Diese werden in Anlehnung an die Regeln des NFL Football gestaltet.[7] Davon lernen heißt, Monopole und Oligopole im Sport zu verhindern. Der VAR wird wieder abgeschafft.
3. Vermögenssteuer zur Umverteilung:
   Die Verteilung der Fernsehgelder sowohl der europäischen Wettbewerbe als auch der deutschen Profiligen wird radikal neu geordnet. Vermögenssteuer ist machbar, auch im Fußball. Alle Erlöse werden zusammengefasst, addiert und nach folgendem Schlüssel verteilt:
   - 40 Prozent der Einnahmen gehen an die Vereine der ersten Bundesliga. Dabei werden folgende Kriterien berücksichtigt: Platzierung national und international der letzten fünf Jahre, Tabellenplatz im Bezug zum Budget (hohe Platzierung mit niedrigem Budget wird belohnt), Jugendausbildung, Fairness, Anhängerschaft in der Bundesrepublik (unabhängiges Institut ermittelt).
   - 30 Prozent erhalten die Vereine der zweiten Bundesliga nach den gleichen Kriterien.
   - 20 Prozent für Vereine der dritten Liga, ebenfalls nach gleichen Kriterien.
   - 10 Prozent erhalten die Vereine ab der vierten Liga.

- Zweite Mannschaften der Bundesligavereine dürfen nicht mehr in den unteren Ligen spielen. Die Wettbewerbsverzerrung wird (insbesondere in den Regionalligen) beendet. Die zweiten Mannschaften der Bundesligavereine spielen in eigenen Ligen.
- Jede:r bekommt das Grundrecht auf seinen Lieblingsverein. Der Lieblingsverein ist Kulturgut. Nach Einkommen gestaffelt müssen die Spiele des eigenen Vereins in allen Profiligen von 0 bis 100 Euro pro Monat im Fernsehen bzw. im Streaming zu sehen sein.

4. Der DFB wird vergesellschaftet und radikal reformiert:
   - Zukünftig wird er von einer quotierten Doppelspitze Mann/Frau geführt.
   - Dem Vorstand und den Delegierten der Bundesversammlung gehören mindestens bis zu 25 Prozent Mitglieder aus Fanclubs an. 25 Prozent aus Amateurvereinen. 25 Prozent gesellschaftspolitische Initiativen gegen Rassismus, Antisemitismus und Sexismus.
   - Die Delegierten der Bundesversammlung bestehen zukünftig zu 25 Prozent (Sperrminorität) aus Delegierten der Fanclubs/Ultras.
5. Die DFL wird vom DFB verpflichtet, die Grundsatzbeschlüsse zu den Profiligen (Fernsehgelder etc.) zu befolgen.
   - Der DFB macht der DFL zur Vorgabe, dass die Profimannschaften der ersten und zweiten Liga (die sich zur Vermarktung die DFL geschaffen haben) verpflichtet werden, entweder als Verein oder Genossenschaft zu wirtschaften.[8] Ein Anteil der Genossenschaften kostet für die Einzelperson analog zu den Volksbanken maximal 100 Euro, für SGB-II-Bezieher:innen maximal 25 Euro und gewährt volles Stimmrecht. Unternehmen dürfen Anteile unter maximal 12,5 Prozent erwerben. Kapitalgesellschaften, Aktiengesell-

schaften und GmbHs sind innerhalb der kommenden 10 Jahre deshalb zu liquidieren.

6. In die beiden Vorstände sind in einem ersten Schritt mindestens 30 Prozent weibliche Mitglieder zu wählen. In den nächsten fünf Jahren ist die Parität der Geschlechter zu erreichen. Dazu wird die Initiative von Sonja Kraus, Bibiana Steinhaus, Claudia Neumann u.a. sofort im DFB und der DFL kooptiert.[9]
7. Es wird im DFB ein Grundsatzbeschluss gefasst, dass die deutsche Nationalmannschaft definitiv nicht mehr an der WM teilnimmt, wenn diese auf Initiative der FIFA zukünftig alle zwei Jahre stattfindet. Der DFB stellt zudem bei der UEFA den Antrag, Nations League und Confederation Cup wieder abzuschaffen.
8. Der DFB beantragt bei der UEFA im Sinne des Berichts der Europäischen Kommission, die Champions League und die Europa League zu reformieren: An der Champions League dürfen nur die Meister, bei den ersten sportlich fünf besten Ligen der Länder auch die Vizemeister am Wettbewerb teilnehmen. Entsprechend wird der Spielplan gekürzt.
   In der Euro League nehmen zukünftig die Dritt- bis Fünftplatzierten der sportlich besten Länder teil sowie deren Pokalsieger. Die anderen Nationen entsenden maximal zwei Vertreter, die sie entweder nach Platzierung oder Landespokal selbst bestimmen können. Der Spielplan wird ebenfalls entsprechend verkürzt. Gruppenspiele werden in beiden Wettbewerben mit jeweils einem Spiel gegen jeden Gegner durchgeführt. Rückspiele werden erst ab dem Achtelfinale angesetzt. Die Conference League wird wieder eingestellt.
9. Der DFB beschließt verbindlich, dass deutsche Mannschaften, die an einer Super League teilnehmen, aus der DFL und dem DFB ausgeschlossen werden.[10] Eine Teilnahme an natio-

nalen Wettbewerben wird untersagt. Diesen Beschluss bringt der DFB in die UEFA ein.

10. Die Frauennationalmannschaft erhält künftig bei internationalen Wettbewerben die gleichen Prämien wie die Männermannschaften. Die Bundesligavereine der Frauen werden an den Fernsehgeldern mit eigenem Schlüssel beteiligt.
11. Die Funktionäre der FIFA, UEFA, DFL etc., Spielerberater, Sponsoren, Investoren haben den Fußball bisher nur interpretiert – es kommt darauf an, ihn zu verändern! Der DFB setzt sich mit voller Kraft auf allen Ebenen für einen friedlichen, diskriminierungsfreien und gerechten Fußball ein, der die gesellschaftlichen Verhältnisse verändert. So wie es die FIFA in ihren eigenen Statuten und ihrer Tradition bereits vorgibt.

Natürlich wird es heftige Einwände gegen diese 11 Schüsse geben. Werden Verteidigungslinien von denen aufgebaut werden, die vom aktuellen System profitieren. »Unmöglich, unrealistisch, nicht umsetzbar«, werden sie sagen. Und die üblichen Argumente anführen: Der Wettbewerb in Europa würde verzerrt, wenn nicht alle mitziehen. Ist das nicht schon heute so? Leistung würde bestraft. Schließlich hätten es ja Bayern, Dortmund, Real, Manchester usw. zur heutigen Größe geschafft. Ach, wirklich? Gab es da keine öffentlichen Investitionen für neue Stadien der EM und WM? Oder Bürgschaften während der Corona-Krise, ganz abgesehen davon, dass die Sicherheit von der öffentlichen Hand finanziert wird und die Talente in den Vereinen oft ehrenamtlich ausgebildet und gefördert werden.

Wohlmeinende werden einwenden, die Forderungen seien utopisch. Das sind sie auch. Vielleicht sind sie aber nur »das nicht Gewordene« im Sinne Ernst Blochs. Umgekehrt gilt: Wenn die Fans, Vereinsmitglieder und Freund:innen des runden Leders nicht anfangen, radikale Reformen oder gar eine Revolution des marktgerechten Fußballs einzufordern, wird er endgültig das, was er zum Teil schon ist – reine Show ohne tatsächlichen Wettbewerb, ohne Chancen für viele, aus eigener Kraft nach oben zu kommen.

Blicken wir hinsichtlich der »Unmöglichkeiten« noch einmal in die jüngste Geschichte:

»Im Berliner Staatsratsgebäude tagt am 19. Januar 1989 das Thomas-Müntzer-Komitee. Erich Honecker hält die Festansprache. Es werden keine überraschenden Aussagen erwartet. Im Verlauf der Rede wird der SED-Chef jedoch grundsätzlich und verkündet mit trotziger Stimme: Die Mauer wird so lange bleiben, wie die Bedingungen nicht geändert werden, die zu ihrer Errichtung geführt haben. Sie wird in 50 und auch in 100 Jahren noch bestehen, wenn die dazu vorhandenen Gründe noch nicht beseitigt sind.«[11]

Oder etwa nicht? Keine 12 Monate später war die Mauer Geschichte. So schnell wird es mit radikalen Reformen im Fußball wohl nicht gehen. Aber noch immer hat die »List der Vernunft« das heute Undenkbare morgen verwirklicht.

Nachspielzeit

»Fußball ist wie alle große Kunst einfach. Jeder Zuschauer ist nach spätestens drei Spielen Kenner. Das Publikum ist also ausschließlich aus Kennern zusammengesetzt.«
Bertolt Brecht

Kindheit verwandelt wieder einholen (Jonas Wollenhaupt)

Mit 13 vergrub ich mich in alle mir zugänglichen Statistiken und Ergebnisse. Pelé, 1281 Tore in seiner Karriere, das vergesse ich nicht mehr. Panini-Alben? Voll! Wichtiger war aber immer das Spiel auf dem Platz. Freunde anrufen, auf den Bolzplatz gehen, völlig egal, ob es schneit, regnet oder die Mittagssonne brennt, Hauptsache kicken. Trikots sammeln, mit Übersteigern tagträumen und im Telefonbuch nach den Namen der Eintracht-Stars suchen. Der Fußball war herrlich unbefangen.

In den 90er-Jahren Eintracht-Fan zu sein, war ohnehin das Beste, was mir passieren konnte. Yeboah, Okocha, Bein, Gaudino. Das war Fußball pur. Dafür steht wie kein zweites das überragende Tor von Jay-Jay Okocha 1993. Mit 5 Haken in 11 Sekunden dribbelt der eingewechselte Okocha den späteren Welttorhüter Oliver Kahn und die halbe Mannschaft des Karlsruher SC aus, meine erste Berührung mit der Welt der Kunst.

Jörg Dahlmann kündigte das Spektakel bei Sat.1 an: »Stellen Sie den Ton des Fernsehers lauter, kommen Sie nahe an den Monitor heran und genießen Sie!« Das Internet war noch kein Thema, und so gab Dahlmann vor, seinen Job aufs Spiel zu setzen, damit wirklich jede:r das Tor immer wieder anschauen konnte: »Liebe Zuschauer! Die Zeit für meinen Bericht ist zwar abgelaufen, aber egal. Sollen sie mich rausschmeißen. Ich zeig Ihnen die Szene bis zum Umfallen!« Am Spielfeldrand steht der Eintracht-Trainer Klaus Toppmöller, der den Sieg wollte und keine Kunst. Angeblich neunmal in den 11 Sekunden brüllte er auf Okocha ein: »Schieß!« Toppmöller hätte ihn wohl nie wieder eingewechselt, wenn der Ball nicht reingegangen wäre. Was für eine tolle Fußballzeit und ich bin völlig im Bann. Von der großen Kommerzialisierung bekomme ich nichts mit. Es gibt nur die Magie des Fußballs und mich mittendrin.

Anfang der 2000er verblasste der Zauber allmählich, politische und ökonomische Zusammenhänge wurden mir klarer. Der Fußball und ich, wir lebten uns auseinander. Andere Sachen waren plötzlich wichtiger. Erst das Fußballspielen selber brachte mich ab 2014 zurück. Es folgte der vorläufige Höhepunkt in meiner Karriere – Meistertitel in der Bunten Liga Frankfurt 2016 mit dem Roten Stern Frankfurt. Es ist die erste Saison der wilden Liga und der erste Titel für die jungen Sterne. Wir treten gegen das ersatzgeschwächte Team von Real Kickloch an. Ich renne, presse, passe, schieße und verausgabe mich, bei Temperaturen über 30 Grad Celsius; am Ende stehe ich im Tor. Besonders freue ich mich über meine Partnerin Magdalena, die ihr erstes Fußballspiel besuchte. Nach ein paar Minuten schon holte sie allerdings einen Klassiker der Soziologie aus der Tasche und zog es vor, darin zu lesen. Im akademisch geprägten Rote-Sterne-Milieu fiel das allerdings nicht weiter auf. Wir sind meilenweit in Führung, so versuche ich Blickkontakt mit Magdalena aufzunehmen, riskiere gar ein Gegentor – zwecklos. Der Klassiker ist spannender. Am Ende gewinnen wir souverän 7:1. Den Schlusspfiff bekommt meine Partnerin aber mit, sie realisiert, dass wir gewonnen haben, und freut sich mit mir, gefolgt von der Frage: »Wie lange wollen wir denn noch bleiben?« Ich verstehe, dass es Menschen gibt, geliebte Menschen, die absolut nichts mit Fußball anfangen können, selbst wenn sie guten Willens sind. Ein Fußballspiel hat sie seitdem nicht mehr besucht, aber ich weiß, dass sie sich trotzdem jedes Mal für mich freut, wenn ich wieder zum »Ballsport« gehe.

Langsam kommt auch wieder das Interesse am Industriefußball. Es ist die Zeit der Frankfurter Büffelherde mit Luka Jović, Ante Rebić, Sébastien Haller. Dazu Makato Hasebe, Kevin Prince Boateng und David Abraham und einem Fußballgott: Alex Meier. Dann noch ein Präsident mit Peter Fischer, der die AfD-Mitgliedschaft und die Eintracht-Mitgliedschaft für unvereinbar hält. Dann der Pokalgewinn und der Sieg in der Euro League. Wieder eine tolle Eintrachtzeit, passend zur Stadt: international, antifaschistisch und immer so richtig bissig. Der Fußball verschweißt die ganze Stadt zu einer Einheit. So schön kann Identität dann doch sein.

Das nächste große Ereignis ist die WM in Katar. Sie steht für alles, was man als Linker ablehnt. Wahrscheinlich werde ich einige Spiele trotzdem sehen. Für mich bleibt aber das Kicken wichtiger: der Flow, der kurze Ausbruch aus den kapitalistischen Verhältnissen, die Freude und das Anverwandeln des Balls. Denn Fußballspielen ist für mich immer noch ein bisschen der erfolgreiche Versuch, »Kindheit verwandelt wieder einzuholen« (Adorno), gelingendes Leben.

95:28 Nachspielzeit im Nahtod (Kall Stork):

Bretagne, Frankreich, 11. Juli 2020, 18.30 Uhr. Man kann an diesem schönen Sommerabend am Strand liegen, im Café sitzen oder wunderbare Spaziergänge am Meer machen. Man kann auf den Spuren des bretonischen Kommissars Dupin wandeln, in Pont-Aven Galerien besuchen oder in der Brocéliande die Geschichte von König Arthur im Museum bewundern.

Man kann aber auch wie ich auf dem iPad um 18.30 Uhr sich das zweite Relegationsspiel um den letzten verbleibenden Platz der 2. Bundesliga zwischen dem FC Ingolstadt und dem 1. FC Nürnberg antun. Es wurde zu einer Nahtoderfahrung[1]. Das Hinspiel hatte der »Glubb« mit 2:0 gewonnen. Das kommissarische Trainerteam Mintal und Wiesinger hatte mit einer Offensivstrategie das richtige Konzept gewählt. Der Sieg hätte höher ausfallen müssen. Dann wäre alles klar gewesen. Aber das wäre ja nicht Club-typisch, eine ohnehin schon peinliche Saison wenigstens versöhnlich und ohne Drama abzuschließen.

So sitze ich im Wohnzimmer des Ferienhauses vor dem iPad mit gebanntem Blick und versteinertem Gesicht. Nach 42 Jahren Club-Anhänger und -Mitglied glaubte ich schon alles an Abgründen erlebt zu haben. Ein grandioser Irrtum. Es herrscht gespenstische Stille. Nur die Stimme der Kommentatorin Claudia Neumann ist leise zu hören. Meine Frau Andrea ist oben, sie regt Fußball im Fernsehen zu sehr auf. Aber eigentlich ist es Rücksicht auf meinen Gemütszustand. Sie weiß, dass ich abergläubisch bin und vermute, dass sie Pech bringt. Zur Halbzeit steht es noch 0:0. Das würde reichen. Man könnte, wenn es nicht um so vieles ging, von einem langweiligen Spiel sprechen.

Andrea kommt kurz in die Küche und meint: »Läuft doch alles ganz gut.« Ich spüre in diesem Moment, dass das Unheil seinen Lauf nimmt. Was ich eigentlich schon ab der ersten Minute geahnt habe.

Die zweite Halbzeit beginnt. Ingolstadt setzt auf Standards, Ecken oder Freistöße. Sie wissen, spielerisch sind sie schlechter. Ihre Spieler, ihr Trainer, die 300 Zuschauer trotz Geisterspiel, provozieren. Der Club bleibt ruhig. Bis zur 53. Minute. Freistoß für die »Schanzer«, der Ball fliegt in den Strafraum, Mathenia, der Club-Torhüter, faustet den eigenen Mann (Erras) an. Kutschke erzielt das 1:0 für den FCI. Ein Stromstoß der Unsicherheit fährt in die Mannschaft des neunmaligen Meisters und Rekordabsteigers. Wieder ein Freistoß in der 62. Minute, Ingolstadt erzielt den zweiten Treffer. Nun steht es nach Hin- und Rückspiel ausgeglichen. Vier Minuten später ist es passiert. Ein unberechtigter Freistoß für Ingolstadt. Normalerweise würde ich wütend und lautstark am Bildschirm protestieren. Doch mein »Über-Ich« tritt neben mich auf das Spielfeld. Sagt mir, dass es gleich vorbei ist. Die »Schanzer« erzielen das dritte Tor. 66 Minuten sind gespielt, der »Glubb« abgestiegen. Alle, die auch nur in Verdacht stehen, Stürmer zu sein, werden eingewechselt. Claudia Neumann spricht aus, als würde sie Dracula den Pfahl ins Herz stoßen: »Der Club ist ein Depp.« Ich schalte den Ton ab. Das »Über-Ich« steht neben mir. Der Nahtod spricht.[2] Wie in Zeitlupe laufen 42 Jahre Clubgeschichte und Fandasein in noch 24 Minuten Spielzeit vor mir ab. Sie erzählen mir die demütigenden Niederlagen gegen die Bayern, insbesondere das 2:4 nach Verlängerung im Pokalfinale 1982. Die Abstiege; unvergessen der 29. Mai 1999 im Frankenstadion, als der Club als 12. der Tabelle am letzten Spieltag 1:2 gegen SC Freiburg verlor und die Eintracht sich mit einem grandiosen Fjörtoft-Übersteiger 5:1 gegen Kaiserslautern rettete. »Wir melden uns vom Abgrund«, so Günther Koch, die Stimme Frankens. Ich saß drin, Block 17c. Der kurze Höhenflug am 27. Mai 2007, als wir nach 39 Jahren wieder einen Titel, den DFB-Pokal, holten, um direkt danach mal wieder abzusteigen. Die unzähligen Staus auf der A3 bei Fahrten ins Max-Morlock-Stadion und zurück. Die Suche nach der verlorenen Zeit. Was machst du da eigentlich? Warum tust du dir das an?

Mein Ich schaltet sich kurz ein. Der Sohn, gut erzogener Glubberer, zu Hause. Alleine vor dem Fernseher. 80. Minute, ich schicke eine SMS: »Der Glubb steigt nicht ab.« Ein uraltes Adorno-Zitat, tief in der Gehirn-Festplatte verschüttet, meldet sich, »es gibt einen Satz von Grabbe, der lautet: ›denn nichts als nur Verzweiflung kann uns retten‹«. Wie wahr Theorie sein kann.

Der Nahtod lacht. Du Narr! 87. Minute. Von rechts kommt eine Flanke in den Strafraum an den Elfmeterpunkt. Frey, der glücklose Mittelstürmer, nimmt den Ball direkt. Er geht knapp daneben. Andrea ist inzwischen runtergekommen. Absolute Stille, wir sind gemeinsam einsam. Nachspielzeit fünf Minuten. Üppig. Ingolstadt nutzt jede Unterbrechung, um sich Zeit zu ergaunern. Ich kann mich darüber nicht mehr aufregen. Das Über-Ich hat bereits gewonnen. Hat einfach Recht. Vor meinen Augen sehe ich Meppen, Würzburg, Elversberg, die zukünftigen Gegner, die mein innerer Mephisto anzeigt.

Schiedsrichter Christian Dingert pfeift noch immer nicht ab. 95 Minuten sind vorbei. Der Ball fliegt in den Strafraum. Die Schanzer klären. Erras, mit dem Rücken zum Tor, lupft ihn planlos wieder in den Strafraum. Ein Ingolstädter fällt. Von links ein weißes Trikot, eine Fußspitze, sie berührt den Ball. Wie einst Max Morlock zum 1:2 gegen Ungarn in Bern.

Knaller, Ingolstadts Torwart, liegt, der Ball trudelt, nein, kriecht, hoppelt, rollt wie in Zeitlupe – ins TOOOR! 95:28 Minuten, der Fußballgott Fabian Schleusener, der in der ganzen Saison kein Tor geschossen hat, erzielt das 1:3.[3]

Ich wäre der französischen Regierung nicht böse gewesen, wenn sie mir nach dem Torschrei ein Einreiseverbot für mindestens fünf Jahre verhängt hätte. Eine halbe Stunde nach dem Spiel meldet sich mein Freund aus Nürnberg. Er schluchzt, kann nicht sprechen. Ich weiß aber, dass er es ist. Ich schluchze auch, sage, gleich meldet sich der Sohn. Der hemmungslos mit mir weiter weint und wir beide nur Wortbrocken von uns geben.

Wir sind am Ende des Buches und wieder am Anfang. Es ist alles viel ernster. Oder wie es der promovierte Philosoph und Aufsichtsratsvorsitzende des 1. FC Nürnberg, Thomas Grethlein, messerscharf auf den Punkt bringt. »Das Leben ist kein FC Bayern. Das Leben ist eher wie der Club.«[4]

An diesem 11. Juli 2020 hat der »Glubb« seine DNA verändert.

Danksagung: Unsere Heimat ist die Kurve. Unsere La Ola für die Unterstützer:innen

Nach dem Spiel kommt unser Dank für die Kurve. Die uns bei diesem Buch frenetisch unterstützt hat. An erster Stelle sei unserem Lektor Rainer Weiss gedankt, der im »wahren Leben« als Präsident des FC Gudesding auch aktiv im Fußball unterwegs ist. Wie ein Trainer, der das Beste aus seiner Mannschaft herausholt, ermutigte er uns zum Kurzpassspiel und hielt uns von Bandwurmsätzen und langweiligen Querpässen ab. Er schulte unseren Blick für das Wesentliche und förderte unsere spielerische und kämpferische Mentalität. Dank auch dem Verleger und Schalke-Fan Markus J. Karsten, der uns nach einem erfolgreichen Scouting an die Tasten ließ. Unser besonderer Dank geht an unsere wunderbaren Partnerinnen, die uns ermutigt, ertragen und von der Tribüne aus zugewunken haben. An Andrea, die pragmatisch vor 30 Jahren entschied, halt auch »Glubb-Fan« zu werden, um das Wochenende mit einem häufig depressiv-mürrischen Mann doch schön zu gestalten. Die inzwischen ein Spiel besser analysieren kann als ich (K.S), der schon nach der ersten Entscheidung für den Gegner weiß, dass wir wieder verpfiffen werden. An Magdalena, die in stoischer Ruhe während wichtiger Spiele die tatsächlich weltbewegenden Klassiker der Literatur studiert. Und die jedes Wissen über Torschützen, Stadien, Vereinsfarben und die abseitigen Geschichten des Fußballs, die ich (J. W.) herauskrame, souverän zur Kenntnis nimmt, um sich schließlich doch den wirklich wichtigen Fragen zu widmen. Nicht zu vergessen unsere Kinder im Nachwuchsleistungszentrum. Vanja, Tochter von Jonas und Magdalena, die diszipliniert wie ein klassischer Libero mit ihrer Geburt wartete, bis der Rohentwurf des Textes stand. Aber auch der Sohn von Kall und Andrea, Konstantin, der als aktiver Schiedsrichter und Historiker unserem Fanatismus Einhalt gebot. Der uns auf Geschichten, Ereignisse und wichtige Spiele hinwies, die wir nicht kannten oder vergessen hatten. Nicht zuletzt danken wir den Freund:innen, die uns Mut gemacht haben, aufs Feld zu gehen nach dem »Kaiser«-Motto: »Geht raus und spielt.« Aber vor allem danken wir den kritischen, klugen, und kenntnisreichen Menschen, die unser Buch lesen und pfeifen oder jubeln. Das bleibt jedem selbst überlassen.

Anmerkungen

Aufstellung

1 Ernst Bloch: Das Prinzip Hoffnung, Frankfurt, 1985, S. 524.

2 Das scheint zunächst weit hergeholt. Aber ältere Kunst- und Fußballfreund:innen erinnern sich vielleicht noch an die hitzige Debatte um Peter Handkes Gedicht: »Aufstellung des 1. FC Nürnberg 1968«. Kultur-Konservative schäumten, die Progressiven dagegen hielten es für eine gelungene Persiflage. »Die Innenwelt der Außenwelt der Innenwelt«, Frankfurt, 1969.

3 Nick Hornby: Fever Pitch, Köln, S. 52.

4 Pier Paolo Pasolini. Zit. nach Valerio Curcio: Der Torschützenkönig ist unter die Dichter gegangen. Fußball nach Pier Paolo Pasolini. Bad Herrenalb, 2022, S. 28.

5 Ernst Bloch: Das Prinzip Hoffnung. Frankfurt, 1985, S. 1628.

6 Zur Geschichte der Entfremdungstheorie: Jonas Wollenhaupt: Die Entfremdung des Subjekts. Bielefeld, 2018, S. 13–106.

Der erste Ballkontakt

1 Joachim Mohr: »Eine Kunst des Teufels«, Spiegel-Online, online unter: https://www.spiegel.de/geschichte/eine-kunst-des-teufels-a-5e396aae-0002-0001-0000-000126307173?context=issue, abgerufen am 09.03.2021.

2 Eine Spielart des historischen Fußballs in Florenz.

3 Horst Bredekamp: Florentiner Fußball. die Renaissance der Spiele. 1993. Frankfurt, S. 146.

4 Ebd., S. 92.

5 Rinuccini nach Bredekamp, Ebd., S. 61.

6 Norbert Elias, Eric Dunning: Sport und Spannung im Prozess der Zivilisation. Gesammelte Schriften, Bd. 7., Frankfurt 2003.

7 Die großen sieben Public Schools zu der Zeit waren: Charterhouse, Eton College, Winchester College, Harrow School, Rugby School, Shrewsbury School, und Westminster.
8 Der »Deutschen Fußball- und Cricket-Verband« (DFuCV) in Berlin verhandelte damals mit der Süddeutschen Fußball-Union (SFU) über einen Zusammenschluss. Daher kam die Idee für ein Meisterschaftsspiel überhaupt zustanden.
9 Erik Eggers: Fussball zwischen den Kriegen. Europa 1918–1939, Berlin, 2010, S. 222.
10 Zeitschrift: »Arbeiter-Fußball« vom 11. November 1925.
11 Zeitschrift: Wildung, Der Gedanke unserer Olympiade, 1924.
12 »Geburtsstunde der Breslau Elf-Als Herberger Jubel Fußball spielen ließ«, n-tv online, https://www.n-tv.de/sport/fussball/Als-Herberger-Jubel-Fussball-spielen-liess-article22555534.html, abgerufen am 16.05.2021.
13 Ebd.
14 Fabian Kunow: »Jenseits der Gleichschaltung«, ND, Die Woche 23./24.01.2021, S. 22.
15 Ebd.
16 Zit. Nach Martin Krauss, TAZ: https://taz.de/Fussball-im-KZ-Theresienstadt/!5465984/, abgerufen am 10.03.2022.
17 František Steiner: Fußball unterm gelben Stern. Die Liga im Ghetto Theresienstadt 1943–44, Paderborn, 2017.
18 1969 kam es zu einem Krieg zwischen Honduras und El Salvador, infolge eines WM-Qualifikationsspiel. Das Spiel und die Ausschreitungen waren allerdings nur der Auslöser eines längeren Konflikts.
19 Walther Bensemann, zitiert nach Josef Frey: 90 Jahre Karlsruher Fußballverein. Festschrift des Karlsruher FV, Karlsruhe 1981, S. 7.
20 Der Kicker Nr. 43/193.
21 Walther Bensemann nach Bernd-M. Bayer: Walther Bensemann – Kosmopolit des Fußballs, Gründer des »Kicker«, Leipzig, 2017. S. 15.
22 Zeitschrift: Spiel und Sport, 04.08.1914.
23 Walther Bensemann nach Bernd-M. Bayer: Walther Bensemann – Kosmopolit des Fußballs, Gründer des »Kicker«, Leipzig, 2017. S. 33.
24 Der Kicker Nr. 34/1930.
25 Der Kicker Nr. 22/1931.

Vom Wasserträger zum Fußball-Millionär

1 Eine Weihnachtsgeschichte: Fritz Walter, die Todeself und der zweite Weltkrieg, Sportverlagerung.de, 26.12.2011.

2 Alex Raack: Fritz Walters Rettung – »Du auch Fußballspieler?«, Spiegel-online, online unter: https://www.spiegel.de/geschichte/fussball-weltmeister-fritz-walter-rettung-im-kriegsgefangenenlager-a-1212918.html, abgerufen am 10.04.22.

3 Theodor W. Adorno, Soziologische Schriften I, 1979, S. 188 f.

4 Klaus Theweleit: Tor zur Welt, Fußball als Realitätsmodell, Köln, KiWi-Taschenbuch, 2004. S. 40.

5 Unter fordistischer Gesellschaft versteht man die Massenproduktion am Fließband sowie die Möglichkeit, durch Massenkonsum und Verteilung der Produktivitätsfortschritte die Arbeiterklasse am Reichtum der Gesellschaft zu beteiligen. Benannt wurde die kapitalistische Epoche nach dem amerikanischen Automobilhersteller Henry Ford, der einmal sagte: »Autos kaufen keine Autos«, und deshalb die Fließband- und Akkordarbeiter mit hohen Stundenlöhnen in die Lage versetzt, zu konsumieren.

6 Kicker Ausgabe 1963.

7 »Auf der Zielgeraden einer total verkorksten Saison vergab der 1. FCN zwei Matchbälle gegen Borussia Dortmund (2:2) und beim 1. FC Köln (0:3). Hätte er nur eines dieser Spiele gewonnen, wäre der jeweilige Gegner abgestiegen. Dass die Partie gegen den BVB von einem (allerdings nie bestätigten) Manipulationsgerücht überschattet wurde – Club-Torwart Jürgen Rynio hatte angeblich bereits bei der Borussia unterschrieben –, passte ins traurige Bild, das der 1. FCN im Frühjahr 1969 abgegeben hat. Es dauerte neun Jahre, ehe er wieder die Bühne Bundesliga betrat.« Nordbayern.de, Archiv.

8 »Das Turnier 1978 in Argentinien war umstritten, weil in dem Land eine Militärjunta herrschte. Cesar Luis Menotti, der die argentinische Mannschaft zum Weltmeistertitel führte, ließ seine Abneigung gegen das Regime immer wieder durchblicken. Nach dem gewonnenen Finale gegen die Niederlande (3:1 nach Verlängerung) verweigerte er Junta-Chef Jorge Rafael Videla öffentlich den Handschlag. Auf der Pressekonferenz sagte er: ›Meine talentierten, klugen Spieler haben die Diktatur der Taktik und den Terror der Systeme besiegt.‹«

Der DFB-Tross zeigte sich von der Kritik am Militärregime komplett unbeeindruckt. DFB-Boss Hermann Neuberger lud gar den ehemaligen Nazi-General Hans-Ulrich Rudel in das deutsche Quartier Ascochinga (übersetzt: Toter Hund) ein und sorgte damit für einen Polit-Skandal erster Güte. Rudel hatte wie viele ehemalige Nationalsozialisten nach dem Zweiten Weltkrieg in Argentinien eine neue Heimat gefunden. Neuberger konterte die Kritik, diese käme ›einer Beleidigung aller deutschen Soldaten gleich‹.« Spiegel Online, online unter: https://www.spiegel.de/sport/fussball/wm-anekdoten-ein-jahrhundertspiel-und-ein-jahrhundertskandal-a-699446.html, abgerufen am 06.07.2020.

9 »Aus der Tiefe des Raumes« bezieht sich auf einen vorgeblichen Satz des Intellektuellen Karl-Heinz Bohrer, der immer wieder gerne zitiert wird: »Netzer kam aus der Tiefe des Raumes.« Tatsächlich lautete er jedoch, »der aus der Tiefe des Raumes plötzlich vorstoßende Netzer hatte ›thril‹«. Er bezieht sich auf das historische Spiel der deutschen Nationalmannschaft 1972 in Wembley. ND, 05.08.2021, S. 13.

10 Das Akkumulationsregime ist ein Fachterminus aus der Regulationstheorie. Es bezeichnet die Hauptorganisationen der Kapitalströme. War es im Fordismus die Massenproduktion, so setzte der Neoliberalismus auf Flexibilisierung.

11 Tagesschau, 23.02.2021, nach Recherchen der Zeitung »Guardian«.

12 Im Mutterland des Fußballs England veränderte der Medienmogul Murdoch fundamental die Fußball-Landschaft: »Murdoch begriff, dass seine Fernsehsender für weite Teile der Bevölkerung unentbehrlich würden, wenn er die Rechte am populärsten Sport des Planeten erwürbe. Er pumpte ungeheure Geldmengen in den Fußball, ausländische Stars strömten zu Hunderten herbei, und die Vereine trieben die Preise ihrer Dauerkarten in die Höhe.« Nick Hornby: Fever Pitch, Köln, S. 13.

13 »Das Privatfernsehen war für die Entstehung des bundesweiten Mythos die treibende Kraft«, ist sich der Sportjournalist Lutz Wöckener vom Hamburger Abendblatt sicher. »Diese Berichterstattung hat dem Club seine Etiketten aufgeklebt und über die Stadtgrenzen hinausgetragen. Als das Privatfernsehen begann, den Club mit Totenkopfflaggen und Gegengeraden-Punks abzufeiern, hat das neue Fangruppen angezogen.« Marco Corini: 100 Jahre St. Pauli-Das Freudenhaus der Medien TAZ-Online, abgerufen am 14.05.2010.

14 »Fußball wird fortan als Gesamtkunstwerk inszeniert und der FC St. Pauli mit seinen Fans erweist sich als besonders telegen. Die sportliche graue Maus der Bundesliga wird für ›Anpfiff‹, so Potofski, ›zum bunten Farbtupfer‹ der Berichterstattung. Während wir bei anderen Vereinen nach Kuriosem und Skurrilem mühsam suchen mussten, trat das am Hamburger Kiez geballt auf.« (Ebd.)

15 Der Freitag, Nr. 17, 2021 S. 15.

16 Das große Sterben der Fußballkneipen hat vor allem mit untragbar hohen Kosten für öffentliche Streamings bzw. Lizenzen zu tun, wie auch ein Beispiel aus Frankfurt zeigt: Holger Vonhof: Frankfurter Wirte bangen um ihre Existenz – Irrwitzige Abo-Kosten für Pay-TV, online unter: https://www.fnp.de/frankfurt/frankfurter-wirte-bangen-um-ihre-existenz-90983914.html , abgerufen am 20.03.2022.

17 Südwind Magazin, Interview 01.05.2013, James Dorsey (Nahost Korrespondent, Pulizer-Preis-Träger und Co. Direktor des Instituts für Fankultur Duisburg.

18 Frederic Zaueis, Spiegel-Online, online unter: https://www.spiegel.de/sport/fussball/fussball-dokumentation-istanbul-united-zeigt-ultras-auf-dem-taksim-a-994657.html, abgerufen am 04.10.2014.

19 Neues Deutschland (ND) 05/6. Juni 2021 Nr. 128, S. 29.

20 Ebd.

21 Ebd.

22 Kathrin Steinbiehler: Mama sieht dich, SZ-Online, 11.02.2015, online unter: https://www.sueddeutsche.de/sport/stadion-ordner-in-recife-mama-sieht-dich-1.2346154

23 Ebd.

24 Klaus Theweleit: Tor zur Welt -Fußball als Realitätsmodell, Köln, 2004, S. 84.

25 Ebd., S. 85.

26 Malte Oberschelp, Jüdische Allgemeine, 01.08.2011: »NEUMANN Molnár, der Sohn eines wohlhabenden Arztes, wurde 1878 in Budapest als Franz Neumann geboren. Seine Familie gehörte zum assimilierten, deutschsprachig jüdischen Bürgertum, das sich aus patriotischen Gründen ungarisch verstand. Molnár legte seinen Geburtsnamen 1896 ab. Er arbeitete zunächst als Journalist und veröffentlichte ab 1902 Theaterstücke. Gleich die dritte Komödie, *Der Teufel*, war 1907 ein großer Erfolg.« Das der Song ursprünglich von einem jüdischen Schriftsteller »aus der Taufe« gehoben wurde, wird nicht in vielen Rezensionen erwähnt.

27 You'll never walk alone-Geschichte einer Fußballhymne, ARD-Mediathek, WDR Dokumentation, 21.06.2021.

28 »Man muss diese versteinerten Verhältnisse dadurch zum Tanzen zwingen, dass man ihnen ihre eigne Melodie vorsingt!« Zit. nach: Karl Marx: Zur Kritik der Hegelschen Rechtsphilosophie. Einleitung. MEW 1, S. 381.

29 Homepage Union Berlin; »Eisern Union«-Gesungen von Nina Hagen.

30 Hendrik Buchmeister: Wenn eiserne Kerle »Stille Nacht« singen, Spiegel-Online, abgerufen am 23.12.2014.

31 Frankfurter Neue Presse-online, online unter: https://www.fnp.de/frankfurt/eintracht-hymne-stadion-10460833.html, abgerufen am 23.05.2017.

32 Alex Feuerherd: Kein Grund zum Jihad, Jungle-World-online, online unter: https://jungle.world/artikel/2009/33/kein-grund-zum-jihad, abgerufen am 13.08.2009.

»Als Beispiele nannte Böss (Redakteur der Welt, die Verfasser) unter anderem den Bayern-Song »Stern des Südens« (»Der Stern könnte als Davidstern missverstanden werden und das ›niemals untergeh'n‹ somit als zionistische Propaganda im Sinne von ›Am Israel Chai‹«) sowie das Hoffenheimer Lied, in dem optimistisch versprochen wird, »gegen alle Welt siegen«. (»Die islamische Umma ist stärker als Hoffenheim und würde mindestens 4:0 gewinnen! Bitte ändern.«)«

33 Michael Pils: Wie sich Borussia Dortmund einfach eine Hymne klaute, Welt-Online, online unter: https://www.welt.de/kultur/kino/article164666303/Wie-sich-Borussia-Dortmund-einfach-eine-Hymne-klaute.html, abgerufen am 17.05.2017.

34 Bernhard Blöchl: Wie Willy Astor den FC Bayern zum »Stern des Südens« machte. Süddeutsche Online, online unter: https://www.sueddeutsche.de/muenchen/lieder-ueber-muenchen-wie-willy-astor-den-fc-bayern-zum-stern-des-suedens-machte-1.3636296, abgerufen am 23.08.2017.

35 Tatsächlich kann man eine »Breite Brust« aufbauen und verstärken: »Die Erfahrung, dass die eigenen Fähigkeiten denen des Gegners überlegen sind und, das Wissen um den eigenen körperlichen Zustand sind also wichtige Quellen für die Entwicklung von Selbstwirksamkeit, aber auch der Gruppenzusammenhalt kann ähnliche Effekte erzeugen.« Daniel Memmert, Bernd Strauss, Daniel Theweleit: Der Fußball – Die Wahrheit, S. 17 ff.

36 Abschied von HSV-Hymne, Hamburg meine Perle ist Geschichte, FAZ Online, online unter: https://www.faz.net/aktuell/sport/fussball/bundesliga/abschied-von-hsv-hymne-hamburg-meine-perle-ist-geschichte-16280732.html, abgerufen am 11.07.2019.

37 »Wer die Pfalz nur einmal gesehen hat, begreift, daß eine Bewegung in diesem weinreichen und weinseligen Lande einen höchst heitern Charakter annehmen mußte. Man hatte sich endlich einmal die schwerfälligen, pedantischen altbayrischen Bierseelen vom Halse geschafft und an ihrer Stelle fidele pfälzische Schoppenstecher zu Beamten ernannt.« MEW 7, S. 133.

Gekaufte Spiele

1 Christopher Giogios, 29.03.2021, GMX Kommentar zu der Dokumentation des ZDF: »Eine für die Öffentlichkeit wichtige neue Erkenntnis liefert der Film aber auch: Die Reaktion der Vertreter von Bayern und Hoffenheim, die Spielunterbrechung der Schiedsrichter und auch die Erregung von Sky-Kommentator Kai Dittmann waren alles andere als spontan.«

2 Jochen Breyer und Jürn Kruse: »Der Prozess: Wie Dietmar Hopp zur Hassfigur der Ultras wurde.« Eskalation eines 13 Jahre alten Streits. Am 29. Februar 2020 gerät Fußballdeutschland in Aufruhr: Fans des FC Bayern beleidigen den Mehrheitseigner der TSG Hoffenheim, Dietmar Hopp. Das Spiel wird beinahe abgebrochen. Wie kam es zu dieser Eskalation? Was steckt hinter dem Konflikt? ZDF, Aufgerufen am 18.07.2021.

3 Freundschaftsspiel – Auffällige Nähe zu Rogon: Das Barra Netzwerk, Kicker, 19.04.2021, S. 82.

4 Ebd., S. 84.

5 Ebd.

6 Andreas Buck: Vorsicht Falle, 11 Freunde – Magazin für Fußballkultur, Nr. 236, Seite 78.

7 Ebd., S. 80.

8 Hendrik Buchheister: In Newcastle ist die Saudi-Arabien-Flagge jetzt ein Fanartikel, Spiegel Online, online unter: https://www.spiegel.de/sport/fussball/in-newcastle-ist-die-saudi-arabien-flagge-jetzt-ein-fanartikel-a-e049e09c-da53-4350-a140-54d514be2a32, Abgerufen am 21.10.2021.

9 Kicker Online, 28.05.2021, online unter: https://www.kicker.de/nur-vier-eingetragene-vereine-die-rechtsformen-der-bundesligisten-805778/slideshow.

10 Während wir diese Zeilen schreiben, tobt der Krieg in der Ukraine. Schalke hat seine Kooperation mit Gazprom eingestellt.

11 »Bayern München hat mit Qatar Airways eine Partnerschaft, und ich war da auch nie ein Pharisäer, wenn ich das mal so sagen darf. Wir haben gutes Geld aus diesem Vertrag bekommen«, sagte Rummenigge in einem Interview des WDR. Süddeutsche-Online, online unter: https://www.sueddeutsche.de/sport/rummenigge-katar-fc-bayern-1.5461712#:~:text=%22Bayern%20M%C3%BCnchen%20hat%20mit%20Qatar,in%20einem%20Interview%20des%20WDR, abgerufen am 10.11.2021.

12 Christopher Meltzer: »Ein totaler Kontrollverlust: Der Abend der Eskalation …«, FAZ, 27.11.2021, S. 35.

13 Wir schreiben hier ganz gezielt und bewusst von Red Bull Leipzig und nicht die euphemistische »Rasenball« Bezeichnung. Der erste Schritt etwas zu verändern, ist im Sinne Rosa Luxemburg dann schon, »das zu sagen, was ist«.

14 Christoph Ruf, Spiegel Online, online unter: https://www.spiegel.de/sport/fussball/red-bull-in-leipzig-wir-wuerden-selbst-den-teufel-mit-offenen-armen-empfangen-a-630820.html, Abgerufen am 17.06.2009. Anmerkung: Ruf ist einer der besten und qualifiziertesten Fußball-Jounalisten der Gegenwart, der es versteht, gesellschaftspolitische Realität und Entwicklungen des Fußballs kritisch zu reflektieren.

15 Ullrich Kroemer, Mitteldeutsche Zeitung Online, online unter: https://www.mz.de/sport/rb-leibzig/so-funktioniert-rb-leipzig-ralf-rangnick-dietrich-mateschitz-oliver-mintzlaff-1214326, abgerufen am 26.08.2016.

Warum darf RB Leipzig überhaupt in der Bundesliga mitspielen?

Sächsischer Fußball-Verband (SFV), Nordostdeutscher Fußball-Verband (NOFV) und Deutscher Fußball-Bund (DFB) stimmten den Aufstiegen bis in die dritte Liga weitgehend problemlos zu. Eine monatelange Hängepartie gab es bei der Lizenzierung für die zweite Liga 2014 durch die Deutsche Fußball-Liga (DFL), da RB die 50+1-Regel zwar nicht rein juristisch, aber dem Gedanken nach umgangen habe, formulierten Kritiker. Die Regel besagt, dass Investoren keine Stimmenmehrheit in den Gesellschaften haben dürfen, über die der Spielbetrieb geregelt wird. Doch da die RB-Gegner in den Reihen der DFL mit einer Klage wohl keinen Erfolg gehabt hätte, erhielt der Klub die Eintrittskarte – immerhin mit einigen Auflagen und Bedingungen, unter anderem der Bildung einer Spielbetriebs GmbH, Neuordnung und –besetzung der Gremien, Logoänderung. Red Bull ist zu 99 Prozent Eigentümer von RB Leipzig

Wem gehört eigentlich RB Leipzig?

Die Red Bull GmbH ist zu 99 Prozent Gesellschafter der RB Leipzig GmbH, das entspricht 2,475 Millionen Euro. Zu 0,5 Prozent – 25 000 Euro – ist der Verein beteiligt. Denn entgegen der landläufigen Meinung ist es laut 50+1-Regel nicht verboten, dass Investoren die Mehrheit an einer Spielbetriebs-GmbH besitzen. Die 50+1-Regel besagt lediglich, dass der Stammverein 50 Prozent der Stimmanteile plus eine weitere Stimme an der Spielbetriebs GmbH halten muss.

Das ist seit der Ausgliederung der GmbH im Dezember 2014 auch bei RB Leipzig der Fall. Bei RB Leipzig sind die Übergänge zwischen Verein und Investor der GmbH allerdings sehr fließend. Multifunktionär Oliver Mintzlaff etwa ist als Geschäftsführer der GmbH, Präsident des Vereins und Red-Bull-Fußballchef dem Investor, dem Verein und der Spielbetriebs-GmbH gleichermaßen verpflichtet.«

16 Faszination Fankurve Online, 08.12.2011 Kommentar von einem Fan Chemie Leipzig, der viel Richtiges den Kritikern des Modells Red Bull entgegenhält, wie zum Beispiel Tradition und Sponsoring.

17 Karl Marx und Friedrich Engels: Manifest der Kommunistischen Partei. Marx-Engels-Werke (MEW4), Berlin 1848 [1989].

18 Ludwig Kramer: Investor-Jubiläum, Zehn Jahre Hasan Ismaik beim TSV 1860: Buchbach statt Barcelona, TZ-München Online, online unter: https://www.tz.de/sport/1860-muenchen/tsv-1860-chronik-der-zehn-jahre-mit-investor-hasan-ismaik-loewen-insolvenz-streit-intrigen-chaos-zr-90779573.html, Abgerufen am 30.05.2021.

19 YouTube, online unter: https://youtu.be/47dk6Tnp1Bc, abgerufen am 28.03.2022.

20 Deutschlandfunk Nova, online unter: https://www.deutschlandfunknova.de/beitrag/fussball-der-bayern-bonus, Abgerufen am 10.01.22.

21 Christian Bartlau: Ballverlust, 2019, in einem Gastkommentar auf GMX, 29.09.2021.

22 Byung-Chul Han: Neoliberalismus und die neuen Machttechniken, Berlin. S. 23.

23 Ebd. S. 99.

24 Wunderbar beschreibt das Nick Hornby in Fever Pitch: »Es war so: Chris Roberts hatte im Süßwarenladen (…) eine Schaummaus gekauft und ihr den Kopf abgebissen. Bevor er den Rest essen konnte, fiel sie ihm runter und wurde von einem Auto überrollt. Und an diesem Nachmittag schlug Cambridge United, […] Leyton Orient mit 3:1, und ein Ritual war geboren. Vor jedem Heimspiel fielen wir alle im Süßwarenladen ein, kauften uns Mäuse, (…) bissen die Köpfe ab. Mit Hilfe dieses Abwehrzaubers blieb United im Abbey Stadium monatelang ungeschlagen.« Nick Hornby, Fever Pitch, Köln, S. 149.

25 »D10S« steht für das spanische dios, also Gott, und die 10 darin steht für Diego Maradona.

26 Christoph Biermann: Matchplan – die neue Fußballmatrix, Köln, 2018.

27 Bruce Schoenfeld: How Data (and Some Breathtaking Soccer) Brought Liverpool to the Cusp of Glory, New York-Times online, online unter: https://www.nytimes.com/2019/05/22/magazine/soccer-data-liverpool.html, abgerufen am 03.02.2022.

28 Horst Bredekamp: Florentiner Fußball. die Renaissance der Spiele. Frankfurt, S. 146ff., 2003.

29 Eduardo Galeano Zit. nach Valerio Curcio 2022: Der Torschützenkönig ist unter die Dichter gegangen. Fußball nach Pier Paolo Pasolini. Bad Herrenalb, S. 140.

30 Tony Collins and Wray Vamplew: The pub, the drinks trade and the early years of modern football, The Sports Historian 1(20): 1–17. 2000.

31 Markus Böhm, Danial Montazeri: Fußballgames, Ditzingen, 2019.

32 Der Begriff Rabona hat sich später sogar für eine bestimmte Bewegung im Tango durchgesetzt.

Der wilde Fußball

1 Eine wunderbar alternative Geschichte der Menschheit bieten David Graeber und David Wengrow: Anfänge: Eine neue Geschichte der Menschheit, Stuttgart, 2022.
2 Die sogenannten Käfige oder Cages werden immer häufiger an die offiziellen Fußballplätze gebaut, meist mit hohen Fangnetzen, Banden und Kunstrasen. Eingelassen werden meist nur Vereinsangehörige.
3 Robert C. Wilson und sein Team von der University of Arizona haben dazu die 85 Prozent-Regel aufgestellt. Eine Fehlerquote von 15 Prozent ist demnach optimal, damit neuronale Netze lernen. Dafür bietet der Bolzplatz-Kick optimale Bedingungen.
4 Oliver Bierhoff: DFB-Homepage, online unter: https://www.dfb.de/news/detail/bierhoff-zurueck-an-die-weltspitze-198515/, abgerufen am 01.03.2022.
5 Eugen U. Fleckenstein: Nach über 40 Jahren bekennt sich eine Ikone der Zürcher Jugendbewegung zu einer Serie von nie geklärten Sprengstoffanschlägen, NZZ-Online, online unter: https://www.nzz.ch/gesellschaft/freedom-and-sunshine-for-giorgio-bellini-ld.1624403, Abgerufen am 01.03.2022.
6 BA Akte 031/416.

Bomben und Bomberinnen

1 Jonathan Magee, Women, Football and Europe: Histories, Equity and Experience, Oxford, New York, 2007, S. 5.
2 Ebd.
3 Interview mit Nettie Honeyball, The Sketch, 06.02.1895.
4 Hollie McNish: Revealed: Britain's first black female footballer after case of mistaken identity, the Guardian, online unter: https://www.theguardian.com/football/2017/mar/28/britains-first-black-female-footballer-emma-clarke-1890s-play, abgerufen am 01.02.2022.
5 Videoaufnahmen findet man unter: https://www.britishpathe.com/video/dick-kerrs-ladies-international-team.
6 Videos von den Dick Kerr Ladies von 1921 finden sie hier: britishpathe.com/video/dick-kerrs-ladies-international-team.
7 Chris Hunt: The Belles Of The Ball, FourFourTwo magazine, August 2005.
8 Lotte Specht e.V, online unter: Lotte-specht.de/wer-war-lotte-specht, abgerufen am 02.02.2022
9 Zit. nach Ines Hein: Die weibliche Anmut schwindet. Als der DFB den Damen-Fußball »liquidierte«: ntv-online, online unter: https://www.n-tv.de/sport/Als-der-DFB-den-Damen-Fussball-liquidierte-article15614811.html, abgerufen am 02.01.2022.

10 Franz-Josef Brüggemeier: Aufstieg des Frauenfußballs, bpb.de/shop/zeitschriften/izpb/8773/aufstieg-des-frauenfussballs/, abgerufen am 01.02.2021.

11 ND, 25.02.2022, S. 16: Ein Sieg der Gleichstellung: »Nach langem Rechtsstreit erhalten die Fußballerinnen vom US-Verband künftig die gleiche Bezahlung wie die Männer. Ein Vergleich sieht vor, dass ihr Verband US Soccer den Spielerinnen einmalig 22 Millionen Dollar zahlt, weitere zwei Millionen sollen in einen Fonds fließen, der den Fußball von Frauen und Mädchen unterstützt sowie Spielerinnen nach ihrer Karriere fördert. Dafür verzichten die Spielerinnen auf alle noch ausstehenden Ansprüche in der 2019 eingereichten Klage gegen Geschlechterdiskriminierung.«

12 Zeidlers Wunderbare Fußballwelt: Wim Thoelke moderiert Frauenfußball. Da ist dann die Rede davon, wie zart Frauen mit dem Ball umgehen oder dass es nicht schlimm ist, wenn sie in den Matsch fallen, weil sie ja die Trikots selber waschen. Wim Thoelke: »Schlimm wäre es, wenn die Männer in den Schlamm fallen …«, 13.07.2013, online unter: https://youtu.be/AoUArKFH54g.

Diagonale Kontinentalpässe

1 Ein unbezahlter Arbeitsdienst am Samstagabend. Später in der DDR eingeführt und übernommen.

2 William Gallacher: Reminiscences of Lenin in We Have Met Lenin, Moscow, 1939, S. 28–34.

3 Jirka Grahl: Leningrader Siege, ND 144, 24.06.2021, S. 16.

4 Carlos Caszely war damals einer der bekanntesten Spieler Chiles. Er solidarisierte sich mit den Sowjets und verweigerte ein paar Tage später Pinochet den Handschlag. Seine Mutter wurde daraufhin verhaftet und gefoltert. Caszely verdiente sein Geld zu dieser Zeit in Spanien. 1974 durfte er, nach einem kurzen Spielverbot im Nationalteam, trotzdem bei der WM in Deutschland antreten. Im ersten Spiel gleich gegen den Gastgeber. Es war die 67 Minute, Berti Vogts ging robust zur Sache, nimmt Caszely den Ball weg und der Schiedsrichter ließ weiterlaufen. Das passte Caszely gar nicht, er säbelte Vogts von hinten um und kassierte die erste rote Karte der WM-Geschichte. Die gelben und roten Karten wurden erst zur WM 1970 eingeführt.

5 Klaus Zeyringer, Fußball – Eine Kulturgeschichte, Berlin, 2016, S. 131.

6 So wurden die Bewohner São Paulo genannt, die gegen die Diktatur und für eine neue Verfassung die Revolution anzettelten.

7 Die Zahl ist umstritten, lässt sich aber nicht mehr rekonstruieren.

8 Rob Smyth: Kaiser! – The greatest footballer never to play football. Yellow jersey press: London. 2018.

9 Die Welt-online, online unter: welt.de/sport/fussball/article13750393/Als-Brasiliens-Goetter-in-Schoenheit-untergingen.html, abgerufen am 02.03.2022.

10 Online unter: libcom.org/article/socrates-midfielder-and-anti-dictatorship-resister, abgerufen am 09.01.2022.

11 Die Welt-online, online unter: welt.de/sport/fussball/article13750393/Als-Brasiliens-Goetter-in-Schoenheit-untergingen.html, abgerufen am 02.03.2022.

12 Jonathan Wilson: Italy 3-2 Brazil, 1982. The day naivety, not football itself, died, Guardian online, online unter: theguardian.com/football/blog/2012/jul/25/italy-brazil-1982, abgerufen am 02.01.2022.

13 Die Welt-online, online unter: welt.de/sport/fussball/article13750393/Als-Brasiliens-Goetter-in-Schoenheit-untergingen.html, abgerufen am 02.03.2022.

14 Dieser Text ist in Zusammenarbeit mit der Autorin, Soziologin und Politikerin Andrea Ypsilanti und dem Autor Kall Stork bereits unmittelbar nach Maradonas Tod im Westend Blog erstmalig erschienen und wurde im Buch ergänzt und verändert.

15 Guillem Balague: Maradona: »Fußball ist mein Glück«, 2021, S. 218.

16 Ebd. S. 215.

17 Martin Ling: Der Rimbaud des Fußballs, ND, 25.01.2022, S. 14.

18 Guillem Balague: Maradona: »Fußball ist mein Glück«, 2021, S. 234.

19 Menotti übte immer auch scharfe Kritik am rechten Fußball, den er pointiert zusammenfasste: »Es gibt einen rechten und es gibt einen linken Fußball. Der rechte Fußball möchte uns nahelegen, dass das Leben Kampf bedeutet. Er verlangt Opfer. Wir sollen zu Stahl werden und mit allen Mitteln gewinnen. Gehorchen und funktionieren. Das ist es, was die Menschen mit Macht wollen. So schaffen sie nützliche Idioten, die dem System folgen.« (Übersetzt von den Autoren.) Zit. nach Jonathan Wilson: Guardian-Online, online unter: https://www.theguardian.com/football/blog/2011/mar/16/cesar-luis-menotti-argentina, abgerufen am 23.11.2021.

20 Siehe Bolzplatzkapitel.

21 In diesem Clip dokumentiert sich die tiefe Verehrung der Argentinier für Maradona und zugleich der Kampf gegen Pele: »Maradona es mas grande que Pele'« – damit ist alles gesagt. Lohnt sich anzuschauen. Online unter: https://youtu.be/MEMfkQTnEhA.

22 Christian Eichler: Für die Phantasie, gegen das hässliche 1:0, FAZ-Online, online unter: faz.net/aktuell/sport/fussball/cesar-luis-menotti-fuer-die-phantasie-gegen-das-haessliche-1-0-1725232.html#:~:text=die%20Ordnung%20aufrechterhalten.-,%E2%80%9C,den%20Terror%20der%20Systeme%20besiegt, abgerufen am 09.03.2022-

23 Martin Ling: Der Rimbaud des Fußballs, ND 25.01.2022, S. 14. Zitat aus dem Buch von Glenn Jäger: Diego Maradona. In den Farben des Südens:

Golden Goal für den emanzipativen Fußball

1 Gänsehaut ist genau das, was nach Adorno Kunst ausmacht: »Am Ende wäre das ästhetische Verhalten zu definieren als die Fähigkeit, irgend zu erschauern, so als wäre die Gänsehaut das erste ästhetische Bild.« Adorno: Ästhetische Theorie, Frankfurt, 1973, S. 489.

2 Antonio Negri: Negri on Futbol and Class Struggle – 2006, Interview with Liberation, online unter: https://antonionegriinenglish.wordpress.com/2010/07/30/futbol classstruggle/.

3 Herbert Marcuse: Triebstruktur und Gesellschaft. Ein philosophischer Beitrag zu Sigmund Freud, Frankfurt, 1980, S. 186.

4 Dacia Maraini: Der Torschützenkönig ist unter die Dichter gegangen. Fussball nach Pier Paolo Pasolini, Bad Herrenalb, 2022, S. 72.

5 Studie der Uni Würzburg – Interesse am Profifußball sinkt weiter: BR 24 Online-Redaktion, 15.11.2021.

6 Bericht über die Sportpolitik der EU: Bewertung und mögliches weiteres Vorgehen-Entwurf einer Entschließung des Europäischen Parlaments, 08.11.2021: »[…] fordert ein europäisches Sportmodell, das der Notwendigkeit eines starken Engagements für die Integration der Grundsätze der Solidarität, der Nachhaltigkeit, der Inklusion aller Menschen, des offenen Wettstreits, des sportlichen Verdienstes und der Fairness Rechnung trägt, und spricht sich dementsprechend entschieden gegen abtrünnige Wettbewerbe (›breakaway competitions‹) aus, die diese Grundsätze untergraben und die Stabilität des Sportökosystems insgesamt gefährden; betont, dass diese Grundsätze von allen Interessenträgern im Sportbereich und nationalen Behörden gefördert werden sollten.«

7 Adrian Franke: »Kurz gesagt: Der Salary Cap beschreibt eine Gehaltsobergrenze, die ein Team für seinen gesamten Kader nicht überschreiten darf. Sie soll die Balance im Sport wahren. Teams können so nicht zu einer Ansammlung von teuren Stars werden, die kaum zu bezwingen ist.« SPOX NFL-Online, 07.09.2020.

8 Alexander Ludewig: »Von unten kommt Gutes – Ideen und Konzepte für Genossenschaften im Profifußball«, ND 30.12.2021, S. 11: »Es sind auch die Nachteile der bisher üblichen Wege, die eine Genossenschaft im Profifußball attraktiv machen. Auflösung, Insolvenz oder Zwangsabstieg: Die Beispiele gescheiterter Versuche von Vereinen, die sich auf der Suche nach schnellem Geld in die Abhängigkeit von Investoren begeben haben, sind zahlreich. Über die Vorteile einer Genossenschaft ist sich auch der FC St. Pauli bewusst […] Es gilt das Präsidentenwort: ›Wir wollen mitgliedergeführt, selbstbestimmt und unabhängig bleiben.‹«

9 Deutschlandfunk Podcast, 01.01.2022: In dem Positionspapier (der oben genannten Frauen, die Verf.) werden explizit mehr weibliche Führungskräfte gefordert. »Die Integration neuer Entscheidungsträger*Innen ist ein zentraler Aspekt bei der Gestaltung der Zukunft des deutschen Fußballs«, heißt es darin: »Frauen in Führungspositionen

erhöhen nachweislich die Wahrscheinlichkeit, zukünftigen Herausforderungen mit neuen Lösungen zu begegnen, strukturelle Schwächen schneller zu erkennen und Handlungsmuster zu hinterfragen, die sie nicht selbst etabliert haben.«

10 FAZ Interview »Eine Erweckung« mit Vorstandssprecher Axel Hellmann (Eintracht Frankfurt): »Wenn die Einführung gelungen wäre, hätten wir vor einem Trümmerfeld gestanden, denn es gab keinen ökonomischen Plan B, was die Super League für uns in den anderen europäischen Wettbewerben, aber auch in den nationalen Ligen ohne diese reichweitenstarken Clubs bedeutet hätte«, 02.04.2002, Seite 32.

11 Vor 30 Jahren: Die Mauer »wird auch in 100 Jahren noch stehen«, MDR Online, 17.01.2019.

Nachspielzeit

1 Oliver Fritsch: Fußball als Nahtoderfahrung. Das Relegationsspiel zwischen dem FC Ingolstadt und dem 1.FC Nürnberg am 11. Juli 2020, Fürth, 2020.

2 Bei Wikipedia wird die Nahtoderfahrung wie folgt beschrieben: »Als Nahtoderfahrung wird ein breites Spektrum tiefgreifender persönlicher Erfahrungen bis hin zu sogenannten Transzendenzerfahrungen bezeichnet, die häufig von Menschen gemacht werden, die sich in einer lebensbedrohlichen Situation befunden haben.«

3 Auswärts geschossene Tore zählen doppelt. Deshalb hält der Club die Klasse. Die Regel wurde eingeführt, damit Auswärtsmannschaften offensiver spielen. Das wurde nie erreicht. Sie wurde wieder abgeschafft.

4 Das Zitat wurde auf den 5. Platz der besten Fußballsprüche 2020 gewählt.